古代歷史文化研究輯刊

二九編

王明蓀 主編

第5冊

中國風水文化傳統（下）

喻學才 著

國家圖書館出版品預行編目資料

中國風水文化傳統（下）／喻學才 著 -- 初版 -- 新北市：花
木蘭文化事業有限公司，2023〔民 112〕
目 4+212 面；19×26 公分
（古代歷史文化研究輯刊 二九編；第 5 冊）
ISBN 978-626-344-149-1（精裝）
1.CST：堪輿 2.CST：文化研究 3.CST：中國
618   111021680

ISBN-978-626-344-149-1

9 786263 441491

古代歷史文化研究輯刊
二九編 第 五 冊   ISBN：978-626-344-149-1

中國風水文化傳統（下）

作　　者　喻學才
主　　編　王明蓀
總 編 輯　杜潔祥
副總編輯　楊嘉樂
編輯主任　許郁翎
編　　輯　張雅淋、潘玟靜　美術編輯　陳逸婷
出　　版　花木蘭文化事業有限公司
發 行 人　高小娟
聯絡地址　235 新北市中和區中安街七二號十三樓
　　　　　電話：02-2923-1455 ／傳真：02-2923-1452
網　　址　http://www.huamulan.tw 信箱 service@huamulans.com
印　　刷　普羅文化出版廣告事業
初　　版　2023 年 3 月
定　　價　二九編 23 冊（精裝）新台幣 70,000 元

中國風水文化傳統（下）

喻學才 著

目次

第十一章　郭璞風水案例研究

一、郭璞其人

　　郭璞（276～324），字景純，晉時聞喜上郭人，中國古代著名的文字訓詁學家、文學家，易學家，方術家。他是中國文學史上遊仙詩的鼻祖。同時又被後人尊為風水學鼻祖。郭璞的一生總體上看是懷才不遇的一生。他著作等身，研究領域廣泛。詩賦名高江左。但卻因其「好卜筮，縉紳多笑之。又自以才高位卑，乃著《客傲》自遣。〔註1〕雖然曾得到晉元帝的欣賞，但也只是以文學侍從之臣待之，並沒有真正採納他的建議。但郭璞比較短促的人生，卻因其反對分裂，維護統一的錚錚大節以及文學創作、學術研究和卜筮堪輿實踐，對後世產生了深遠影響。成為中國文化史上不可多得的通才和奇人。

　　歷史上大凡有傑出才能和愛國佑民的偉大人物，身前身後都必然會被神化。這是天下的通例，如諸葛亮之被神化為智慧的化身，關羽被神化成扶善懲惡的救星，媽祖被神化成海上護航的保護神，等等。郭璞因為反對分裂，擁護統一，並為此而以身殉國。因此必然得到國人的厚愛和尊敬，於是神化其人便很自然了。

　　我們讀《晉書‧郭璞傳》，感覺書中的郭璞就活脫脫是一個得道的神仙。他一卜便知，具有極強的預測能力。他可以把趙固將軍的死馬醫活，可以撒豆成兵，把主人的美婢騙走。我們讀唐朝房玄齡李百藥等人所撰《晉書》之外的

〔註1〕聶恩彥整理，《郭弘農集校注》，山西人民出版社，1991年版。

其他晉宋史書，發現郭璞也像一個活神仙似的。大概在他身後不久就有人說他是老鼇精轉世。因為他睡覺時像隻黿（甲魚）。〔註2〕他很早就知道自己的壽數長短。當好朋友干寶規勸他不要太好色，太好飲酒。說這樣會影響自己的壽命。他回答說，我知道自己的壽數不長，正擔心即使這樣縱情享受還享受不完哩。〔註3〕他甚至能預測最後被王敦害死時的刀斧手是誰，在刀斧手還很年輕沒有從事該職業時，郭璞就在今天南京的長干里街上送一件白衣袍給他。《晉書》本傳的記載是：大興（318～322）初，郭璞在首都建康越城經過，碰到一個人，他便「呼其姓名，因以袴褶遺之。其人辭不受。璞曰：但取，後當自知。其人遂受而去。至是，果此人行刑。時年四十九。」〔註4〕諸如此類，故事甚多。值得注意的是，郭璞的好朋友干寶（？～336）一身兼東晉史學家和文學家，年齡和郭璞相近，作為《搜神記》的作者，在他的文學著作中已經開始了對郭璞的神化。無怪乎宋齊梁陳各代晉書作者都不約而同地神化郭璞。其實，郭璞對於天人感應的論述，與漢代董仲舒並無二致。晉元帝即位時陰陽錯繆，刑獄繁興。著作佐郎郭璞上疏云：「天人之懸符，有若形影之相應。應之以德，則休祥臻；酬之以怠，則咎徵作。」〔註5〕顯而易見，他雖然相信上天示警，但同樣重視人事修為。

　　《晉書·郭璞傳》中真正涉及風水選擇的只有暨陽江邊葬母等四個案例。此外，大量篇幅都是關於他卜筮故事應驗的記載。即使權威的清人輯佚書如馬國翰所輯錄的郭璞《周易洞林》也主要是卜筮一塊的案例。本文單就郭璞卜筮事例中有關墓葬風水（堪輿）問題以及地方志等其他文獻中關於郭璞所進行的城郭選址風水調整問題作一專題研究。

二、郭璞的相墓實例

（一）郭璞相墓的案例

　　郭璞相墓在當時數量一定不少。但保存下來的比較可靠的只有以下四則：

〔註2〕（齊）臧榮緒《晉書》，卷十四，湯球輯本，齊魯書社《二十五別史》，第10冊，p136。

〔註3〕（唐）房玄齡等撰《晉書》，卷七十二，《郭璞傳》，中華書局，1974年版，p1904～1905。

〔註4〕（唐）房玄齡等撰《晉書》，卷七十二，中華書局，1974年版，p1909～1910。

〔註5〕（明）楊士奇、黃淮等奉敕編《歷代名臣奏議》，卷二百九十七。文淵閣四庫全書，臺灣商務印書館景印本，第441冊，p298。

1. 為其母及兩位兄長相墓

璞嘗為其母與兄擇葬地於暨陽（今江蘇江陰市）。「璞以母憂去職，卜葬地於暨陽。去水百步許，人以近水為言，璞曰：當即為陸耳。其後沙漲，去墓數十里皆為桑田。由此觀之，水陸更變莫不有定數，而況於人乎。〔註6〕《世說新語》載璞詩曰：「北阜烈烈，巨海混混。累累三墳，惟母與昆。」〔註7〕據此可知，母親去世之前，郭璞的兩個哥哥就已經死在前面了，斷乎不會出現母親和兩個哥哥一齊去世的事情。可見，從郭璞開始已經有遷葬的做法。

2. 為張澄的父親相墓

初，裕曾祖澄當葬父，郭璞為占墓地，曰：「葬某處，年過百歲，位至三司，而子孫不蕃；某處，年幾減半，位裁卿校，而累世貴顯。」澄乃葬其劣處，位光祿，年六十四而亡。其子孫遂昌云。〔註8〕

需要說明的是，「裕之祖澄當葬」這句話的意思是張裕的祖父張澄遇到葬事，葬誰呢？我們從宋人范成大的《吳郡志》知道是張澄葬自己的父親：

> 吳人晉光祿大夫當葬父，郭璞為占葬地，曰：葬某處，年過百歲，位至三司。而子孫不蕃；某處，年減半，位止鄉校，而子孫貴顯。澄乃葬其劣處。位果止光祿，年六十四。至曾孫裕遂昌。〔註9〕

值得注意的是，郭璞為張澄的父親卜葬地的事情，歷史學家司馬光也將其寫進自己留給後世子孫的《家範》中去了。司馬光是反對好墓地可以福蔭子孫說法的。但他居然將其引用到《家範》中，其著眼點當然在於張澄勇於犧牲自己而利益後人之慈念，類似今人可持續發展的理念。畢竟不孝有三，無後為大。司馬光看重的是張澄父親的這種家族繁衍傳承第一的理念：

> 晉光祿大夫張澄當葬父，郭璞為占墓地，曰：「葬某處，年過百歲，位至三司。而子孫不蕃；某處，年幾減半，位裁鄉校，而累世貴顯。」澄乃葬其劣處，位止光祿，年六十四而亡。其子孫昌熾，公侯將相至梁陳不絕。雖未必因葬地而然，足見其愛子孫厚於身矣。先公既登侍從，常曰：「吾所得已多，當留以遺子孫。」處心如此，

〔註6〕（唐）房玄齡等撰《晉書》，卷七十二，中華書局，1974年版，p1908。

〔註7〕（南朝宋）劉義慶撰，（南朝梁）劉孝標注《世說新語》，卷下之上。文淵閣四庫全書，臺灣商務印書館景印本，第1035冊，p168。

〔註8〕（唐）李延壽撰《南史》，卷三十一，中華書局，1975年版，p804。

〔註9〕（宋）范成大《吳郡志》，卷二十三，文淵閣四庫全書，臺灣商務印書館景印本，第485冊，p171。

其顧念後世不亦深乎？〔註10〕

顯見，司馬光對這條史料是不予懷疑的。

3. 為庾冰相墓

庾冰（296～344），字季堅，潁川鄢陵（今河南鄢陵）人。東晉官員，中書令庾亮之弟。王導死後以中書監身份在內朝掌權，亦促成晉成帝傳位給弟弟晉康帝，以鞏固庾氏勢力。及康帝即位，進車騎將軍，出鎮江州，假節、鎮武昌，卒，贈侍中、司空，諡曰忠成。有集二十卷。庾冰在東晉王朝權傾朝野。他因兄長庾亮的關係而跟郭璞有來往。

> 冰又令郭璞筮其後嗣。卦成，曰：「卿諸子並貴。然有白龍者，凶徵至矣。若墓碑生金，乃庾氏之大忌也。」後，冰子蘊為廣州刺史，妾房內忽有一新生白狗子，莫知其來。其妾秘愛之，不令蘊知。狗轉長大。蘊入，見狗眉眼分明，又身至長而弱，異於常狗，蘊甚怪之。將出，共視在眾人前，忽失所在。蘊慨然曰：「殆白龍乎？庾氏禍至矣。」又墓碑生金。俄而為桓溫所滅，終如璞言。〔註11〕

晉書郭璞本傳同頁還記載了郭璞關於庾翼的壽數預測：

> 初，庾翼幼時嘗令璞筮公家及身，卦成，曰：「建元之末丘山傾，長順之初子凋零。」及康帝即位，將改元為建元。或謂庾冰曰：「子忘郭生之言邪？丘山，上名。此號不宜用。」冰撫心歎恨。及帝崩，何充改元為永和。庾翼歎曰：「天道精微，乃當如是。長順者永和也。吾庸得免乎？」其年翼卒。

此引文雖與相墓無涉，但可見郭璞的同時代人對他的迷信崇拜程度。

4. 預測某人葬龍耳地會引來天子過問

> 璞嘗為人葬，帝微服往觀之。因問主人：「何以葬龍角？此法當滅族。」主人曰：「郭璞云『此葬龍耳，不出三年，當致天子也。』」帝曰：「出天子邪？」答曰：「能致天子問耳」。帝甚異之。〔註12〕

這個晉帝是誰？很可能是晉明帝。據說這位皇帝喜歡風水，並且很精通。

〔註10〕 （宋）司馬光《家範》，卷二，文淵閣四庫全書，臺灣商務印書館景印本，第696冊，p667。

〔註11〕 （唐）房玄齡等撰《晉書》，卷七十二，郭璞本傳，中華書局，1974年版，p1910。

〔註12〕 （唐）房玄齡等撰《晉書》，卷七十二，郭璞本傳，中華書局，1974年版，p1909。

不然，怎麼會知道那座被他看到的墓葬葬在龍角位置呢？按諸葬書，葬龍角和葬龍耳吉凶判然有別：「安龍頭，枕龍耳。不三年，生貴子；安龍頭，枕龍角。不三年，家銷鑠。」（據《地理大全》）晉明帝所言的依據就是葬書葬龍角大凶。郭璞所言的依據是葬書葬龍耳大吉。〔註13〕龍角在龍耳後面，但兩個東西挨得很近。晉明帝非專業人士，故忽視了兩者的細微差別。

　　這幾則記載雖然有些讖緯的痕跡。但保留下了郭璞的風水實踐最權威的歷史信息。像郭璞這樣的重量級人物，他相墓的案例肯定不少。但何以連一本案例都找不到呢？合理的解釋只能是：隋煬帝的強力打壓讖緯學的結果。因為隋文帝好術數。信任蕭吉。而蕭吉有關於楊廣當太子，隋朝將完蛋的預測，故隋煬帝惡讖緯，登基後禁燬讖緯術數諸書也就很自然的了。〔註14〕

（二）郭璞所生活時代的相墓師

1. 司馬紹

　　司馬紹（299～325），字道畿。即晉明帝。元帝長子。元帝死後繼位。在位3年，病死，終年27歲。葬於武平陵（今江蘇省南京市雞籠山）。晉明帝解占冢宅，聞郭璞為人葬。帝微服往看，因問主人何以葬龍角，此法當滅族。主人曰：郭云此葬龍耳，不出三年，當致天子。帝問：為是出天子耶？答曰：非出天子，能致天子問耳。〔註15〕

2. 孔子恭

　　孔子恭，南朝宋時有孔子恭，「善占墓。帝嘗與經墓者。問之曰：此墓何如？子恭曰：非常地也。」〔註16〕

3. 唐寓之

　　富陽人唐寓之僑寓桐廬，父祖相傳圖墓為業。寓之自云其家墓有王氣，山中得金印。轉相狂惑。〔註17〕

〔註13〕（明）徐善繼、徐善述撰《地理人子須知》，卷四，九州出版社，2018年版，p179。

〔註14〕（唐）魏徵等奉敕撰《隋書》，卷七十八《蕭吉傳》。中華書局，1973年版，p1776。

〔註15〕（唐）房玄齡等撰《晉書》，卷七十二，郭璞本傳，中華書局，1974年版，p1909。

〔註16〕（唐）許嵩撰《建康實錄》，卷十一，文淵閣四庫全書，臺灣商務印書館景印本，第370冊，p403。

〔註17〕（南朝梁）蕭子顯撰《南齊書》，卷四十四《沈文季傳》，中華書局，1972年版，第3冊，p776～777。

4. 韓友

韓友，字景先，盧江舒人也。為書生，受易於會稽伍振。善占卜，能圖宅相冢，亦行京費厭勝之術。〔註18〕

5. 淳于智

上黨鮑瑗家多喪病貧苦，或謂之曰：淳于叔平，神人也。君何不試就卜知禍所在。瑗性質直，不信卜筮，曰：人生有命，豈卜筮所移！會智來，應詹謂曰：此君寒士，每多屯。虞君有通靈之思，可為一卦？智乃為卦。卦成，謂瑗曰：「君安宅失宜，故令君困。君舍東北有大桑樹，君徑至市，入門數十步，當有一人持荊馬鞭者，便就買以懸此樹，三年，當暴得財。」瑗承言詣市，果得馬鞭，懸之三年，濬井得錢數十萬，銅鐵器復二十餘萬。於是致贍，疾者亦愈，其消災轉禍不可勝紀，而卜筮所佔千百皆中。〔註19〕

6. 杜不愆

杜不愆，盧江人也。少就外祖郭璞學易，卜屢有驗。高平都超年二十餘，得重疾，試令筮之。不愆曰：按卦言之，卿所苦尋除。然宜於東北三十里外宮姓家索其所養雄雉籠置東簷下，卻後九日丙午日午時必當有雌雉飛來與交，既而雙去，若如此不出二十日病都除。又是休應，年將八十，位極人臣。若但雌逝雄留者，病一周方差。年半八十，名位亦失。超時正羸篤，慮命在旦夕。笑而答曰：「若保八十之半便有餘矣。一周病差，何足為？」淹然未之信。或勸依其言索雉，果得。至丙午日超臥南軒之下觀之，至日晏，果有雌雉飛入籠與雄雉交而去。雄雉不動，超歎息曰：雖管郭之奇，何以尚此？超病彌年乃起。至四十卒於中書郎。不愆後占筮轉疎，無復此類。後為桓嗣建威參軍。〔註20〕

7. 卜珝

字子玉，匈奴後部人也。少好讀易，郭璞見而歎曰：「吾所弗如也。奈何不免兵厄！」珝曰：「然吾大厄在四十一，位為卿，將當受禍耳。不爾者亦為猛獸所害。吾亦未見子之令終也。」璞曰：「吾禍在江南，甚營之未見免。兆雖然在南，猶可延期住此，不過時月。」珝曰：「子勿為公吏，可以免諸？」璞曰：「吾

〔註18〕（唐）房玄齡等撰《晉書》，卷九十五，中華書局 1974 年版，第 8 冊，p2476 ～2477。

〔註19〕（唐）房玄齡等撰《晉書》，卷九十五。中華書局 1974 年版，第 8 冊，p2477 ～2478。

〔註20〕（唐）房玄齡等撰《晉書》，卷九十五，中華書局 1974 年版，第 8 冊，p2479 ～2480。

不免公吏，猶子之不能免卿將也。珝曰：吾此雖當有帝王子，終不復奉二京矣，琅邪可奉，卿謹奉之，主晉祀者必此人也。」珝遂隱於龍門山。劉淵僭號，徵為大司農侍中，固以疾辭。淵曰：「人各有心，卜珝之不欲在吾朝，何異高祖四公哉，可遂其高志。」後復徵為光祿大夫。珝謂使者曰：「非吾死所也。」及劉聰嗣偽位，徵為太常。時劉琨據并州，聰問何時可平？珝答曰：「并州，陛下之分。今茲克之必矣。」聰戲曰：「朕欲勞先生一行，可乎？」珝曰：「臣所以來不及裝者，正為是行也。」聰大悅。署珝使持節平北將軍。將行，謂其妹曰：「死，自吾分。後慎勿紛紜。」及攻晉陽，為琨所敗，珝卒先奔，為其元帥所殺。〔註21〕

8. 無名氏

後漢袁安明帝建初八年遷太僕。初，父沒，母使安訪求葬地。道逢三書生，問安何之。安為言其故。生乃指一處云：葬此地當世為上公。須臾不見，安異之。於是遂葬於所佔之地，故累世隆盛焉。〔註22〕

9. 管輅

管輅，少帝正始九年，舉秀才。隨軍西行，過毋丘儉墓下，倚樹哀吟，精神不樂。人問其故，輅曰：「林木雖茂，無形可久；碑誄雖美，無後可守。玄武藏頭，蒼龍無足。白虎銜屍，朱雀悲哭。四危以備，法當滅族。不過二載，其應至矣。」卒如其言。〔註23〕

10. 無名氏

人有相羊祜父墓，後應出受命君。祜惡其言，遂掘斷墓後，以壞其勢。相者立視之曰：「猶應出折臂三公。」俄而祜墜馬折臂，位果至公。〔註24〕

另外一本晉代的圖書記載說：羊祜工騎乘。有一兒五六歲，端明可喜。掘墓之後，兒即亡。羊時為襄陽都督，因盤馬落地，遂折臂。於時士林咸歎其忠誠。〔註25〕

〔註21〕 （唐）房玄齡等撰《晉書》，卷九十五，中華書局1974年版，第8冊，p2481～2482。

〔註22〕 （南朝宋）范曄《後漢書》，卷四十五。中華書局，1965年版，第6冊，p522。

〔註23〕 （晉）陳壽撰，（南朝宋）裴松之注《三國志‧魏志》，卷二十九，中華書局，1959年版，第3冊，p825。

〔註24〕 （南朝宋）劉義慶撰，（南朝梁）劉孝標注《世說新語‧術解》，《世說新語》，卷下之上，文淵閣四庫全書，臺灣商務印書館景印本，第1035冊，p168。

〔註25〕 （南朝宋）劉義慶撰《幽明錄》，《世說新語》，卷下之上，小字注，文淵閣四庫全書，臺灣商務印書館景印本，第1035冊，p168。

喻按：《世說新語》和《幽明錄》所記載的這個相墓師雖然我們不知道他的姓名。但這條記載卻反映了當時的社會風氣。專門相墓的術士在三國時期和西晉初年已經相當普遍。在封建社會，所謂王氣，是帝王十分忌諱的。家天下的文化決定了帝王必然希望自己子子孫孫無窮匱，永遠當家做主人。那個風水師如此一說，羊祜豈能不緊張？他若不掘斷自己祖墳的後脈，則天子必然懷疑其忠誠，則他的人身安危就會成為問題。至於《幽明錄》上說羊祜的六歲兒子因為掘墳而死，則顯然是附會的結果。因為如果真的如此忠誠，《晉書》豈能不記載此事？

11. 魏舒

魏舒字陽元，少孤，為外家甯氏所養。甯氏起宅，相宅者云：當出貴甥。外祖母以魏氏甥小而慧，意謂應之。舒曰：當為外氏成此宅相。久乃別居。舒後果貴，位至司徒。〔註26〕

12. 陶侃

陶侃（259～334），字士行（或作士衡），本為鄱陽（今江西鄱陽）人，後徙廬江尋陽（今江西九江西）。中國東晉時期名將，大司馬。陶侃微時，丁艱，將葬。家中忽失牛而不知所在。遇一老父謂曰：前崗見一牛眠出污中，其地若葬，位極人臣矣。又相一山云：此亦其次，當世出二千石。言訖不見，侃尋牛得之，因志其地。以所指別山與周訪，父死葬焉，果為刺史。著稱寧、益。自訪以下三世為益州，四十一年如其所言。侃位至侍中太尉都督荊江雍梁交廣益寧八州諸軍事荊江二州刺史司馬。〔註27〕

三、郭璞相城的實例

（1）郭璞為東晉王朝禮制建築選址占卜。「冬十一月戊寅，石勒僭稱趙王於襄國。是歲作南郊，在宮城南北五里，郭璞卜立之。」〔註28〕

（2）郭璞為太極殿占卜，預測將會壞在一個為奴者手中。《晉中興書》云：孝武造太極殿，郭璞卜筮云：二百一十年，此殿為奴所壞。後梁武毀之，

〔註26〕（唐）房玄齡等撰《晉書》，卷四十一，中華書局，1974 年版，第 4 冊，p1185～1188。

〔註27〕（唐）房玄齡等撰《晉書》，卷五十八。中華書局，1974 年版，第 5 冊，p1586。

〔註28〕（唐）許嵩撰《建康實錄》，卷五，文淵閣四庫全書，臺灣商務印書館景印本，第 370 冊，p294。

捨身為奴。〔註29〕太極殿方位當在今東南大學本部四牌樓校區大禮堂附近。

（3）預測東晉王朝在建業建都可王 120 年。

「初，（王）導渡淮，使郭璞筮之，卦成。璞曰：「吉，無不利。淮水絕，王氏滅。」其後子孫繁衍，竟如璞言。」〔註30〕淮水，即今南京秦淮河。為長江支流。位於六朝時建康城南。有外秦淮、內秦淮之分。

昔晉初度江，王導卜其家世。郭璞云：「淮流竭，王氏滅。」觀夫晉氏以來，諸王冠冕不替。蓋亦人倫所得，豈唯世祿之所傳乎？及於陳亡之年，淮流實竭。曩時人物掃地盡矣。斯乃興亡之兆已有前定，天之所廢豈智識之所謀乎？〔註31〕

淮水源出縣南華山，在丹陽、湖熟兩縣界西北，流經秣陵、建康二縣之間，入於江。初，王敦構亂，王導憂將覆族，使郭璞筮之，璞曰：「淮水絕，王氏滅。」即此淮也。〔註32〕

又：《晉記》：江左初立，琅邪諸王居烏衣巷。王敦謀逆，導憂覆族。使郭璞筮之，卦成，歎曰：「吉，無不利。淮水竭，王氏滅。」子孫繁衍。〔註33〕

（4）利用地名人名禳解幫助庾冰子孫避禍免災。「初，郭璞筮（庾）冰云：子孫必有大禍，唯用三陽可以有後。故希求鎮山陽，友為東陽，家於暨陽。」〔註34〕

（5）郭璞預測偏安江東的王朝可以持續三百年。《北史‧薛道衡傳》記載隋朝大軍進攻建業駐紮長江北岸時，薛道衡與主帥高熲的一段關於南朝王氣將盡的對話，其中就談到郭璞的預測：

> 王師臨江，高熲夜坐幕中，謂曰：「今段定克江東以不？君試言之。」道衡荅曰：「凡論大事成敗先湏以至理斷之。《禹貢》所載九州，本是王者封域。郭璞有云：「江東偏王三百年，還與中國合。」

〔註29〕（宋）周應合撰《景定建康志》，卷二十一，文淵閣四庫全書，臺灣商務印書館景印本，第 488 冊，p130。

〔註30〕（唐）房玄齡等撰《晉書》，卷六十五，中華書局，1974 年版，第 6 冊，p1760。

〔註31〕（唐）李延壽撰《南史》，卷二十四。中華書局，1975 年版，第 3 冊，p667。

〔註32〕（唐）李吉甫撰《元和郡縣志》，卷二十六。文淵閣四庫全書，臺灣商務印書館景印本，第 468 冊，p433。

〔註33〕（宋）周應合撰《景定建康志》，卷四十二，文淵閣四庫全書，臺灣商務印書館景印本，第 488 冊，p523。

〔註34〕（唐）房玄齡等撰《晉書》，卷七十三，第 6 冊，p1930。

今數將滿矣。以運數而言，其必克一也；有德者昌，無德者亡。自古興滅，皆由此道。主上躬履恭儉，憂勞庶政。叔寶峻宇雕牆，酣酒荒色。其必克二也；為國之體在於任寄。彼之公卿備員而已，拔小人施文慶委以政事。尚書令江總唯事詩酒，本非經略之才。蕭摩訶任蠻奴，是其大將一夫之用耳。其必克三也；我有道而大，彼無德而小。量其甲士不過十萬，西自巫峽東極滄海，分之則勢懸而力弱，聚之則守此而失彼。其必克四也。席捲之勢，其在不疑。」頴忻然曰：「君言成敗理甚分明。本以才學相期，不意籌略乃耳。」〔註35〕

這段對話，薛道衡的分析針對性極強。但所謂郭璞預言必有根據。在讖緯風行的時代，南朝宋齊梁陳不會沒有關於郭璞的著作乃至後人嫁名郭璞的讖書流傳。

（6）郭璞預測晚唐時期吳越國的存在是必然的。「（唐）咸通中京師有望氣者言錢塘有王者氣，乃遣侍御史許渾中使，許渾齎璧來瘞秦望山之腹以厭之。使回，望氣者言必不能止。又：郭璞著《臨安地志》云：『天目山前兩乳長，龍飛鳳舞到錢塘。海門山起橫為案，五百年生異姓王。』至是果驗。」〔註36〕由該條引文可以看出至少在唐朝晚期市面上有郭璞的《臨安地志》流傳則無問題。至於那首七言絕句讖詩是否出自郭璞之手，而今已經無法考證了。

（7）郭璞為福州城選址，預言此後五百年當興盛。「閩越王故城，今府治北二百五步。晉太康三年既詔置郡，命嚴高治故城，招撫昔民子孫。高顧視險隘，不足以聚眾。將移白田渡，嫌非南向。乃圖以諮郭璞，璞指其小山阜曰：是宜城。後五百年大盛。於是遷焉。唐中和中觀察使鄭鎰始修，廣其東南隅。先是開城南河，有人得石記云：五百年，城移東南。本地合出連帥。自太康至是適五百年。閩川名士傳以為陳巖，閩人為連帥之應。舊記作七百年。」〔註37〕

（8）溫州至今還叫鹿城，其來歷與郭璞相城有關。《萬曆溫州府志》上記載說：晉明帝大寧元年（323）置郡。始城。悉用石甃。東西附山，北臨江。南環會昌湖。始議建時，郭璞登西郭山望海壇、華蓋、松臺、積穀諸山錯立如

〔註35〕（唐）李延壽撰《北史》，卷三十六中華書局，1974年版，第5冊，p1338。

〔註36〕（五代）錢儼《吳越備史》，卷一，文淵閣四庫全書，臺灣商務印書館影印本，第464冊，p497。

〔註37〕（宋）梁克家《淳熙三山志》，卷四。文淵閣四庫全書，臺灣商務印書館影印本，第484冊，p142。

北斗，謂父老曰：若城繞山外，當驟富盛。然不免兵戈水火；城於山，則寇不入斗，可長保安逸。因跨山為城，名斗城。時有白鹿銜花之瑞，故又名鹿城。鑿井二十有八，以象列宿。宋齊梁陳隋唐因之。後梁開平初，錢氏增築內外城，旁通壕塹。〔註38〕

（9）郭璞預測 500 年後寧波當建郡。四明山縓天台山北面起，向東北一百三十里湧為二百八十峯。中有三十六峯周回八百餘里。謝靈運《山居賦》曰：天台四明相接。孫興公賦曰：登陸則有四明天台。四明，方石四面自然開窗。其中分通溪曰鄮溪，西引鄮溪東入於海。地稱句章，又云鄞江。山有七峯，相去各六十里。雲霧相通，山東面七十峯狀如驚浪之山。境接句章。郭璞言：後五百年當立郡。至開元置明州，其言適符合。〔註39〕

（10）郭璞因無錫茱萸花長成連理狀有悖常情而預測地方有人作亂。「晉孝懷帝永嘉六年五月，無錫縣有茱萸樹四株，相樛而生，狀若連理。先是有鼫鼠出延陵，羊祜令郭璞占，曰：此郡在明年當有妖樹生。若瑞而非瑞，辛螫之木也。倘有此，東西數百里必有作逆者。及此木生，其後徐馥果作亂。亦草之妖也。以為木不曲直。」〔註40〕樛，音糾。意指植物下部幹莖糾纏而生。

（11）郭璞卜筮，確認安慶府盛唐山可建城池。「盛唐山在府城中。漢武帝南巡江漢，至於盛唐。登禮潛嶽，出樅陽，作盛唐樅陽之歌。晉時郭璞登盛唐山，謂此地宜城。唐因置盛唐郡。宋嘉定十年以黃乾知安慶，請建城於盛唐灣宜城渡之陰，即此文中「漢武帝欲登禮之潛嶽」，即今安慶市潛山縣境內之天柱山。」〔註41〕

（12）郭璞預卜安徽寧國府城。「寧國府陵陽山在府城內，岡巒回折。府志云：勢若蜿蜒，為一郡之鎮。北自敬亭陂陀而南第一峯，府治據之。二峯在府治西南，別為龜峯；三峯在東北，為府治屏蔽。宋郭祥正詩『陵陽三峯壓千里，百尺危樓勢相倚。』危樓即屏蔽也。相傳府治晉桓彝時郭璞所建。林仁肇更創城制，襟山帶水於形勢為勝區矣。上有樓即謝朓北樓。李白所稱

〔註38〕（清）嵇曾筠等監修；沈翼機等纂修《浙江通志》，卷二十四，文淵閣四庫全書，臺灣商務印書館影印本，第 519 冊，p658。

〔註39〕（元）袁桷撰《延佑四明志》，卷七，文淵閣四庫全書，臺灣商務印書館影印本，第 491 冊，p447。

〔註40〕不著撰人《無錫縣志》，卷三下，文淵閣四庫全書，臺灣商務印書館影印本，第 492 冊，p725。

〔註41〕（清）趙弘恩等監修，黃之雋等編纂《江南通志》，卷十五，文淵閣四庫全書，臺灣商務印書館影印本，第 507 冊，p495。

江城如畫者。」〔註42〕

桓彝（276～328），宇茂倫，東晉譙國龍亢（今屬安徽懷遠縣）人。出生世族家庭。以州主簿入仕，拜騎都尉。晉元帝時，遷中書郎、尚書吏部郎。太寧二年，為散騎常侍。平定王敦之亂後，桓彝以功被封為萬寧縣男。時宣城境內常有變亂發生，有人舉薦桓彝出任宣城太守，治理宣城。晉咸和二年，鎮將蘇峻以朝臣庾亮擅權專制為由，舉兵反晉，進攻建康（南京），史稱「蘇峻之亂」。桓彝得悉，當即率領義眾欲赴南京討伐叛軍。他一面派遣朱綽前往蕪湖討伐叛軍，一面向朝廷報告軍情。坐鎮南京的庾亮先是派遣大將司馬流趕往慈湖與叛軍交戰，遭到慘敗。司馬流戰死後，又命桓彝進擊討伐。桓彝選擇了奮力抵抗，派遣將軍俞縱堅守涇城門戶石蘭。桓彝死守城池，叛軍派人勸降，他堅守不從，終因勢小力孤，城被攻破。桓彝在撤退的路途中被叛軍殺害，時年53歲。桓彝是郭璞的好友。《晉書·郭璞本傳》篇曾記載桓彝不聽郭璞囑咐，於郭璞上廁所時闖到廁所，破壞郭璞廁上做法禳災的故事：

> 璞素與桓彝友善。彝每造之，或值璞在婦間，便入。璞曰：「卿來，他處自可徑前。但不可廁上相尋耳，必客主有殃。」彝後因醉詣璞，正逢在廁，掩而觀之，見璞裸身被髮，銜刀設醮，璞見彝，撫心大驚曰：「吾每屬卿勿來。反更如是！非但禍吾，卿亦不免矣。天實為之，將以誰咎！」

郭璞終嬰王敦之禍，桓彝亦死蘇峻之難。由此不難看出兩人關係確實非同一般。桓彝在任職宣城期間邀請老朋友從首都建康到宣城幫忙踏勘風水，選擇郡城地點，則完全可能。

四、所謂郭璞城讖

郭璞身後，曾出現了不少關於州郡建城選址的讖謠。這裡將本人瀏覽地方志書所看到的資料略加梳理，以供有興趣者作進一步研究之用。

宋人梁克家為我們保存了一份難得的郭璞所撰讖謠體的《遷城記》，茲將全文引錄如下：

郭璞遷州記

桑田為海，人事更改。洪水浸田，人事多變。

〔註42〕（清）趙弘恩等監修，黃之雋等編纂《江南通志》，卷十六，文淵閣四庫全書，臺灣商務印書館影印本，第 507 冊，p521。

六旬甲子，當有其害。六六之數，當見其害。

更重著衣，周回重載。見三重牆，復而修之。

鄭國歸朝，重關為待。東南有水，潮入其音。

鳥出木空，千載不昧。無朱雀山，千年無咎。

前有雙眉，重施粉黛。九仙鳥石山為之眉，方山為之黛，是太陰宮也。

溪澗水來，盡歸於海。南臺有江出，其地戶去也。

主揖其客，客住主在。蓮花山，高蓋山，方山相應。

穩首東日，高山鎮寨。卯山見高蓋為日，門鼓山為威膽之位。

本自添金，因成右兌。在乾為金佛，國兌赤金也。

但見蛇形，莫知坐亥。木行已街，正坐壬也。

事過方知，知而未會。久後出人，見了方知。

龍山高山，光照其代。建水為陽福之水，光顯朝廷。

巧婦能裁，得令人愛。遷出於巧婦之裁，人俱愛之。

若解修心，得其終倍。云民得慈心，得長壽。信生陽數，即長齡也。

市籠放火，聚集磊磊。去郊為市，橫山有赤路，三二頂峯為火籠。

有一老翁，手把竹筒。乾為主陽之位，主山也。艮山，入為主。艮、震為蒼莨竹也。

重添新宰，在言不在。雲在是乾為主山，雲不在，是被巫山遮也。

銘曰泰康之載，遷□甌基。

四色牢城，層巒三徑。

洪許南流，瑞龍地應。

其主螺女，現對花峯。

千載不雜，世代興隆。

諸邦萬古，繁盛仁風。

其城形狀，如鸞似鳳。

勢氣盤挐，遇兵不饉。

遇荒不掠，逢災不染。

其甲子滿，廢而復興。〔註43〕

類似的遷城記，我們在《福建通志》中也看到過。

晉郭璞《遷州記》云：桑田為海，人事更改。六旬甲子，當見
其害。更重著衣，周回重戴。鄭國歸朝，重關為待。烏出木空，千
載不昧。前有雙眉，重施粉黛。溪澗水來，盡歸於海。主揖其客，
客往主在。穩首東日，高山鎮寨。本自添金，因名右兌。但見蛇影，
莫知坐亥。事過方知，知而未會。龍山高高，光照奕代。巧婦能裁，
得令人愛。若解修心，得其終倍。市籠放火，聚眾磊磊。有一老翁，
手把竹篦。重添新宰，在言不在。

銘曰：泰康之載，遷卜甌基。四色牢城，層巒三徑。洪潯南流，
瑞龍西應。其主螺女，現對花峰。千載不離，世代興隆。諸邦萬古，
繁盛仁風。其城形狀，如龍如鳳。勢氣盤拏，遇兵不掠。遇荒不饉。

逢災不染，六甲子滿。廢而復用，《叢談二》，《三山舊志》〔註44〕

這篇《遷州記》跟為溫州府的前身所寫的讖謠《遷州記》相同者多，相異
者少。我們推測，這兩個地方的《遷州記》很可能是當年地方官為州郡首府選
址問題向博學多才又擅長卜筮的郭璞請教，郭璞看了現場或者看了圖紙後寫
下的預言性文字。這種四言詩的形式為郭璞所喜用。

江西修水在寧州西六十里，源出黃龍山。納眾水東北流六百六
十里入鄱湖。以其修遠，故曰修水。《水經注》訛為循。舊傳郭璞讖
云：「有水名修，有魚名儵。天下大亂，此地無憂。」見宋洪芻《職
方乘》〔註45〕

修志的人員明確告訴讀者，這篇郭璞讖引自宋朝洪芻的《職方乘》。《能改
齋漫錄》上對這則郭璞讖說的更清楚：「修水在分寧縣北，東南經縣治。又經
武寧縣東北，流六百里至海昏。又東流一百里入彭蠡湖。世傳郭璞記曰：『有
魚名修，有水名瀟。天下大亂，此地無憂。』言可避亂也。予按：《陰陽書》
云：水宜東流，蓋巽居東方。其次則北。北乃艮方耳。所以分寧雖深僻險絕，

〔註43〕（宋）梁克家《淳熙三山志》，文淵閣四庫全書，臺灣商務印書館影印本，第
　　　　484 冊，p579。
〔註44〕（清）郝玉麟等監修；謝道承等編纂《福建通志》，卷六十六《雜記》，文淵閣
　　　　四庫全書，臺灣商務印書館影印本，第 530 冊，p344。
〔註45〕（清）謝旻等監修，陶成等纂修《江西通志》，卷七，文淵閣四庫全書，臺灣
　　　　商務印書館影印本，第 513 冊，p269～270。

然代出偉人。至若贛水皆西流。所以自南朝以至今日，人物殊少。」〔註46〕

　　《江西通志》，卷九介紹江西安福縣的風水寶地龍岡時也部分引用了郭璞《遷城記》，但只有兩句引文：「鳳山龍岡，狀元文章。」這顯然不是郭璞的文字，因為在東晉還沒有科舉制度也沒有狀元一說。顯然是隋唐以後好事者所附會。前引《淳熙三山志》載郭璞遷城記之所以有些非韻文的句子，那可能是主事者做的備註。

五、關於郭璞遺跡的梳理

　　郭璞山。在江西鄱陽縣東。郭璞字景純，河東聞喜人。少受郭公青囊書九卷，遂洞五行天文卜筮之術。元帝時為著作佐郎，王敦謀逆，被害。時年四十九。追贈宏農太守。嘗寓鄱陽縣東一百十里，有郭璞山。撰有《洞林》、《京費諸家要最》、《新林卜韻》，注釋《爾雅》《三蒼》《方言》《穆天子傳》《山海經》等書。〔註47〕

　　郭公山。《萬曆溫州府志》：在郡西北。晉郭璞登此山卜居，故名。〔註48〕

　　郭記室祠。《萬曆溫州府志》：在郭公山下。初晉郭璞卜城於溫，立祠山下，祀之。塑白鹿銜花於側，紀卜城時瑞也。今移祀於鎮東塔。〔註49〕

　　郭璞墓：後湖（今南京玄武湖）西南曰新洲，上有大墩即郭璞墓。〔註50〕

　　玄武湖中有大墩俗傳為郭璞墓〔註51〕

　　郭璞墓：「二十八日夙興，觀日出，江中天水皆赤，真偉觀也。因登雄跨閣觀二島，左曰鶻山。舊傳有棲鶻，今無有。右曰雲根島，皆特起不附山，俗謂之郭璞墓。」〔註52〕此郭璞墓在鎮江。宋人多有詩憑弔。

〔註46〕　（宋）吳曾《能改齋漫錄》，卷九，文淵閣四庫全書，臺灣商務印書館影印本，
　　　　　第 850 冊，p667～668。
〔註47〕　（清）謝旻等監修；陶成等纂修《江西通志》，卷九十六。文淵閣四庫全書，
　　　　　臺灣商務印書館影印本，第 516 冊，p211。
〔註48〕　（清）嵇曾筠等監修，沈翼機等編，《浙江通志》，卷二十，文淵閣四庫全書，
　　　　　臺灣商務印書館影印本，第 519 冊，p561。
〔註49〕　（清）嵇曾筠等監修，沈翼機等編《浙江通志》，卷二百二十五，文淵閣四庫
　　　　　全書，臺灣商務印書館影印本，第 525 冊，p157。
〔註50〕　（明）謝傑《後湖記》，（明）黃宗羲編《明文海》，卷三百五十四，文淵閣四
　　　　　庫全書，臺灣商務印書館影印本，第 1457 冊，p114～117。
〔註51〕　（明）李賢等奉敕撰《明一統志》，卷六，文淵閣四庫全書，臺灣商務印書館
　　　　　影印本，第 472 冊，p169。
〔註52〕　（宋）陸游撰《入蜀記》，卷一，文淵閣四庫全書，臺灣商務印書館影印本，
　　　　　第 460 冊，p882。

郭璞墓：在（衢州）戟門內，民間傳說：郭璞曰五百年太守為吾守墓。紹聖二年太守孫賁知道此事後，決心發掘看個究竟。滿衙官吏皆反對，甚至齊刷刷跪在地上請求不要惹這位郭璞神仙。孫太守說，我是朝廷命官，每天坐在這裡辦公，為天子治理地方，怎麼還成了一個守墓人呢。不信邪，發之，得二枚石筍，各長六七尺。埋在地面下一丈三尺深的地方，上面被樹根纏繞。其一上面還有題款，交代了唐乾符五年五月地方官徐楓如何發現石筍，如何得到當時的慎知府贊同，在府衙門前營造風景等詳細過程。可見，這處郭璞墓是附會的。〔註53〕

郭璞宅：郭璞宅在黃山北，相傳晉郭璞舊居。〔註54〕喻按：此黃山乃江陰之黃山，即《世說新語》、《晉書》等古文獻所言郭璞、庾冰所居住的暨陽。

郭璞廟：郭璞廟在（溫州）府城東北。璞，東晉時人，嘗卜地遷城，所言率驗。郡人祀之。〔註55〕

郭璞山：在（江西）鄱陽郡府城東和南鄉，根盤五十里，崇高百仞，峯巒峭拔，為鄱陽郡山之冠。世傳郭璞嘗旅寓於此。〔註56〕

郭璞岩：郭璞岩在四川樂山烏尤山。蘇軾詩：岩有古郭生，此地苦箋注。區區辨蟲魚，《爾雅》分細縷。洗硯去殘墨，遍水如墨霧。至今江上魚，頭有遺墨處。〔註57〕這個郭璞岩也許跟郭璞當年注釋《爾雅》《方言》時的西南之行有關。

郭璞書堂：郭璞書堂在聞喜縣湯寨山（今名湯王山）北秦王寨東南三磵中，懸崖石室，縱橫丈餘，中有懸泉一滴，相傳璞著書處。〔註58〕

郭璞《條山記》有這樣的說法，「由里山前瓠子岡，葬之正者封侯王」「由里山在江陰縣東南十五里，或訛為遊鯉山。其巔出雲，以為雨候，上有

〔註53〕（宋）毛滂《雙石堂記》，《東堂集》，卷九，文淵閣四庫全書，臺灣商務印書館影印本，第1123冊，p804～807。

〔註54〕（明）李賢等奉敕撰《明一統志》，卷十，文淵閣四庫全書，臺灣商務印書館影印本，第472冊，p252。

〔註55〕（明）李賢等奉敕撰《明一統志》，卷四十八，文淵閣四庫全書，臺灣商務印書館影印本，第472冊，p113。

〔註56〕（明）李賢等奉敕撰《明一統志》，卷五十，文淵閣四庫全書，臺灣商務印書館影印本，第473冊，p37。

〔註57〕（明）李賢等奉敕撰《明一統志》，卷七十二，文淵閣四庫全書，臺灣商務印書館影印本，第473冊，p520。

〔註58〕（清）和珅等奉敕撰《大清一統志》，卷一百十八。文淵閣四庫全書，臺灣商務印書館影印本，第476冊，p388。

白龍洞。山側有瓠子岡。」〔註59〕

　　郭璞草廬。座落於原暨陽茶園內，設雁翎茶坊，內用木刻形式展示一代文人生平資料。悠閒草廬，品茗聞香，追憶江陰文脈，一派「採菊東籬下，悠然見南山」之鄉野風情。郭璞草廬佔地 200 多平方米，是黃山湖公園內最富人文氣息的一處景觀，草廬內的一景一物充分挖掘了晉代大文豪的文化內涵，於古色古香中延續地方歷史文脈。

　　歷史上也有文人學者對郭璞自卜墓地卻不得善終表示困惑不解的，宋人劉克莊《郭璞墓》：「先生精數學，卜穴未應疏。因捋虎鬚死，還尋魚腹居。如何師鬼谷，卻去友靈胥。此理憑誰說，人方寶葬書。」〔註60〕靈胥，借指波濤。葬書，指郭璞著作《葬書》。說明南宋時期，《葬書》為郭璞所撰，已經深入人心。明代詩人沈周的《郭璞墓》：「江水茫茫豈可居，先生埋骨定何如。日中數莫逃兵解，世上人猶信《葬書》。漂石龍涎春霧後，交沙鳥跡晚潮餘。只憐玉立三峯好，浮弄江心月色虛。」〔註61〕

　　大量的遺跡，真實的自然也有，但附會的肯定不少。這說明什麼？一則說明郭璞這個大文豪令人崇拜。二則說明郭璞這個忠臣令人景仰。三則說明郭璞這位神奇的術士令人著迷。

〔註59〕（清）趙弘恩等監修；董之雋等編纂《江南通志》，卷十三，文淵閣四庫全書，
　　　　臺灣商務印書館影印本，第 507 冊，p435。

〔註60〕（宋）劉克莊《後村集》，卷一，文淵閣四庫全書，臺灣商務印書館影印本，
　　　　第 1180 冊，p4。

〔註61〕（明）曹學佺《石倉歷代詩選》，卷四百九十一，文淵閣四庫全書，臺灣商務
　　　　印書館影印本，第 1394 冊，p15。

第十二章　楊曾廖賴四大家批判（上）

　　論風水者，楊筠松、曾文辿、賴文俊、廖金精這四個人物是響噹噹、硬邦邦的。為了敘述方便，在本文中，我們簡稱楊、曾、廖、賴。

　　將這四個中國風水史上的著名人物放在一起討論，一則因為他們有師承關係。二則因為他們主要活動範圍在江西，具有地域一致性特點。三則因為他們在風水流派上被業界習稱江西派。四則因為傳世的風水書即使署名不是這四人的也多沿用這四位的風水理論。五則因為他們四人的風水著作都偏重於術士的經驗總結。

一、關於楊筠松及其弟子記載的兩個渠道

　　關於楊、曾、廖、賴生平的記載，文獻有兩個渠道：

（一）《贛州府志》的記載

　　楊益，字筠松。民間傳說他利用手中的風水術幫助窮人擺脫貧困，世人譽之，呼為楊救貧。他雖然在風水界享有盛名。但歷史上留下來關於他生平的文獻資料卻相當稀少。迄今為止，我們所能找到的關於他生平的記載主要有以下幾種。

　　江西《贛州府志》關於他生平的記載：

　　　　楊筠松，竇州人。僖宗朝掌靈臺地理事。官至金紫光祿大夫。黃巢破京城，乃斷髮入崑崙山步龍，後至虔州，以地理術授曾文辿、劉江東，世稱救貧仙人是也。卒於虔，葬雩都藥口壩。

　　　　劉江東，雩人。楊筠松在虔州，江東因同曾文辿傳其術。初，

-233-

楊與曾並不著文字。江東稍有口訣，其裔孫謙為宋吏部郎中，知袁
州事。乃著《囊經》七篇，詞旨明暢，人傳誦之。

　　寧都李村有泉自石罅中出，如雲蒸霧湧。投雞子於中輒熟。舊
傳楊筠松喬寓時，有鄉人館穀甚厚，而臧獲頗厭之。楊乃辭去，以
杖叩石出泉，凡三坎，蓋以酬其湯沐之勞云。（《贛州府志》）

　　□□□，字伯玉，寧都人。年十五通五經，人稱廖五經。建炎
以茂異薦，不第。後精父三傳堪輿之術，卜居金精山，自稱金精山
人。所著有《懷玉經》。〔註1〕

按：該處漏排三字。所漏排者當為「廖金精」三字。不然，怎麼會無頭無
腦的從「字伯玉」開始？

依據《贛州府志》的記載，我們知道，楊筠松是竇州人。竇州，唐代建置。
故地即今廣東省信宜市鎮隆鎮。「縣南一里有羅竇洞，唐以此名州。」後因黃
巢打破長安城，唐僖宗幸蜀。朝廷重要官員都跟皇帝到四川去了。而在司天監
主持地理事宜的楊筠松，卻利用這個機會「斷髮入崑崙山步龍」。天下山脈皆
發源崑崙山。真正的風水師必須識天下龍脈來龍去脈，有機會實地踏勘自然比
紙上得來要重要得多。當然，他究竟是在黃巢之亂那個時候正巧因公去崑崙山
考察，還是為了躲避黃巢亂軍而遠走崑崙山考察，現在已經無法弄清楚。且揆
之常情，楊筠松這樣一位朝廷司天監官員為了提升自己的學術水平，向朝廷報
告前往崑崙山實地考察，或者黃巢亂後改變形容聲稱自己前去崑崙山步龍去
了，也許可以規避黃巢強迫他接受新政府的委任。來到虔州，也就是今天的贛
州。在那裡培養了曾文辿、劉江東等門徒。後來卒於虔州，葬在雩都（今改作
于都）藥口壩。

第二條史料主要是關於劉江東的。有幾點值得注意：一是劉江東是雩都
人，和曾文辿是同學，共同師事楊筠松。傳承其學術。二是關於楊筠松的著
述。這篇簡短的史料提供了一個合理的說法：（1）「楊與曾並不著文字」。（2）
劉江東開始「稍有口訣」。（3）劉江東的裔孫劉謙在宋朝任吏部郎中，後來擔
任袁州知州，「乃著《囊經》七篇，詞旨明暢，人傳誦之。」說明楊筠松、曾
文辿一開始並無著作，甚至連口訣都沒有形成。但毫無疑問，後世關於楊筠松、
曾文辿的著作，其內容肯定是屬他們的。但真正整理成書的就未必是他們。

〔註1〕（清）謝旻等監修；陶成等纂修《江西通志》，卷一百五十九，文淵閣四庫全
　　　書，臺灣商務印書館影印本，第516冊，p527～529。

因此，對待現在傳世風水經典的作者署名，只能看做同門後學對先師學術經驗的傳承。是一個不斷疊加的箭垛式的產物。

第三條史料說的是寧都李村溫泉，這顯然是後人對楊筠松的感恩和附會。

第四條史料是關於廖金精的。這個廖金精本名廖瑀。金精是他的號。因為他明確給自己定位在金精山隱居以研究風水為人生目標後便有這個名號。若準確稱謂其姓名，還是應該稱他為廖瑀。他的風水術是從父親廖三傳那裡繼承來的。但廖三傳的風水學術是從哪裏來的呢。通過考察廖瑀著作《地理泄天機》，我們知道他的學術淵源還是楊筠松、曾文辿一脈傳下來的，他的父親廖三傳的學術自然也是從曾文辿他們的傳人那裡繼承來的。因而也屬楊曾門派。

從廖瑀著作《地理泄天機》之《無極傳派歌》之敘述看出：「金精山是撥堆龍，額術出其中。楊公演派曾公繼，流傳黃與厲。唯有廖公學得精，世代自傳名。泄天機本撥砂訣，皆是曾楊說。」〔註2〕這裡說廖金精的著作叫《懷玉經》，可能是最初的書名。後世書商為了刺激讀者購買，故意採用聳人聽聞的書名，也在情理之中。

（二）《豫章書》的記載

另一個渠道的記載是這樣的：

> 僕都監，逸其名。善青烏術。與楊筠松俱官司天監都監。因黃巢之變，避地寧都縣懷德鄉，以其術傳中壩廖三傳。

《豫章書》是明郭子章所撰之「江西通志」。全書一百二十二卷。備載明前江西人物史實。該書保存了大量的漢魏唐宋地方史料。明初大儒宋濂顯然認同《豫章書》的記載：

> 宋濂曰：《葬書》始於郭景純。唐末楊筠松與僕都監竊秘書中禁術自長安至寧都，遂定居焉。後以其術傳廖三傳，廖傳其子瑀，瑀傳其壻謝世南。世南傳其子永錫，遂秘而不授。世之言地形者其盛無踰此數人。今其書世多行之，皆與郭氏合。世不信地理之術則已，信之，捨此將何從求之歟？元新喻劉則章有《葬書注釋》，金華鄭彥遠復校而刻之。〔註3〕

> 曾文辿，雩都崇賢里人。師事楊筠松，凡天文讖緯黃庭內景之

〔註2〕　（宋）廖瑀《地理泄天機》，中州古籍出版社，1992 年橫排本，p13。

〔註3〕　（明）宋濂，《葬書新注序》《文憲集》，卷五，文淵閣四庫全書，臺灣商務印書館影印本，第 1223 冊，p235 起始。

書靡不根究。尤精地理。梁貞明間，至袁州萬載，愛西山之勝，謂
其徒曰：「死，葬我於此。」卒如其言。後其徒忽見於豫章歸，啟其
棺，無有也。所著有《八分歌》二卷。

《豫章書》記載的這幾條史料，在楊筠松生平事蹟中豐富了如下信息：（1）
他和僕都監同朝為官。兩人都是唐司天監都監。司天監，官名。負責觀察天文，
推算曆法。唐肅宗乾元元年置，名曰司天臺，五代時期改為司天監。原來官名
為太史令。為從三品官。（2）楊筠松和僕都監都擅長青烏術。（3）黃巢之亂，
僕都監避地江西寧都縣懷德鄉，以其術傳廖三傳。這就說清了廖三傳實際上主
要是僕都監的傳人。廖瑀自然也是。由於他們所傳承的教材是一樣的，都是國
家司天監裏的秘籍，因此，廖瑀等後世徒子徒孫同樣也尊楊筠松為師。

如前所述，明初大儒宋濂在給金華鄭彥遠的著作《葬書注釋》寫序時條述
楊筠松僕都監的學術傳承線索更清楚具體：首先，宋濂點明楊筠松、僕都監的
青烏術實際是晉朝郭璞的葬書之傳承。其次，宋濂點明了楊筠松和僕都監是朝
廷司天監官員，是從京師官衙來到江西寧都的。最先的傳人是廖三傳。隨後，
廖三傳傳其子廖瑀，廖瑀傳其婿謝世南，謝世南傳其子謝永錫。至謝永錫那裡
傳承就終止了。考謝永錫受許中委派到三僚村廖瑀家致謝時，廖瑀已去世六十
年。謝永錫去三僚村時在宋建炎三年（1129），若按這個時間上推，則廖瑀不
應該是廖三傳的兒子，因為中間有近 200 年左右的空檔，夠繁衍至少六代，因
此只能說廖瑀是廖三傳的後人，但肯定不會是兒子。楊筠松的生年記載也很雜
亂，但結合《豫章書》所記載的時間（黃巢起義）做座標，可以大致確定，楊
筠松生於唐武宗會昌元年。即西元 841 年的說法最為靠譜。楊筠松卒年大致
在宋朝建國初年。這樣才講得通，三僚曾氏族譜關於楊筠松生年（881～885）
的說法說不通，因為黃巢起義時在 878～884 年間。一個 2～3 歲的孩子如何能
做官？宋濂的序言雖然介紹了青烏術的傳承脈絡。但卻不見曾文辿一脈。原
來，曾文辿師事楊筠松。但在豫章書的記載裏，曾文辿最後是尸解了，用道教
的說法，就是成仙了。這當然是徒弟們的神化。

二、關於《撼龍經》、《疑龍經》的作者問題

關於楊筠松和曾文辿師徒一開始並不著書，甚至連歌訣都不作。前面部分
劉江東介紹已經說明白了。這背後的原因，不能說楊筠松沒有學問，不能著書
立說。只能說另有原因，乘亂帶走宮廷禁書，讓其傳播民間。這在當時很可能

要遭通緝的。雖然有黃巢之亂的特殊背景，但畢竟八年後長安被收復，黃巢勢力被剿滅，還是李唐王朝主政。統治者對於那些所謂的秘籍，總是特別看重，不希望秘籍流落民間。這種皇圖永固，江山世守的貪戀，任何專制政權都概莫能外。我們只要看看唐玄宗對待郭璞《葬書》的態度以及處理丘延翰誤葬王氣天子墳兩事就知道了：

《錦囊經》卷首載張說《錦囊經序》：

> 開元十四年八月二十八日，上幸華清宮望尋雲樓，宣泓師問山川形勢，每事稱郭璞葬書。上令進呈。師以此書天下秘法，恐宣露不神。上命以錦囊封入，置在御榻帷中，中貴內臣不得見也。明日上問泓師曰：「張說曾見否？」師曰：「說尚從臣求觀，而臣未之與也。」上曰：「可使見之。」即令張說來。謂臣說曰：「使卿因朕得見異書。因指數義令師說之。」師解釋如流。上驚，敕師曰：「朕雖得此書，若未盡曉。卿可注之。」因初臣說口授筆錄，至明年正月書成上進。上覽，大喜。謂臣說曰：「此法有葬王侯之說，豈宜使凡庶盡知？當留禁中。不以付外秘書也。」由是此書臣與泓師皆不復見。至明年，上與一行禪師論陰陽法術之妙，因出此書以示禪師。又復論釋數義，覆命臣說箋錄纂集，上窮天地陰陽五行之妙，下奪造化禍福吉凶之權，宣露神機，啟定國利……覆命臣說載其由來。〔註4〕

張說寫序時間是唐開元十六年（728）九月。時距初見郭璞《葬書》兩年。張序記載了唐僧泓、唐玄宗、張說的一段關於為郭璞《葬書》加注解的往事。我們知道，晚唐五代以前，風水典籍等有關望氣堪輿的圖書，是由朝廷壟斷的。看了上面這段序言，讀者朋友難道不明白帝王壟斷的內涵嗎？

丘延翰，聞喜人。永徽（650～655）時遊太山，於石室中遇神人授玉經即海角經也。洞曉陰陽，依法扞擇，罔有不吉。開元中為縣人卜葬地，星氣交現。太史奏曰：河東聞喜有異氣。朝廷忌之，遣使斷其所扞山。詔捕之，大索，勿得。詔原其罪。詣闕陳陰陽之說，以《天機》等書進呈，秘以金函玉篆，號《八字天機》。拜亞大夫之官，祀山仙祠。〔註5〕據此，則宰托所言邱延翰被判刑關押，遇黃巢之亂朝廷西遷，楊益（筠松）救邱延翰，邱延翰以回憶皇宮

〔註4〕（晉）郭璞撰，（唐）張說等注解《錦囊經》，九州出版社，《四庫增補青烏輯要》，第3函，p1。

〔註5〕（清）覺羅石麟等監修，儲大文等編纂《山西通志》，卷一百六十一。文淵閣四庫全書，臺灣商務印書館影印本，第547冊，p552。

堪輿秘書傳授楊益的說法與山西通志所記載頗有出入：辜托的說法是：「唐玄宗時邱延翰不識天時，誤葬禁穴，獲罪於天。將先聖之書盡行誅廢。」究竟如何誅廢？由誰來誅廢？皆語焉不詳。「後因黃巢犯境，天子遷都。楊益在京救邱公出獄，是以邱公所記之書盡皆錄出，傳於楊益。」此說為此前所見關於楊益的文獻中無人道過者。它的價值在於明確了邱延翰是楊益的師傅。其他記述此事的說法是黃巢之亂時無人顧及欽天監，故楊益等得以攜帶國家天文機構司天監的藏書而流落民間。辜托的說法比攜書說要來得具體。最後，辜托還敘述了楊益「回江西卜地響應，所到之處，皆有鈐記。」但辜托自己也不知道楊益有哪些成功的案例。這就讓人奇怪了。問者曰：「其鈐記一定由手作，今在何處。老師知否？」辜托回答說：「我亦不知。要他何用？各習其業。」〔註6〕我們看明代嘉靖年間徐善繼、徐善述兄弟所撰著的《地理人子須知》一書，其中還有楊益的幾個鈐記，也就是今人所說的案例。如果辜托實有其人，那就說明他和楊益不是一條線上的師承關係。如果辜托係姑托的話，那麼，說明萬樹華對江西歷史上的風水名家沒有像他的前輩徐善繼、徐善述兄弟那樣下工夫實地考察。因此舉不出任何楊益成功的選擇墓穴的案例。而前述《入地眼》關於丘延翰救楊救貧，邱憑記憶將宮廷秘書傳給楊筠松的說法就只能是民間風水師們的傳說，根本不可採信，因為邱延翰在唐高宗永微年間泰山遇師得法，其時起碼20歲吧？就算邱氏活100歲，西元730年也該不能工作了吧？黃巢起義時在878～884年間，邱延翰一百歲時距黃巢起義還有140年，邱怎麼能活那麼長？可見辜托所言沒有可靠性。

關於僧泓，我們知道，那是實有其人。此僧乃黃州僧人。「黃州僧泓者，善葬法。每行視山原，即為之圖。張說深信重之。〔註7〕關於這位黃州泓師，文獻上還保存了他的兩則相地的故事。

其一，泓師勸張說買永樂東南第西北隅被人破壞事。

> 唐泓師為張燕公說買永樂東南第。勸之曰：此宅西北隅上最是旺地。慎勿於此取土。越日，泓又至，謂燕公曰：此宅氣候忽然索莫。其恐必有取土於西北隅。公與泓偕至宅後，見西北隅果有取土坑三四處，皆深丈餘。泓大驚曰：禍事及公，富貴一人而已。不三

〔註6〕（宋）辜托著，（清）萬樹華編，李詳白話釋義《入地眼全書》，中醫古籍出版社版，1993年版，p169。

〔註7〕（後晉）劉煦等撰《舊唐書》，卷一百九十一，中華書局，1975年版，第16冊，p5113。

年外，諸郎君皆不得天年。燕公大駭。曰：填之可乎？泓曰：客土
炁與地脈不相連。今欲填之，亦如人有瘖疾，縱挖它肉補之，無益
也。燕公子均長，皆為安祿山委任。至克復，覆三司。更長流嶺表，
均棄。出常侍言旨。〔註8〕

其二。僧泓斷定李吉甫宅是凶宅、牛僧孺宅可出宰相。

　　唐李吉甫宅，泓師謂其地如玉杯。牛僧孺宅為金杯，云：玉杯
一破無復全，金杯若傷重可完。牛僧孺宅在新昌里，本將作大監康
言宅，自辨岡阜，以其地當出宰相。每命柏公，言必引領望之。宅
卒為牛僧孺所得。吉甫宅至德裕貶，其家滅矣。〔註9〕

其三。泓師發現闕門左右山岡為美地。

　　泓師自東洛回，言於張說曰：「闕門道左右山岡甚好。試請假
兩三日，有百僚起居到者。貧道於簾間竊視之，閱其貌相，甚貴者
付此地。」說如其言請假，兩三日內三士三公以下早集，泓於簾間
視之而言曰：或以貴大，福不再至；或不消此地，反以為禍。須臾，
閤者報源乾曜在門外。泓忽見之，趣赴於說曰：「此人賢不可言。
官位宜得臺甫。公或召之與語，方便問要葬地否？」說傳聲召之。
乾曜至，坐語。遂顰蹙云：「乾曜先塋在闕門，先附人。尚未遷祔。
今請告歸洛，赴先遠之期。」禮記曰：凡卜葬，曰衰事。曰先遠。
故來拜辭。燕公具道泓之所言地，必須商量取便，與泓師同行尤佳。
乾曜辭以家貧無鈔買地，亦不敢煩泓師同行。後泓省親，東歸洛，
經闕門，潛底源氏墓，合泓前之所言也。循環閱視，遲留久之。回
謂燕公曰：「天贊源氏子大貴矣。」後乾曜自京兆尹拜相為侍中僅
二十年。〔註10〕

　　這些歷史事例說明，唐王朝十分看重風水。生怕臣民得占風水便宜。也足
可作證贛州府志對楊筠松師徒在贛州傳授風水經典的小心謹慎確屬事實。

〔註8〕（唐）楊筠松撰，鄭同校《黑囊經》，第2函，上冊，九州出版社線裝本，《四
　　　　庫增補青烏輯要》，第3函，p29，「橫龍最忌穿鑿脈，家業易消歇」條。
〔註9〕（唐）楊筠松撰，鄭同校《黑囊經》，第2函，上冊，九州出版社線裝本，《四
　　　　庫增補青烏輯要》，第3函，p29。「水凶穴吉金盆格，雖壞可從革。水吉穴凶
　　　　如玉杯，一破永無完」條。學才案，康言應為康謦素。
〔註10〕（唐）楊筠松撰，鄭同校《黑囊經》，第2函，上冊，九州出版社線裝本，《增
　　　　補四庫青烏輯要》，第3函，p33。

　　我們再來看看楊筠松的幾部風水經典。細心研讀楊筠松的《撼龍經》、《疑龍經》後，筆者發現：這些相傳由唐代楊筠松寫成的經書裏，冷不丁會冒出幾個宋代才有的概念。

　　例如：楊筠松《疑龍經》「大凡尋龍要尋幹，莫道無星又無換。君如不識枝幹龍，每見幹龍多延蔓。不知幹長纏亦長，外州外縣小為伴。尋龍千里非迢遙，其次五百三百里。先就輿圖觀水源，兩水夾來皆有氣。水源自是有長短，長作軍、州短作縣。……凡是枝龍長百里，百里周圍作一縣。」〔註11〕我們知道，軍州、縣是宋代最基本的政權組織。軍、州是一級，比縣高一級。「軍」是宋代行政區劃中一個比較特殊的存在。宋代的行政區劃名義上實施三級制，最基本的是路—州—縣；州級單位有府、州、軍、監，府地位最高，州次之，軍、監更低；縣級單位有縣、軍、監。名義上最高一級為路。實際上，真正落實到位的就是州縣兩級政權組織。軍、州既是宋代才有的行政權力機構。次於路，高於縣。《疑龍經》所言依據龍脈長短來確定作為軍州和縣的政府辦公場所之標準。最長的龍脈結穴處作為國都的所在地。楊筠松著作在風水界比較沒有著作權爭議的就《撼龍經》和《疑龍經》這兩部「龍經」。經文中作者這樣說，顯然明確暗示作者楊筠松是宋朝人。

　　當然，這相傳為楊筠松留下的口訣，很可能是宋代傳人們增補進去的。因為此類事很多。口訣在流傳中也會遭遇添油加醋。

三、《撼龍經》、《疑龍經》何以不見唐人的記載？

　　唐代的社會風氣比較開放，文人墨客好奇心重。喜歡結交三教九流人物。故細讀唐人詩文，舉凡江湖藝人，筆工墨客，畫家琴師，名工巧匠，總之，大凡有瑰瑋奇特行徑的特立獨行之士大都是官員、文人們喜歡交往的對象，往往還賦詩相贈。這是中國文化的風氣。如韓愈之贈釋大顛，孟郊之交往無懷道士與釋皎然。柳宗元之記楊憑皆是其例。筆者曾從中國古籍中輯錄《中國歷代筆工考》（詳見本人學術叢刊《三元草堂文鈔》之三：《遺產保護研究》）在全唐詩、全唐文中，能工巧匠，星象術士被記載者比比皆是。如果楊筠松真是唐朝人，為何晚唐那麼多詩人墨客，沒有任何人有和他交往的記載呢？

　　楊筠松師徒不見於唐代文人的記載。有些不合常情。當然，這不合常情正

〔註11〕（唐）楊筠松撰，鄭同校《疑龍經》，九州出版社線裝本，《增補四庫青烏輯要》，第五函，p4。

好可以佐證楊筠松將風水術傳到民間是冒著風險進行的。不然的話，一個這麼有名的國家司天監官員，不可能寫不出一本像樣的風水著作。我們只要對比看看南唐國師何令通的《靈城精義》就會明白。楊筠松的時代大體和何令通相當。何以他只能用口訣傳授而不能著作傳授？兩者的區別在於，何令通是因為就牛頭山皇陵發言太直率，惹惱了皇帝，貶官到黃山腳下的安徽休寧的。楊筠松則是不告而別，且攜帶國之秘典。性質完全不同。也正是因此，何令通到休寧後的脈絡記載清楚，包括他後來靜坐練功，走火入魔被內火焚燒而死。他的風水學問傳授給自己的游姓外甥，且一直傳承到明朝永樂年間。當時朝廷選擇朱棣陵墓地址時，游家還有人被選撥做專家參與過選址。根本不存在楊筠松那樣的記載模糊、閃爍其詞的問題。因此，楊筠松師徒究竟是唐人還是宋人，還是一個有待學術界討論的問題。或者說，《撼龍經》、《疑龍經》雖是楊筠松所傳，但文字總結則要歸功於宋代的傳人。

四、楊筠松看山覓穴只靠眼力判斷

楊筠松看山覓穴只靠眼力判斷，不信五音，不用羅經，不用裝卦。這究竟是怎麼回事？

楊筠松不用卦例。所謂卦例，就是以八卦裝天星為例以斷吉凶也。他說：「定卦番來是夢中，只觀來歷有無蹤。好將兩字鉗龍脈，莫把三星亂指空。」兩字，分合也。另，楊筠松不僅卜地不裝卦例，而且登山也不用羅盤、他說：「卜地不裝諸卦例，登山何用使羅經。」他還說：「不問五音諸卦例，但將好主對賢賓。」賴文俊解釋說：「內外山水，迴環拱顧，自成吉地，不虛卦例亦吉也。」〔註12〕

《黑囊經》開篇就是《論卦例》。上面說：《黑囊經》裏分明說：龍看左右托，穴看左右落。砂看左右腳，水看左右約。明堂看四角，三陽看城郭。六者無猜疑，入穴方裁度。用卦不用卦，卦向穴中做。時師專用卦，用卦還是錯。若能審究之，便是真郭璞。〔註13〕

楊筠松明明白白說他選定了穴位後，就用倒杖之法測量方位距離。並不使用羅經，即俗稱的羅盤。但清代無名氏整理的楊派風水著作《黑囊經》在

〔註12〕（唐）楊筠松撰，鄭同校《黑囊經》上冊，九州出版社線裝本，《增補四庫青烏輯要》，第 2 函，p55。

〔註13〕（唐）楊筠松撰，鄭同校《黑囊經》上冊，九州出版社線裝本，《增補四庫青烏輯要》，第五函，p1。

解釋楊筠松「卦向穴中做」這句比較含混或者說內容闡釋不夠的詩句時卻很明確的使用羅盤解決問題。《黑囊經》上說：「卦者即諸般羅經理炁也。用理氣之法，於穴既點定之後，於是從穴中格其係某龍入首，宜立某向配合；水倒左倒右，宜立某向消納。於二者之中，斟酌一向。或龍脈不吉，則進退數尺以趨避，或一向不能配龍收水，則立內向配龍，外向收水。此所謂卦向穴中作也。若不預點定穴，先去用盤格龍，不管是非，只於乘得三吉六秀處定穴，此所謂用卦還是錯也。」〔註14〕這段解說，雖然糾正了不登山觀望，拿著羅盤按照所謂三吉九秀的方位格龍的做法是錯誤的。但卻同時又增添了一個疑惑：即楊筠松登山不用羅盤，定穴定向真的就是用羅盤嗎？答案是否定的。楊筠松的代表性著作《倒杖法》再明白不過地告訴我們，楊筠松最擅長的還是倒杖法，即用他隨身攜帶的手杖做工具。我們來看看楊筠松是怎樣目測選定穴位後進一步工作的：

> 楊公以所倒之杖倒地步之，以定穴口。法唯認定來脈，斟酌微茫。用杖之法，持杖指定來脈入路以定內炁，轉身看杖以察外炁。然後將杖後枕圓、前對尖，倒一直杖。再將杖穿對左右護砂，倒一橫杖，以為葬口中十字，用石灰畫定，以為前後左右準則。又將杖豎在十字中，前看後看，左看右看，察其來脈。不急不緩。急則橫杖向前一、二尺，緩則橫杖退後一、二尺。脈斜推左，挨左一、二尺；脈斜推右，挨右一、二尺。斟酌放棺，自無毫釐之差。〔註15〕

可見，即便楊筠松時期已經有了羅盤，他也不使用。這就像我們現在已經是計算機繪圖的時代，仍有大腕堅持用手繪是一樣的。

在風水界，常常發生巒頭、理氣之爭。前面我們討論楊筠松的倒杖法，轉述楊筠松的登山不用羅經的原話。實際上，楊筠松不是不用羅經。楊筠松還是羅盤天盤的創設者。他的《天玉經》就是一本講解羅盤知識的書，只是因為這書原來是朝廷秘籍，不允許流傳民間。趁黃巢之亂的歷史背景，楊筠松帶走了宮廷秘籍，自然包括羅盤。從此，傳帝王秘籍於民間百姓。但因黃巢之亂很快就平定了，朝廷追查失落的秘籍。故楊筠松注解《天玉經》，不得不隱約其辭。這也就給後人理解《天玉經》、理解理氣的價值帶來困難。清人李三素有一段

〔註14〕（唐）楊筠松撰，鄭同校《黑囊經》上冊，九州出版社線裝本，《增補四庫青烏輯要》，第五函，p3。

〔註15〕（唐）楊筠松撰，鄭同校《黑囊經》上冊，九州出版社線裝本，《增補四庫青烏輯要》，第五函，p54～55。

話闡述巒頭、理氣的相互依存關係，說的很是清楚：

> 余讀古今地理之書，其論巒頭者則謂巒頭重而理氣輕，論理氣者則謂理氣精而巒頭淺。聚訟紛紛，幾成矛戟。不知有巒頭而無理氣，則乘真截偽收水配向之功廢；執理氣而廢巒頭，則真龍真穴真砂真水之情以違，殊失青囊之本旨矣。蓋有形斯有氣，有氣斯有理。因形以察氣，因氣以論理。以體一用，不得偏廢者也。〔註16〕

其實，楊筠松所謂不用羅經的口訣一方面可能是為了避禍。另一方面則說明藝高人膽大。對於一個羅盤已經爛熟於心的大腕而言，他完全可以做到眼睛就是羅盤，心靈就是羅盤。對於普通人而言，光用肉眼是很難判定龍穴砂水的確切位置。只有肉眼觀察做好「大膽假設」後，再借助羅盤這種科學儀器來「小心論證」，選穴定向等事才可能做到合法無誤。前人說得好：「巒頭，猶人之肢體也；理氣，則其脈息也。人固有一望而可知者其外貌，而終身不可逆料，必診其脈息始知。羅經，審其脈息。」偏重理氣的風水師李三素認為，羅經須臾不可離。「要其所謂作用者，不過順其自然，正其差謬。」他舉楊筠松等唐代大師為例。「是以楊曾心法，不須易地改穴，而分金一轉，即能為人造福。」也就是說，羅盤的妙用在於，只要得到師傅的真口訣，根據羅盤上面分金刻度的調整，就可避凶趨吉，轉禍為福。他說，比較而言，理氣容易把握，「即不登山，而一觀水口，能知其龍向。但言山向而可定其吉凶，以其有一定之理也。」但「巒頭則千變萬化，不可名狀。自非踏破鐵鞋，揣摩有素。雖父不能以傳子。」他批評當時的時師：「今之時師不知理氣，輒以巒頭自負。彼豈知巒頭之難言有十倍於理氣者乎？」〔註17〕

反對理氣派的利器——羅盤的觀點在風水歷史上有不小的影響。甚至到清朝朝廷欽天監裏的專家都有持此說者。至於民間風水師中也有猛烈抨擊動輒拿羅盤格龍的時師之例子。對於堪輿經中：「何處山頭無子午，登山不用開羅經」的說法，科學的態度是要區別看待。說這話的堪輿大師是針對那些已經掌握尋龍點穴口訣的經驗豐富的人而言的，並不具有普適性：「唯得訣之人實有是事，非時師所得藉口也。」因為「凡生成之龍，必有生成之穴，放棺之所。果能認定來脈，則挨左挨右，原不可差毫釐。其龍虎朝應非此不登對。其砂水明堂非此必

〔註16〕　（清）李三素《天機貫旨紅囊經》，九州出版社線裝本，《增補四庫青烏輯要》，第 3 函，p22～23。

〔註17〕　（清）李三素撰，鄭同校《天機貫旨紅囊經》，卷三，九州出版社線裝本，《增補四庫青烏輯要》，第 3 函，p6～7。

有走氣。然後用羅經格之，理氣自合。」「入山尋水口，而格地之方位坐向皆可逆料。登龍格之，巒頭自合。」「朱子云：天以陰陽之行化生萬物。氣以成形而理以賦焉。理者一定之理，氣者一定之氣。形則無一定之形。然形雖千變萬化，而終不能出此一方之外。則亦未嘗無一定之理，一定之氣。合於一定之理，一定之氣。則為生氣。不合於一定之氣，一定之理，則為死氣。得訣之人，羅經爛熟於胸中，是以真龍正穴有不用開羅經之時。正所謂巒頭之外別無理氣。」〔註18〕

五、楊筠松的歷史地位

　　研讀風水著作，你會發現一個很有趣的現象，這就是：一，中國的很多風水經典的作者都被冠以楊筠松的大名。二，楊筠松的生平卻極少見諸記載。如果說東晉的郭璞是中國風水歷史上第一個劃時代的重量級人物的話，那麼唐代的楊筠松則是中國風水歷史上第二個劃時代的重量級歷史人物。因為郭璞第一個給風水做出了「葬者乘生氣也」的偉大定義，寫出了《葬書》這本具有劃時代影響的千古風水經典。後人無論怎麼花樣百出，終究逃不出如來佛的手心。這是從理論上所做的偉大建樹，無人能夠超越。楊筠松作為唐代朝廷的國師，享有傳承歷代天文地理曆法諸文化和科學遺產的知識特權。負責望氣等關乎朝廷江山穩定國祚久長的神聖使命。因為黃巢之亂，京師長安淪陷。楊筠松成了無人保護的難民。正是這特殊的歷史機遇，讓楊筠松從京師皇宮走向民間。得以傳播他在宮廷所掌握的堪輿文化。歷史的看，從漢代以來，近十個世紀許多堪輿從業者的智慧結晶物——羅經的使用，如何將其傳給可以傳承的繼承者，讓社會大眾分享羅盤的威力。成為他的偉大使命。我覺得，楊筠松的歷史貢獻有三：一是使風水術從帝王秘籍性質的獨裁專享文化走向公開的大眾的普及文化。他開門收徒，開宗立派。以致形成直到今天仍然處於主導地位的楊門風水流派。二是他在羅盤的風水利用上做了很大的貢獻，特別是教會大家使用。《天玉經》、《撼龍經》《疑龍經》、《倒杖法》等或專著，或歌訣，目的只有一個，教大家如何科學安葬死者。三、楊筠松同情底層勞苦大眾，力所能及地幫助了不少窮苦人家，通過他的風水術安葬而造福其家庭。因此得到「楊救貧」美稱。在贛閩大地留下了許多美麗的民間傳說。絕不是沒有根據的附會。

〔註18〕（清）李三素撰，鄭同校《天機貫旨紅囊經》，卷三，九州出版社線裝本，《增補四庫青烏輯要》，第 3 函，p8～9。

　　楊筠松的身世，絕少見諸記載。這是我們研究中國風水史的一個很大困難。另外一個問題是，中國歷代的風水師帶徒弟，都重視口訣，而不習慣公開著書立說傳播。這兩點可以說是中國風水文化的很特別的地方。我思考了很久，後來我終於想明白了。這種習俗的形成，與當年黃巢之亂楊筠松將帝王秘書帶到民間有絕大關係。因為八年平亂之後，唐王朝不會放棄追查國家秘書遺失的事情。這就是為何楊筠松身世資料書缺有間的主要原因。也是風水家重視師徒口耳相傳，而不肯輕易形諸文字的原因。也是風水人物歷史記載特別雜亂的原因所在。

　　（元）吳澄在《地理真詮‧序》中寫道：

　　　　漢藝文志《宮宅地形》二十卷，蓋相地之書也。然官有其書，民間無之。無其書亦無其術，通於其術如晉郭景純輩，曠代一見。豈人人能哉？楊翁給使唐宮，秘書中得此禁術。後避巢寇至贛，為贛人言地理，術盛於江西自此始。長安蒼黃出奔時，跋涉萬里，九死一生，僅保餘息。惡有文自隨？大率指授口受，面命心得，不在書也。此術之傳漸廣而其書之出日富，好事者增益附會之爾，極於宋末。儒之家家以地理書自負；塗之人人人以地理術自售。郭楊曾殆滔滔而是，噫！何其昔之秘而今之顯，昔之難而今之易，昔之寡而今之多也！〔註19〕

　　晚唐五代時期，由朝廷壟斷的風水術走向民間，臣民重視墓葬的選址是時代風氣。楊筠松只不過是該時代風氣轉移的代表人物而已。這裡我們抄錄一則後晉時期的高官王建立篤信風水，自己為自己建造墓穴的故事：

　　　　晉王建立，遼州人，有先人之墳在於榆社，有崗重複，松榆藹然。占者云：後必出公侯。後建立歷青鄆潞數鎮同平章事，故建立生自為墓，恐子孫之有易也。子守恩再歷方鎮，後為西京留守。〔註20〕這個王建立「初仕後唐明宗，使為右僕射、中書侍郎、平章事。天成四年，出為青州節度使。」〔註21〕

〔註19〕（元）吳澄撰《吳文正集》，卷十六。文淵閣四庫全書，臺灣商務印書館景印本第1197冊，p174。
〔註20〕（宋）王欽若、楊億等奉敕撰《冊府元龜》，卷八百六十九，文淵閣四庫全書，臺灣商務印書館影印本，第917冊，p393。
〔註21〕（宋）王欽若、楊億等奉敕撰《冊府元龜》，卷三百二十二，文淵閣四庫全書，臺灣商務印書館影印本，第907冊，p538。

　　王建立山西老家的祖墳所在環境「有崗重複，松榆藹然」實際就是山龍的信息。榆社為山西太行山區的一個縣城，其地山脈屬太行山系。周圍海拔 1200 米以上的山峰多達 30 餘座。後晉的王建立做了大官，便以為是祖墳風水福蔭之結果。有意思的是，他人已經在遼州生活，仍舊把自己的墓穴選在故鄉山西榆社。自然是希望故鄉的風水福蔭他的子孫。

　　此信息告訴我們，後晉時期臣民重視墓葬風水已經是事實。王建立這個遼州人先人墳墓風水好，占卜者看後說要出公侯。結果就出了王建立。因此，王建立深信不疑。趁活著時自己選擇營建墓穴。結果他的兒子王守恩也做到了地方諸侯。是暗示激勵也好，是風水福蔭也好。橫豎晚唐五代很多人都相信墓葬得吉地可以福蔭後人，是不爭的事實。

第十三章　楊曾廖賴四大家批判（下）

一、曾文辿、廖金精、賴文俊生平及學術貢獻

（一）曾文辿考

曾文辿，雩都崇賢里人。師事楊筠松，凡天文讖緯黃庭內景之書靡不根究，尤精地理。梁貞明間至袁州萬載，愛西山之勝。謂其徒曰：「死，葬我於此。」卒如其言。後其徒忽見於豫章，歸啟其棺，無有也。所著有《八分歌》二卷。〔註1〕

曾文辿（854～916），字縫輿，號逸真，江西雩（于）都葛坳小溷村人，生於唐大中甲戌歲（854），卒於梁貞明三年丙子歲（916），享年63歲。其父曾德富。兄曾文遄、弟曾文迪，文辿排行第二。曾公幼習詩書，熟究天文經書，黃庭內經諸書。隱居雩都黃龍寺時，緣遇楊公筠松，得其悉心指點青鳥，遂得堪輿大道。

後梁貞明丙子年，曾公與諸徒袁州萬載觀丘山（今江西宜春萬載縣），肖形五牛飲水穴，穴結池心，授指謂子徒曰：「吾死葬此，切記」。時值臘月，果卒。諸徒如命安厝。命其地曰：「曾仙塘」。後經數年，其徒於豫章江西南昌復見文辿師，驚其未逝，之後遂啟其冢，果空棺，始知文辿師尸解，真成地仙矣。著《尋龍記・八分歌》兩卷行世。

後人尊楊（救貧）、曾（文辿）、廖（金精）、賴（布衣）為風水形派四大祖師。

〔註1〕（清）謝旻等監修，陶成等纂修《江西通志》，卷一百六，文淵閣四庫全書，臺灣商務印書館景印本，第516冊，p528。

　　曾文迪是三僚曾氏開基祖，也是楊救貧的首座弟子。楊救貧雲遊天下，本無意駐足，但曾文迪卻想找一塊吉壤定居。

　　有一天，曾文迪發現三僚這個地方不錯，就告訴師傅楊救貧說他找到了一個「前有金盤玉印，後有涼傘遮蔭」地方，如果住下來，子孫可以世代為官。楊救貧過去一看，果然是一塊山環水繞的肥美盆地，盆地中間有一座長條形的石峰，盆地後山有一棵涼傘形的松樹，樹下是一塊圓形巨石。他告訴曾文迪說：「這裡果然是我們堪輿人的世居之地。你看前有羅經吸石，後有包裹隨身，住在這裡，子孫世世代代端著羅盤背著包裹出門。」

　　楊筠松和他的兩個弟子一起，在盆地中間搭茅棚居住，他們把茅棚稱為「僚」，師徒仨人是三座茅棚，附近的人們就把這裡稱作「三僚」（現在寫作三僚）。

　　曾文迪原是於都肖縣（今於都曲洋鄉）人，自幼讀書，原想通過科舉仕進，因逢戰亂，隱居在雩都縣黃檀寺讀書，不問世事，後偶遇楊筠松先生，羨其學問，遂拜楊公為師，隨其學習堪輿術。他將全家遷往三僚村定居時，楊救貧特地為徒弟擇址定向，並作了一份鈐記，流傳至今：

> 僚溪山水不易觀，四畔好山巒。
> 甲上羅經山頂起，西北廉幕應。
> 南方天馬水流東，仙客拜朝中。
> 出土蜈蚣艮寅向，十代年中官職旺。
> 今卜此地為爾居，代代拜皇都。
> 初代錢糧不興大，只因丑戌相刑害。
> 中年富貴發如雷，甲木水栽培。
> 兔馬生人多富貴，犬子居翰位。
> 今鈐此記付文迪，三十八代官職顯。

　　曾文迪唐末五代時遷三僚，時歷宋元明清，迄今千多年來，特別是明清兩朝以來，文迪後裔蕃衍千枝萬派，分布全國各地，已成萬丁著族，人文蔚起，忠烈滿堂，卓然俊拔之士達於中外，足見楊筠松當年的預測不謬也。現在許多海外易經考察團專程到三僚村，都是拿著這份鈐記，尋找中間提到的「天馬水」、「出土蜈蚣」、「羅經山」、「甲木水」的所在。〔註2〕

　　曾文迪最大的貢獻是忠實傳承了楊筠松的風水學說。這個我們可以從相

─────────────

〔註2〕據《百度百科》曾文迪條。

傳是他傳承下來楊公經典看出。因為其時唐王朝還存在。楊筠松的傳承不得不採取隱秘的方式。重視師徒口耳相傳，採用歌訣方式。是當年楊筠松最好的選擇。因為即使歌訣流傳，不得師傅真傳，你也不知道口訣的真實含義。楊曾故去千餘年，歌訣長存天地間。但能明白歌訣真實含義者絕少。楊筠松的一本《天玉經》本來就是解析羅經即世俗所說的羅盤的專書，但楊筠松不能說的太直白。必須用隱語，一如《道藏》中的《參同契》。這個秘密直到清朝出了個李三素。他經過對《天玉經》幾十年的反覆研讀，加上大量古代名墓案例的解剖，終於識破了《天玉經》就是一部羅經解。在特殊的時代，曾文迪能把老師的學說傳承下來，是一大貢獻。他的另一貢獻是和老師楊筠松合作，選擇並定居三僚村，創造了中華大地唯一的持續 1200 多年的風水古村。在曲阜、龍虎山這一儒一道的名勝之外，為中國風水文化建設了一個重要的載體，留下了這麼一顆璀璨奪目的風水活化石。不足的是，這個風水古村落缺少曲阜孔子後裔和龍虎山張天師家族那樣清晰可據的歷史檔案。

（二）賴文俊考

賴文俊，原名賴鳳岡，字文俊，自號布衣子，故民間稱其為賴布衣，又號稱「先知山人」，江西省定南縣鳳山岡人。生於宋徽宗年間（西元 1101～1126 年間），九歲即高中秀才。曾任國師之職，後受秦檜陷害，長期處於流落生涯中。賴布衣的足跡幾乎踏遍祖國大地，憑著精湛的堪輿理論與技術，一路憐貧救苦，助弱抗強，留下了許多神話般的傳說，「風水大師」的名聲不脛而走。

評價

關於賴文俊的生平，另一說其他情節大體相同，但生地和年代不同，即認為賴文俊是江西省寧都縣肖田鄉桴源（今美佳山）人，寧都說認為賴文俊生於 1208 年，卒於 1279 年，南宋端平元年（1234）甲午科舉人，嘉熙二年（1238）進士，曾任建陽令，精地理，人呼賴布衣。因奸臣陷害被貶廣東。今廣東吳川水口建有賴公廟，白雲山建有賴布衣墓，其骨灰葬福建上杭勝運里念背坪。

賴文俊是宋代相地術大師，他的生平事蹟很混亂，頗難考證。傳說他字太素，處州人，曾在福建的建陽縣當過官，喜好相地術，於是棄官浪跡江湖，自號布衣子，世稱賴布衣。

作品概述

賴文俊撰有《紹興大地八鈐》及《三十六鈐》，此書分龍、穴、砂、水四

篇，各為之歌。今佚。

《萬姓統譜》，卷97記載：「宋賴文進布衣善地理，注《四元天星》。」此處是賴文進，不是賴文俊。不知是不是音近而誤，或許是兩個人。

《天一閣書目》，卷3有《地理大成》15卷，題宋采山伯謙賴文俊撰，明月潭山人柯佩，內有序云：「宋布衣賴伯謙《催官篇》，新安汪信民既嘗為之注。」《地理大成》是柯佩彙集諸書而成，因為《催官篇》置於首卷，故稱賴文俊撰，並不是《地理大成》都是賴文俊撰。伯謙，是賴文俊的字。

評價

賴文俊在福建相地很有名聲，《夷堅志》記載：「臨川羅彥章酷信風水，有閩中賴先知山人長於水城之學，漂泊無家，一意嗜酒，羅敬愛而延館之。會喪妻，命卜地，得一處，其穴前小澗水三道，平流，唯第三不過身而徑入田。賴咤曰：「佳哉！此三級狀元城也，恨第三不長」，若子孫他年策試，正可殿前榜眼耳。」其子邦俊，挾十三歲兒在傍，立拊其頂而顧賴曰：「足矣，足矣，若得狀元身邊過也得。」所謂兒者，春伯樞密也，年二十六，廷唱為第二人。賴先知山人，大概就是賴文俊，如前所述，賴文俊在福建活動，棄官浪遊，「先知山人」是他的別號。且這個賴山人還死在羅家：「賴竟沒於羅氏，水城文字雖存，莫有得其訣者。」〔註3〕

2009年，余曾應定南縣委鍾書記邀請，前往定南賴布衣故里楊梅村進行旅遊規劃。然而令人遺憾的是，我們前往實地考察時，那個古老的村落正在拆村並組，熱火朝天建設新農村。原有村落格局已被橫平豎直的新農村樓屋所替代。而據（宋）洪邁《夷堅志》之記載，則這個賴山人最後客死羅家，也即死於江西臨川。儘管賴布衣故里有定南、寧都之別，但其人擅長風水，著作名目一致。

有的風水書上說賴布衣是曾文辿的女婿，是楊派風水第三代傳人，此說完全沒有可能，因曾文辿是晚唐人，賴文俊是南宋人，中間相隔五代和北宋一百多年的時光。

清人屈大均記載說：

> 宋有賴布衣者，善相墳地。今廣東故家大姓，其始祖、二世、三世墳，多賴布衣所定穴位。予宗有二。諺曰：「族有賴布衣，繁昌

〔註3〕（宋）洪邁撰《夷堅二志壬卷第一》《賴山人水城》，《夷堅志》，中華書局1981年版，第三冊，p1470。

必有聞。」〔註4〕

這個賴文俊的生平也夠神秘的。論著作，則除了《催官篇》，還有相地案例彙編《紹興大地八鈐》、《三十六鈐》，還有龍穴砂水四冊歌訣，均佚。若然，則這個賴文俊的業務空間覆蓋了江西、廣東、福建、浙江數省。

賴文俊的學術貢獻有三：一是著作《催官篇》。大家知道，中國屬官本位傳統非常突出的一個國家。非富即貴，富不如貴的價值觀深入人心，影響國民的價值抉擇。這其中，先秦時期的三不朽（即太上立德，其次立功，其次立言。）論，隋文帝開始啟動直到清朝光緒末年（1905）才停止的科舉考試制度、從秦始皇開始實施的郡縣制專制集權制度，三方面交織，鍛造了中華民族官本位的價值觀。如果在這三條中再加上一條，那就是賴文俊的《催官篇》。《催官篇》就行文格式而言，仍然秉承其祖師爺楊筠松的歌訣體裁。但其風水內容則主要講快速陞官或發財的風水選擇術。你可以想見，對於那些嫌一百年太久的急於大富大貴的人們而言，賴文俊的這個新觀點新方法是多麼的受用。《催官篇》說白了就是快速陞官發財的風水選擇術。也可以說是風水術中的一條新捷徑。從南宋到現在，時間過去了8個多世紀，但仔細分析國人的價值觀，沒有根本的改變。從這個意義上說，賴文俊還依然很有市場。這是他給中國文化的一個大貢獻，強化了國人的官本位意識。第二個大貢獻就是對羅經的完善。賴文俊在傳統地盤、天盤的基礎上增加了人盤。吸收了北宋以來日趨完備的縫針技術，在風水儀器上固化了他的催官觀念，通過格龍定穴認砂別水等技術手段達成催富催貴的目的。使其催官理念和羅盤技術協調一致，大大增強了可操作性。第三個貢獻，除了理論著作外，還有意識地整理彙編其相地案例。

賴文俊還有些對風水的理解，和楊筠松不同。如：

> 關於陰來陽受、陽來陰受的理解：「賴公以翕聚之高者為陰，以舒散之平者為陽。此以其發用者而言。若楊公則以山之高者為陽，平者為陰。此乃言其體質也。書以高金為太陽金，以平面金為太陰金。又是本楊公也。」〔註5〕

〔註4〕（清）屈大均《廣東新語‧墳語》。中華書局清代史料筆記叢刊本，卷，p504～505。

〔註5〕（清）鄧穎出撰，鄭同校《陰宅井明》，卷上，九州出版社線裝本，《增補四庫青烏輯要》，第9函，p25～26。

　　風水界中人多使用的挨星法即用賴文俊發明的羅經中針以合二十八宿五行之屬。「生我者為食神，我生者為洩氣。我剋者為奴為財，剋我者為官為殺。與我比和者為旺。此法專以墓向取用。觀其近穴山峰之聳起夾照者挨之。若離穴之遠或近而一片峰頭不動者不管係吉凶。最要觀穴星龍虎之內及穴旁翼角之所。有山阜之動、石頭之突。此處犯殺，則為殺動中宮。地雖吉，亦有速禍。」〔註6〕

　　在風水界，有一個厲伯紹，是楊筠松一派傳人。據楊門弟子後世記載，廖金精和厲伯紹是學習成績最好的，名氣最大的傳人。

　　根據宋人葉適的記載：

　　　　東廣人言其地有宋墳，無唐墳。蓋自宋南渡後，衣冠家多流落至此，始變其族事喪葬也。相傳嘉定中有厲布衣者，自江右來廣，精地理之學，名傾一時。有經其葬，至今故老猶能言其處。廣州林某者，宋元富家，永樂初中衰。以術者言祖穴向稍偏所致，因發地而得石書云「布衣厲伯韶為林某葬，此千載穀食之地。後學淺識不許輕改。」徐視之，蓋下句與土封，微不同耳，遂搆之。今林氏頗振。庚午舉人林弁，癸酉舉人林汝思、林廷輝，皆其族也。廣人口音稱賴布衣云。〔註7〕

　　結合屈大均《廣東新語》的記載，可知在廣東影響很大的宋末元初著名地師是厲伯紹，也就是厲布衣。布衣是民間的稱謂，謂其不是官員，而是平民。有人研究風水人物時擅自將《廣東新語》中厲布衣寫成賴布衣。如此張冠李戴，是沒有依據的。因為葉適說的很清楚，粵語方言念厲謂為賴字音。而屈大均本身又是地道的廣東人。若是賴布衣，斷乎不會寫成厲布衣。

　　葉適的《水東日記》卷十六還記載了另一條浙江人稱厲伯紹為賴布衣的例子：

　　　　予嘗記宋嘉定中地理厲伯紹事。茲讀開化江氏譜，見秉心紀善贊曾學世求作墓記書云：桂崖去開化縣治東南二十五里，西塘又去桂崖西南百步，侍御房之墓在焉，松檜薈鬱，岡巒屈曲。勢若蜿蜒然。宋季有相地者賴布衣過之，留記云云，此墓是也已。乃知稱賴

〔註6〕（清）鄧穎出撰，鄭同校《陰宅井明》，卷下，九州出版社線裝本，《增補四庫青烏輯要》，第9函，p14。

〔註7〕（宋）葉適《水東日記》，卷十四。

布衣者，不獨嶺南人也。

這就說明厲伯紹就是賴布衣。和寫崔官篇的賴文俊賴布衣不是一回事。係廣東方言造成的誤會。

（三）廖金精考

廖金精的生平簡歷，我在本篇第一部分已經介紹過了。需要說明的是，明代還有一個廖金精。也是風水名家。中國風水史上有宋、明兩個廖金精。這是需要我們記住的一件公案。

關於我國風水歷史上曾經存在宋、明兩個廖瑀（廖金精）的問題，最早提出的是宋末元初人曾葛谿的《俯察要覽》。其文曰：

> 有兩廖瑀：前廖樂平人，後廖雩都人，俱號金精。術俱神。《泄
> 天機》本前廖著。

那麼讀者會問，既然《泄天機》一書是宋朝廖瑀原創，那為何書中又有許多明代的信息，以致讀者誤以為歷史上只有明代這個廖瑀，根本不存在宋代那個廖瑀呢？曾葛谿揭示了造成人們誤以為《泄天機》是明代廖瑀所著的版本學原因：

> 《泄天機》本前廖著。因余芝孫增入後廖《地課》及《入式歌》，
> 增首尾衍文。世遂莫知有前廖瑀矣。

余芝孫為明代書商。只因他將當時享有盛名的廖瑀（後廖）給人家看風水的案例（一般稱「鈐記」，也稱「地課」。）收入前廖所撰的《泄天機》書中，又將《尋龍入式歌》收入書中。還在新出的書前後增加序跋等文字。這些做法是古代書商為了射利常見的伎倆。但一般讀者極容易被他蒙蔽。

《地理人子須知》的著者徐善述、徐善繼兄弟進一步比較了宋廖瑀和明廖瑀兩人的學術路徑，發現前廖、後廖風格迥異：

> 今考前廖著述重巒頭；後廖著述重天星。後廖乃張公道明為虔
> 倅時拔者，卒傳吳氏學。〔註8〕

學才按：徐氏兄弟的補充犯了一個時間概念的錯誤。後廖既然是明代的風水大家，他就不可能是張道明所提拔。因為張道明是北宋仁宗朝國師，是欽天監監正吳景鸞的女兒所傳的徒弟。吳景鸞因反對牛頭山皇陵選址，言辭過於激烈，被罷官。晚年隱居今湖北天門。臨終前傳其學於女兒，女兒轉傳當時的

〔註8〕明徐善繼、徐善述著《地理人子須知》，華齡出版社2012年，鄭同點校本，上
　　冊，卷首《引用諸家堪輿書目》，p9。

虔州太守張道明。那麼，北宋的張道明怎麼可能直接選拔明代的廖瑀？兩人之間起碼相隔200年吧？因此，《地理人子須知》這最後一句講傳承的話講錯了。這句話應該為：「前廖乃張公道明為虔倅時拔者，卒傳吳氏學。」

廖瑀是個嚴謹的人。他留下的一些案例即鈐記大多有時間備忘。

這是很可寶貴的做派。廖金精為許學士卜宅的鈐記有「謹憑先賢秘文詳推，希留後驗。熙寧三年庚戌（1070）正月吉日，金精山人廖瑀謹記」；「廖金精下吳園張氏白牛坦地圖⋯⋯熙寧二年（1069）八月廖禹記」。

明代徐氏兄弟在《地理人子須知》中還記錄了前廖為樂平許學士家選擇美穴並預言其後人「他日必為吾虔州太守。」「殆將五紀，應驗咸如。南宋建炎三年（1129）新任虔州太守許中特地委託廖瑀的外孫、武功郎謝永錫致祭於金精山人伯禹廖公之墓。徐氏兄弟不僅記載事，還收錄了那篇祭文。廖金精於宋天禧二年（1018）安葬於黃陂大橋壩雷坑金釵形地。則廖瑀為許學士看地，當在許中應驗其預測時約60年後。這也算一個準催官的鈐記了。因為這屬實證的結果。

廖金精熙寧三年為樂平明溪許氏選擇祖地的鈐記。

> 地在樂平陳家原。其穴前有斷頭山，牢獄山。廖知不為害。既
> 下，有蠻師者往觀之。蠻師曰：斷頭山見。金精曰：我斬他人頭！
> 蠻師曰；牢獄山見！金精曰：赦文水朝。後許氏果出貴，掌藩臬，
> 專殺伐。而有我斬他頭之應。

這是一個喝形控制的案例。廖金精為許氏家族留下的鈐記曰：十里迢迢遠，龍來亥上盤。秀峰辰上立，吉水澗中盤。若問前程事，為官鎮大藩。後來無識者，休說事多端。熙寧三年八月記。〔註9〕

宋代這位廖瑀，在學術上還有一個重大的貢獻，就是他對羅盤的改進有貢獻。即他記述和運用指南針於風水堪輿的時間早於北宋沈括。

廖金精《泄天機語》：

> 四象既定，當分八卦。先於穴心分水脊上下盤針，定脈從何來。
> 次於暈心標下下盤針，定脈從何方去。又於明堂中下盤針，定水從
> 何方來，何方去。如陽脈得陽向，陽水來，陽水去；陰脈得陰向，
> 陰水來，陰水去。謂之陰陽純粹，大吉。若陽脈見陰水來去，或扦
> 陰向；陰脈見陽水來去，或扦陽向，謂之陰陽駁雜，大凶。向吉水

〔註9〕鄭同點校本，《地理人子須知》2012年版，p181.

凶，先吉後凶；向凶水吉，先凶後吉。〔註10〕

　　這段記載是科學史上的重要文獻，因為它是風水羅盤實際操作的實錄。是北宋時期羅盤應用的鐵證。

　　在廖金精的後學整理傳承的《洞明卦例入式歌》中，有一首歌訣云：

　　　　八卦干支各有方，古人測影費推詳。

　　　　南針方士常偏定，丙午中間妙用長。

　　值得注意的是，在這首詩中，作者提到了古人測日影和方士發明指南針，並指出方士所發明的指南針的缺陷是常偏定，而不能正定。並進而含蓄指出，指南針的微妙之處在於丙午之間。實際上就是指的縫針。《卦例》從八卦說起，比較古代用土圭木表測日影和後世用指南針辨別方位格龍的同異：

　　　　夫八卦者，震居正東，離別居正南。兌居正西，坎居正北。巽居東南，乾居西北。坤居西南，艮居東北。八干者，甲乙在東，丙丁居南。庚辛居西，壬癸居北。十二支者，寅卯辰居東，巳午未居南，申酉戌居西，亥子丑居北。此不易之法也。後人以地支加八干、四維為二十四位，壬癸夾子居正北，丑寅夾庚居東北，甲乙夾卯居正東，辰巳夾巽居東南，丙丁夾午居正南，未申夾坤居西南，庚辛夾酉居正西，戌亥夾乾居西北。天八卦坎離震兌，即子午卯酉之位，十干去戊巳，用居中也。占者辨方位，樹八尺之臬而度其日出、人之影，以正東西。又參日中之影以正南北。周人匠人之制度繁性，如智者用周公之制規，以木為盤，外書二十四位，中為水池。滴水於其間，以磁石磨針浮於水面則指南。然後以臬影校之，則不指南，常偏丙位。故以丙午間對針，則二十四位人人皆得其正矣。用此以代樹，良可謂簡。為萬古不滅之法也。〔註11〕

　　至於這個縫針的發明，究竟是從周代智者就開始發明了的呢？還是到北宋廖金精才研究出來的，目前我們還沒有足夠的證據完全弄清楚。但可以肯定的是，在北宋廖金精的時代，指南針已經用於風水羅盤，並且已經完善了天地人三盤，已經具有正針和縫針。則無疑義了。

　　關於廖瑀的師承。據宋熙寧三年廖金精在《四法心鏡》後面寫得一段跋語：

〔註10〕（明）徐善繼、徐善述著《地理人子須知》，p186。

〔註11〕（唐）顧陵岡彙集，（明）徐試可重編，李祥點校本《地理天機會元》《地理天機會元續篇雜錄備覽卷之三十一》，中國廣播電視出版社，2015年版，下冊，p1386。

右《四法心鏡》乃地理之必由。蓋曾公撰此以授希夷先生。宗習學之秘。得之者宜家重識之。〔註12〕

廖瑀的祖師爺是曾文辿。曾文辿傳陳搏，陳搏傳吳景鸞的父親，吳景鸞的父親傳吳景鸞。吳景鸞傳其女，夫張道明，張道明傳廖瑀。

二、楊、曾、賴鈐記調查

（1）楊筠松為江西撫州咸溪曾家點穴。咸溪之族有遷於吉之松江者，卒，葬金龜。惟其葬之地楊、曾所卜。則其自咸溪而遷松江者亦在唐末五代間。〔註13〕

（2）楊筠松為徒弟曾文辿相宅，選定位置為今江西興國縣梅窖鎮的三僚村。並留下鈐記。說詳前。

（3）曾文辿於後梁貞明丙子年為自己在江西宜春萬載縣（今縣名仍為萬載）選擇五牛飲水墓地一穴。（可能是曾氏族譜，但作者未注明。詳見百度百科《曾文辿》條）原文如下：

後梁貞明丙子年，曾公與諸徒袁州萬載觀丘山（今江西宜春萬載縣），肖形五牛飲水穴，穴結池心，授指謂子徒曰：「吾死葬此，切記」。時值臘月，果卒。諸徒如命安厝。命其地曰：「曾仙塘」。後經數年，其徒於豫章江西南昌復見文辿師，驚其未逝，之後遂啟其冢，果空棺，始知文辿師尸解，真成地仙矣。著《尋龍記・八分歌》兩卷行世。

（4）賴文俊相地案例。為江西撫州臨川人羅彥章家相得榜眼地，《夷堅志》記載：「臨川羅彥章酷信風水，有閩中賴先知山人長於水城之學，漂泊無家，一意嗜酒，羅敬愛而延館之。會喪妻，命卜地，得一處，其穴前小澗水三道，平流，唯第三不長，如子孫他年策試，正可殿前榜眼耳。」其子邦俊挾十三歲兒在傍，立拊其頂而顧賴曰：「足矣，足矣，若得狀元身邊過也得。」所謂兒者，春伯樞密也，年二十六，廷唱為第二人。賴先知山人，大概就是賴文俊，如前所述，賴文俊在福建活動，棄官浪遊，「先知山人」是他的別號。（百

〔註12〕（唐）顧陵岡彙集，（明）徐試可重編，李祥點校本《地理天機會元》《地理天機會元續篇雜錄備覽卷之三十》，中國廣播電視出版社，2015 年版，下冊，p1313。

〔註13〕（元）吳澄《羅山曾氏族譜序》）《吳文正集》，卷三十二，文淵閣四庫全書，臺灣商務印書館景印本，第 1197 冊，p339～340。

度百科）另，賴文俊撰有《紹興大地八鈐》及《三十六鈐》，此書分龍穴砂水四篇，各為之歌。今佚。

若然，則賴文俊所看風水主要集中在紹興一地。其鈐記既然明言紹興。則案例當屬紹興無疑。唯其書已經亡佚，難於確考。查明末清初著名堪輿家蔣平階曾在他整理的《水龍經》中記載說：

> 予考楊公以還，地理之家，久鮮能文之士。唯元之賴布衣奇才，而生蒙古之運。佯狂詩酒，晦跡寰中。每有詠歌，文采爛發，見於會稽諸縣者可驗也。〔註14〕

蔣氏早負時名，與陳子龍游。以他的文學修養，若非明朝亡國。他可能根本不會走進風水師這個隊伍中來。自然更是很難看得起楊筠松以來眾多的風水師的文學素養。這其中，他單提一個賴布衣。說明他很欣賞賴的文采。值得注意的是，蔣氏說賴是宋元之交歷史階段的風水奇才。且說他在今紹興等地看到了不少賴布衣充滿文采的鈐記。這從另一個角度佐證了前人關於賴文俊有《紹興三十六鈐記》等著作的記載是有依據的。

三、清張九儀對楊筠松羅經缺憾的批評

清人張九儀，生於明崇禎七年，卒於清雍正五年（1634～1727），本名鳳藻。九儀當係其字。又號東湖主人、東湖主。享年93歲。古代風水師有側重龍的，有側重穴的，有側重砂的，有側重水的，也有側重向的。在龍穴砂水向五個堪輿術的關鍵詞中，張九儀屬砂派代表人物。其人腹有韜略，頗為自負。著有：《地理四彈子》《地理鉛彈子砂水要訣》《增釋地理琢玉斧巒頭歌括》《穿山透地真傳》《儀度六壬斗首秘旨》等著作。但代表作是《穿山透地真傳》。張九儀在他的著作中，好幾次談到他的前輩楊筠松。一次是在談到他的穿山透地法得道淵源時講的。

他說：「古來得此道者賴布衣、白海南、朱紫陽、蔡西山、劉青田、李德微、董德彰」。他認為，「顯名地仙楊救貧、吳景鸞亦未得道。」「楊救貧說砂猶美女，貴賤從夫。是不知先穿後透之法。」〔註15〕另外一次是在下冊談羅經時。他說，「楊救貧以五行生旺為主。火旺於午，遂丙、午全宮；水旺於子，遂壬、子全宮；木旺於卯，遂甲、卯全宮；金旺於酉，遂庚、酉全宮（『全』

〔註14〕　（清）蔣平階撰《秘傳水龍經》，中州古籍1994年本下卷，p48。
〔註15〕　（清）張九儀撰《穿山透地真傳》，九州出版社線裝本，《增補四庫青烏輯要》本，第12函，上冊，p3。

與『同』通）。以此，寅、卯、午、戌會成火局，艮、丙、辛從之。申、子、辰會成水局。坤、壬、乙從之。巳、酉、丑會成金局，巽、庚、癸從之。亥、卯、未會成木局，乾、甲、丁從之。名曰雙山五行。今以人家發福年齡考之：坤峰起，每在亥、卯、未年應；艮峰起，每在巳、酉、丑年應；乾峰起，每在寅、午、戌年應；巽峰起，每在申、子、辰年應。竟不合天盤。雙山而合、癸、午、丁全宮。」他批評楊筠松「以干祿為主之人盤雙山，所以天盤二十四向反有十四向貽害人間也。」〔註16〕

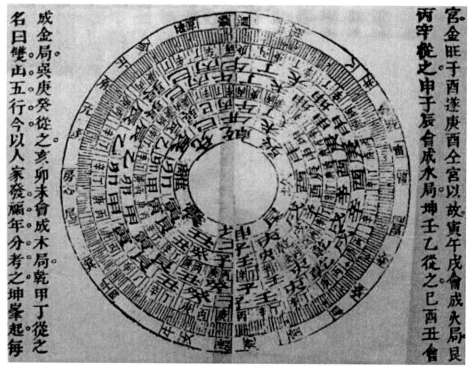

圖13-1 來源：（清）張九儀《穿山透地真傳》一書下冊，九州出版社，《增補四庫青烏輯要》，第12函卷下，p105～106。

我們知道，羅經上二十四山向是楊筠松完善的，那麼，張九儀批評的是哪十四向呢？

一、「楊救貧天盤立向犯陽差陰錯及八殺者暗害世人而人不知。

共有十四向。」這十四向分別是：

二、「天盤午向。地盤半丁半午。午，離卦。丁，兌卦。眾女少

〔註16〕（清）張九儀撰《穿山透地真傳》下冊，九州出版社線裝本，《增補四庫青烏輯要》本第13函，p106。

女金火相戰，遂害女口。」

「天盤丙向。地盤半午半丙。丙火，艮卦。淨陰，午火。離卦，淨陽。陰陽駁雜，互作廉貞。所以寅午戌年燒天虹，並犯吐血。」

三、「天盤巽向。地盤半巽半巳。巽，陰木也。巳，兌金也。辛酉為巽八殺，巳屬酉黨。二女相剋，主犯冷退，損女口。出乞丐。」

四、「天盤辰向。地盤半辰半巽。辰坎淨陽，巽卦淨陰。陰陽差錯互犯文曲。所以犯怯症。巽向辰外立驗。」

五、「天盤艮向。地盤半寅半艮。寅，木；艮，土。怕虎。且互作廉貞。主吐血或者虎傷。」

六、「天盤癸向。地盤半丑半癸。丑作癸水，羊刃。主刀藥亡身。女禍。隨母嫁，不歸宗。」

七、「天盤亥向。地盤半壬半亥。壬，離，火也。最怕八殺豬。離，龍；亥，水。刑相同。主吐血癆瘵。」

八、「天盤乾向。地盤半乾半亥。乾、亥雙朝人吐紅。瘵夭咳嗽。」

九、「天盤辛向。地盤半辛半戌。主婦人吐血。主暗啞。犯鼓盆殺。一戌上有大池，立亥向。父子各剋三、四妻。」

十、「天盤酉向。地盤半辛半酉。辛，巽，木也；酉、兌，金也。巽之八殺在酉雞。二女剋戰。主剋妻。」

十一、「天盤申向，地盤半申半庚。申，猴，金也。庚，震，木也。震之八殺在猴。多犯人命盜案，破家。夜間常被賊偷。以觜宿天賊星也。」

十二、「天盤未向。地盤半坤半未。未，震，木也；坤，老母，土也。土受木剋。多寡母少年亡。坤向兼未，坤多未少。男人吐血亡。未向兼坤，未多坤少。女人吐血亡。」

十三、「天盤卯向。地盤半乙半卯。乙，坤，土也。卯，震，木也。坤殺怕兔。犯者損三、四妻。卯，龍，見坤水亦然。」

十四、「天盤甲向。地盤半卯半甲。甲，乾，金也。剋卯木。陰陽互錯。多鰥夫。」〔註17〕

按：張九儀指出楊筠松天盤二十四山向暗煞害人的問題。前面已經說過，

〔註17〕（清）張九儀撰《穿山透地真傳》下冊，九州出版社線裝本，《增補四庫青烏輯要》本第 13 函，p63～65。

張九儀在風水師中龍、穴、砂、水、向諸側重者中屬砂派人物。若從羅經使用的角度看，張九儀過於倚重羅經。當他發現楊筠松創制的天盤和地盤匹配時存在十四處不吻合現象時才寫了這麼一段話。天盤和人盤也不盡吻合。只是沒有和地盤匹配時這麼嚴重罷了。

要弄清楚這個問題，必須解說一番羅經。

羅經一層先天卦，地理祖也。

二層十二支，周公指南針，羅經祖也。

三層、四層，縱針天盤，百廿分金，從時好也。（疑縱針當為縫針之誤）

或是稱謂習慣不同。

六層七層，正針，地盤。百廿分金。

與八層宿度、九層界限盤相聯者，天包地，地承天也。五層，中針人盤居中者，頭頂田，足立地。此盤得天地相合也。

張九儀還特別做了解釋：今列在第三層者，以術家皆用，故指南針下即列縫針天盤也，至正針地盤即周公指南針法，列在第六層者，以第八層第九層宿度界限盤即天體也。天下即地，地上即天。天地合一也。中針人盤居第五層者，正以其能合天合地也。〔註18〕

讀者對照張氏羅盤圖，一看即明白。他所批評的正是楊筠松羅盤所分配的天盤刻度和人盤刻度不吻合所致。

四、關於楊筠松的幾本書之著作權問題

明明是自己寫的書，卻偏偏要署名古人。這一點曾令很多讀者困惑。例如，《入地眼》明明是清代萬樹華所寫，當然不能說是萬獨撰，他肯定利用了前人的風水著作。卻要說是宋朝辜托靜道和尚所著。《黑囊經》明明是清代某位風水師所撰寫，但偏偏要署名唐代的楊筠松。

明孫緒曾經譏諷「堪輿家著《雪心賦》論地理風氣，駕其說於唐卜則巍。然其中卻以蔡牧堂為說。牧堂者，西山先生父也。數百載之前，乃以後人為說。」〔註19〕說明前賢已經發現風水書中這一令人困惑的現象。但很遺憾的

〔註18〕（清）張九儀撰《穿山透地真傳》下冊，九州出版社線裝本，《增補四庫青烏輯要》本第 13 函，p106～107。

〔註19〕（明）孫緒撰《沙溪集》，卷十二，文淵閣四庫全書，臺灣商務印書館景印本，第 1264 冊，p602。

是，孫緒並未研究這個問題何以會出現。據筆者比較分析，出版史上這種現象的出現，大致有幾種情況：

一是確實和被署名的前輩有師承關係的。儘管已經隔了很多代。但只要師承關係清楚，他還是會署祖師爺的名字。

二是這種署名習慣可能還和文化禁錮有關。因為楊筠松乘黃巢之亂的機會，帶著朝廷秘籍走向民間。亂平之後朝廷是有追查的。這件事情直到宋朝開國後才慢慢消弭。這是楊門弟子中多人記載的事實。唐朝末年楊筠松死後，徒弟們把自己的心得也寫在楊筠松名下，是可能為了避禍。橫豎楊筠松已經死了。你追究也追就不出個什麼名堂。

三是著作者的文化程度不夠，根本不明白學術傳承為何物的風水術士，他們只知道利用古代有名望的著名風水大家來提高自己的聲望。可以為自己招攬生意帶來方便。

這裡試以相傳為楊筠松撰著的《黃囊經》和《黑囊經》為例做些說明。從《黃囊經》書中的主要內容和基本思想判斷，《黃囊經》應該是楊筠松所撰寫，或者說是其口述被記載下來的文獻。觀《黃囊經》全書，無序無跋，也沒有諸如「生氣說」、「五音說」等理論探討內容。全書純粹是堪輿經驗整理。首言看龍，次言看穴，次言杖法、葬法。顯然是傳授徒弟的課本。雖然沒有學術專著的嚴謹，但大體說來書的內容在邏輯上仍十分清楚。試以黑囊經、仙婆集、入地眼等明清時期的風水著作較之，則《黃囊經》當屬早期風水著作。很可能是楊筠松或他的徒弟們整理成的堪輿經驗談和實操指南。不寫序跋，可能和避禍有關。因為楊筠松到江西傳授徒弟所用的課本畢竟是屬國家機密。此前我們已經討論了唐玄宗等皇帝都曾明確宣布這些關於龍脈等學問的專著只能供皇家使用。你盜走了朝廷機密，朝廷焉有不追究之理。寫序做跋，自述原委。無異於不打自招，徒增風險。因為其實楊筠松應該已經故去。不然的話，他們連楊筠松三個字都不敢用的。

《黑囊經》和《黃囊經》不同。《黑囊經》雖然署名唐楊筠松，但作者實際上是清朝人。為什麼這樣說？因為有幾個鐵證：第一個證據：該書分上下兩卷。上卷包括楊筠松的徒弟廖金精的《星辰三體歌》，《撥砂歌》、《四凶歌》，和楊筠松沒有師承關係的蔡牧堂的《穴情賦》，這些人有的是南宋時期的人，如蔡牧堂，是朱熹的朋友，蔡季通的父親。

第二個證據：《黑囊經》下卷專取清朝乾隆朝編訂的《協紀辨方》（見《四

庫全書》）中為堪輿家必用的篇章。唐代的楊筠松如何會抄錄到清朝欽定的《協紀辨方》？

第三，書中不提楊筠松的代表性著作《撼龍經》、《疑龍經》《葬法十二杖》等，本身就是不打自招。另外，楊筠松著作大多以歌訣形式出現。很少見到類似後世理論著作那樣邏輯嚴密的作品。

綜合這三點理由，可以推定本書作者不是楊筠松。而很可能是一位清代出版商。為了射利，找到風水界的術士幫忙。整合當時所能看到的風水著作而成。我們只要比較一下唐代和清代的風水著作的風格差異就會明白。明清以來，風水書開始有了著作的規範。分析總結的敘述方式比較明顯。而唐代的風水書看不到清代這種風格的文本。

第十四章 陽宅風水批判

一、《黃帝宅經》

在中國傳世的風水著作中，真正講陽宅風水的並不多。清朝雍正朝欽定的《古今圖書集成》藝術典於浩如煙海的風水著述中，只選取經《黃帝宅經》、《九天元女青囊海角經》、《青烏先生葬經》、《管氏地理指蒙》、《楊筠松十二杖法》、《廖瑀十六葬法》、《胡矮仙至寶經》、《謝和卿神寶經》、《玉元子天寶經》、《劉見道乘生秘寶經》、《孫伯剛璚林國寶經》《空石長者五星捉脈正變明圖》、《楊再讓仙人楊公金剛鑽本形法葬圖訣》、《劉基堪輿漫興》、《李思聰總索》《李思聰堪輿雜著》，繆希雍《葬經翼》。清蔣大鴻整理本《水龍經》以及王惠泉整理的《陽宅十書》。十八種著作中，只有一種屬陽宅風水類。也就是說，陽宅風水著作和陰宅風水著作之比是 1：18。

我們再來看比《古今圖書集成》約晚半個世紀的《四庫全書》其所遴選之相宅相墓類圖書，其目錄如下：黃帝《宅經》，晉郭璞《葬書》，唐楊筠松《撼龍經》（含《疑龍經》，《葬法倒杖》）唐曾文辿《青囊序》、唐楊筠松《青囊奧語》、唐楊筠松《天玉經》；南唐何溥《靈城精義》、宋賴文俊《催官篇》。宋蔡元定《發微論》。總計九種風水著作中，只有一種。在四庫全書系統裏，陽宅

風水著作和陰宅風水著作的比例為 0.5：9。因為黃帝宅經是陽陰並講。也就是說只有半種著作是談陽宅的。當然，需要說明的是，《黃帝宅經》中的陰宅和後世的埋葬死者的陰宅不是一個概念。下面我們會說到的。這個數據對比至少可以表明，人們對陰宅的興趣要遠遠高於對陽宅的興趣。我們研讀黃帝宅經和陽宅十書，就篇幅長短而言，《黃帝宅經》的篇幅和《陽宅十書》之比約為 1：38。《黃帝宅經》和《陽宅十書》就著作者而言，前者有作者，後者無作者。然而黃帝宅經的具體作者應該是一個永遠也無法搞清楚的問題，我們只能說黃帝是後人託名的。至於是哪個時代，是何人，很難弄清楚。但據其書中所採用二十四山定向法等羅盤改進信息看，該書很可能是歷代宅書的一種集成本，其定型至遲要到晚唐以後。「考書中稱《黃帝二宅經》及《淮南子》、李淳風、呂才等宅經二十有九種，則作書之時本不稱黃帝，特方技之流欲神其說，詭題黃帝作耳。其法分二十四路考尋休咎，以八卦之位向乾坎艮震及辰為陽，巽離坤兌及戌為陰。陽以亥為首，巳為尾，陰以巳為首，亥為尾。而主於陰陽相得，頗有義理。文辭亦皆雅馴。《宋史・藝文志・五行類》有《相宅經》一卷，疑即此書。在術數之中猶最為近古者矣。」〔註1〕

（一）《黃帝宅經》的年代

黃帝宅經全書約 9000 字。有陽宅圖、陰宅圖各一。並有圖說。

關於該書的作者，此書舊本題曰黃帝撰。《四庫全書》館臣根據《漢書》、《隋書》、《舊唐書》等史書所載相宅圖書均不見題黃帝撰，因此做出「蓋依託也。」並說，「考書中稱黃帝二宅經及淮南子、李淳風、呂才等宅經二十有九種，則作書之時，本不偽稱黃帝。特方技之流欲神其說，詭題黃帝作耳。」〔註2〕實際上，宅經不僅漢書、隋書、舊唐書、新唐書不見提及，宋史、鄭樵通志以及明史、清史稿都無人提及。黃帝宅經只見諸清代雍正朝敕修的古今圖書集成和乾隆朝敕修的四庫全書兩種大型叢書。宋史藝文志中提及兩本署名黃帝的風水典籍，一本叫《黃帝龍首經》，另一本叫《黃帝四序堪輿》。鄭樵《通志》有《三元九宮修造法》，但沒有《宋史・藝文志》的那兩本署名黃帝的著作。

〔註1〕黃帝《宅經》提要，文淵閣四庫全書，臺灣商務印書館景印本，第 808 冊，p1 起始。

〔註2〕黃帝《宅經》，卷首，文淵閣四庫全書，臺灣商務印書館景印本，第 1 函，p1。

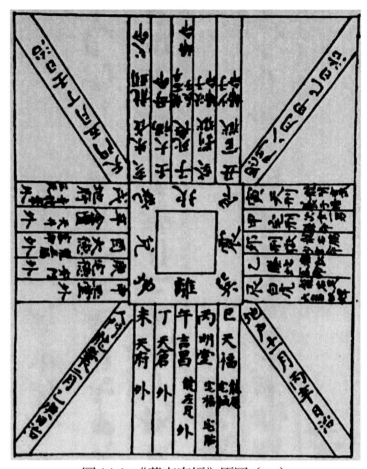

圖 14-1　《黃帝宅經》原圖（一）

　　查該書涉及到《子夏》的引文，最早的風水典籍《青烏子》的引文，晉干寶的《搜神記》，《易訣》，涉及到「三元經」，「八卦九宮」以及五音姓利等風水文化信息。則此派當係郭璞一派所傳。其理論基礎就是郭璞的「葬者乘生氣也」的生氣論，還有三元運氣論，以九宮八卦為代表的羅盤應用。特別是「此二宅修造，唯看天道。天德月德生氣到，即修之。不避將軍太歲」等言論，生氣高於一切，活脫脫郭璞一派口吻。《黃帝宅經》著作的下限：從《序》中出現的介紹相宅相墓書的成書年代可考者考察，清朝初年陳夢雷等奉敕編纂《古今圖書集成》時所見到的黃帝宅經已經有這篇不署作者的序言是肯定的。該序言已經談及李淳風、呂才等宅經著作。說明這篇序言的作者最早當為晚唐五代時人，或者是宋朝的風水師所為。其中有先秦的子夏之觀點，有《宅統》的觀點。大體說來，都是唐以前的相宅文獻。

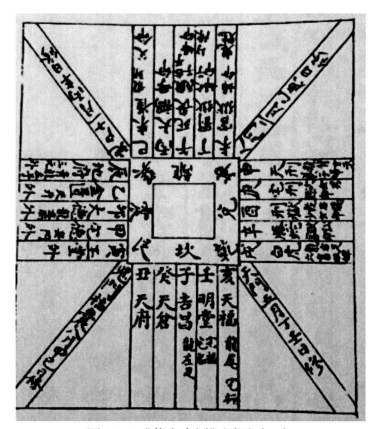

圖 14-2 《黃帝宅經》原圖（二）

　　按《五姓宅經》之類的圖書，其上限時間可能要追溯到東漢時期，因為王充《論衡》裏多有批評。但直到南宋時期帝王安葬還在使用五音姓利法，朱熹、程頤等有奏議批駁其迷信，可見民間一定也很重視。所謂五姓宅經，是指一種風水理論，做房子選擇朝向開工日子等要件關鍵看戶主的姓氏的讀音。而這讀音無外乎牙音、齒音、喉音，舌音、唇音等讀字發音的區別。五音姓利的理論將所有用唇音讀出的姓氏歸併為羽音。我們看古代的姓氏書，如《萬姓統譜》、《姓韻》，都是這樣分類的。再如宋代帝王的趙姓，是一個需要用牙音才能讀出的姓氏。其他凡是需要用牙音讀出的姓氏，都屬角音姓。因為古代漢語拼音將用各個姓氏的讀音讀出的姓氏分別歸併為宮、商、角、徵、羽五個大類，屬用牙音讀出的姓氏如趙、陶、邵、曹都歸入角姓範圍；角姓類別的對應五行為木，方位為東方；需要用齒音才能讀出的姓氏如蔡，錢，史，施，是，就被歸併到商姓，其對應的五行名稱為金，對應的方位為西方。凡需要用喉音讀出的姓氏如龔、洪、宮、鞏等歸入宮姓，其對應的五行名稱為土，其對應的方位

為中央。來、賴、戴、蓋、賽等需要用舌音讀出的姓氏，都被歸併到徵姓系統下。其對應的五行名稱為火，其對應的方位為南方。需要用唇音讀出的喻、虞、余、汝等，其對應的五行名稱為水。其對應的方位為北。

單憑五音宅姓的信息，我們無從判斷其下限，只能判斷其上限，應該在東漢之前，因為王充論衡曾批駁過該擇吉理論。但綜合全書所提及的文獻以及相宅理論，則大體可推定：這部不到萬字的相宅書，很有可能就是唐太宗時呂才奉敕整理的相宅著作。後世得到該書的風水師為了自神其說，加上黃帝這個作者。也許是明朝好事者有緣得到古本宅經，而給該書安排一個黃帝的署名。若此書有公開流傳，何以不見公私收藏記載？而直到元末明初才被收入陶宗儀的《說郛》？〔註3〕可見，元末明初的陶宗儀（1329～1412）所編纂的《說郛》搜錄了宅經，並且已經署名黃帝。即使它是唐代呂才刪節整理本宅書，那後來在流傳過程中也被後世加進了若干私貨，如三元九宮修造法。而據《四庫全書》提要我們知道這本署名黃帝的《宅經》是兩江總督採進本，說明該書的來源在今之江蘇、江西和安徽這個大區域範圍內，而這個區域恰好是中國文化的淵藪所在地，特別是明末，南京又是南明王朝的都城所在地。而陶宗儀的老家就在浙江台州。

仔細推敲，我們發現，這本書是唐代呂才整理的宅書本子的可能性很大，因為該書第一段避諱「世」字。原文曰：

> 故宅者人之本，人以宅為家。居若安即家代昌吉；若不安，即門族衰微。墳墓川岡，並同茲說。〔註4〕

據此書中諱「家世」為「家代」，可證該書極有可能是唐代呂才所整理的宅經。

另外，該書列舉所見的宅書並有總的評價：

> 《黃帝二宅經》、《地典宅經》、《三元宅經》、《文王宅經》、《孔子宅經》、《宅錦》、《宅撓》、《宅統》、《宅鏡》、《天老宅經》、《劉根宅經》、《玄女宅經》、《司馬天師宅經》、《淮南子宅經》、《王微宅經》、《司最宅經》、《劉晉平宅經》、《張子毫宅經》、《八分宅經》、《五兆宅經》、《玄悟宅經》、《六十四卦宅經》、《右盤龍宅經》、《李淳風宅

〔註3〕（明）陶宗儀《說郛》，卷一百九上，文淵閣四庫全書，臺灣商務印書館景印本，第882冊，p229～308。

〔註4〕黃帝《宅經》，九州出版社線裝本，《增補四庫青烏輯要》版第1函，p1。

經》、《五姓宅經》、《呂才宅經》、《飛陰亂伏宅經》、《子夏金門宅經》、《刁縣宅經》。〔註5〕

上述眾多的宅經，除《四庫全書》《宅經》引用外，不見其他記載；只有《五音三元宅經》，見於《宋史》，卷二百六。可據此推測，這些被整理者提及且有個別引用的宅書，絕大多數都早已失傳。這些宅書失傳得這麼整齊，當與這本宅書的整理有關。因為書中整理者說過：

> 以上諸經其皆大同小異，亦皆自言秘妙，互推短長。若不遍求，即用之不足。

我們知道，一個集大成的經典著作出現後，通常此前的各執己見的著作就會被廢棄。一則因為整理後的本子的權威性。二則因為遍求諸家圖書很困難。前述諸宅經被廢棄的另一個原因是：

> 近來學者多攻五姓八宅黃道白方，例皆違犯大經，未免災咎。

〔註6〕

唐呂才傳記載明白，他當時奉命整理陰陽書，面對的就是這些鼓吹五星八宅理論的人們。〔註7〕

（二）《黃帝宅經》實含陰、陽二宅

《黃帝宅經》實際上該書是陽宅、陰宅結合討論，並非專論陽宅。至多也只有一半的篇幅。該書的書名如果準確標注的話，應該叫《黃帝二宅經》。但是，《黃帝宅經》中的陰宅，和後世特指的埋葬死者的墳墓——陰宅，絕對不是一個概念。它應該是活人住宅的陰位。例如我們常說的朝南的房子就是陽宅，朝北的房子就是陰宅。它只是一個朝向的概念。古人造房和今天的樓房不同，其一，古時基本都是平房。其二，都是四合院或多個四合院拼合。就建築平面的方位而言，自然有陽位有陰位。就太陽能否照進看，也有能照進和不能照進等差別。當然，即使今天開發商開發的樓盤，幾十層的高樓大廈，也同樣有朝南和朝北的不同方位，房子的價格也因為朝向不同而形成差別。但黃帝《宅經》中也確有專門講墓地的。作者引用了《宅統》中的幾句話。總體占比不大。

〔註5〕黃帝《宅經》，《增補四庫青烏輯要》版第1函，p1～2。
〔註6〕黃帝《宅經》，《增補四庫青烏輯要》版第1函，p2。
〔註7〕（宋）歐陽修、宋祁撰《新唐書》，卷一百七。中華書局，1975年版，第13冊，p4062～4066。

　　從序言中所透露的「近來學者多攻五宅八宅黃道白道」是因為漢元帝時的易學大家京房已經將災變休咎納入周易64卦卦爻並進行預測。五音姓利的風水理論，在王充的時代就已經廣泛流行。唐太宗時期，五姓八宅之說流行，嚴重到帝王覺得必須下決心整理才行的地步。因此，這部嫁名黃帝的《宅經》，第一種可能是唐代呂才所整理的。

　　反覆閱讀該書，感覺陽宅部分多有殘缺，序後第一段即給人十分突兀的感覺。陰宅圖和陽宅圖十分相近，甚至可以說絕大部分雷同，只有個別字眼略有不同。這是何故？經反覆研究，我覺得合理的解釋只能是黃帝宅經中的陰宅圖不是我們後世人所理解的埋葬死人的墳墓，而是指陽宅方位靠北的房子。即我們今天常說的北屋，或朝北的房子。正因為如此，所以，在講究方位吉凶的風水學體系中，這些對角線位置的門，如人門和鬼門都是二月修，區別在於日期不同。人門的修治時間是二月乙庚，而鬼門是八月甲巳日治。人門是坤向的門，鬼門是艮向的門。

（三）《黃帝宅經》的主要價值

　　黃帝《宅經》這本書，不管作者是誰，它都屬一本很重要的相宅經典。某種意義上講，可以和郭璞葬經比美。《宅經》的不朽價值主要有以下幾點：

　　（1）該書崇尚「天道自然」即自然規律。該書著作者認為，「天道自然」有如「作天地之祖，為孕育之尊。」並告誡造宅者「順之則亨，逆之則否。」〔註8〕

　　（2）該書認為：對住宅的位置選擇需要慎重其事。「地善即苗茂，宅吉即人榮。」「人之居宅，大需慎擇。」〔註9〕

　　（3）該書認為住宅是「陰陽之樞紐，人倫之軌模」。〔註10〕強調修建住宅要先選好方位，朝向，破土動工的時刻，以求陰陽相得。《易訣》云：「陰得陽，如暑得涼。五姓咸和，百事俱昌。」〔註11〕

　　（4）該書提出：「宅以形勢為身體，以泉水為血脈，以土地為皮肉，以草木為毛髮，以舍屋為衣服，以門戶為冠帶。若得如斯，是事儼雅。乃為上吉。」〔註12〕

〔註8〕黃帝《宅經》，九州出版社線裝本，《增補四庫青烏輯要》，第1函，卷上，p2。
〔註9〕黃帝《宅經》，九州出版社線裝本，《增補四庫青烏輯要》，第1函，卷上，p7。
〔註10〕黃帝《宅經》，九州出版社線裝本，《增補四庫青烏輯要》，第1函，卷上，p1。
〔註11〕黃帝《宅經》，九州出版社線裝本，《增補四庫青烏輯要》，第1函，卷上，p3。
〔註12〕黃帝《宅經》，九州出版社線裝本，《增補四庫青烏輯要》，第1函，卷上，p7。

（5）該書主張住宅要和墓穴匹配。即統一考慮。作者主張住宅比墓地重要。因為「墓凶宅吉，子孫官祿；墓吉宅凶，子孫衣食不足；墓宅俱吉，子孫榮華；墓宅俱凶，子孫移鄉絕種。」〔註13〕

（6）該書還有宅有五實五虛之說：「宅有五虛，令人貧耗。（宅有）五實，令人富貴。」宅有五虛指的是：宅大人少，宅門大內空小，牆院不完，井竈不處，宅地多屋少庭院廣。而五實指的是：宅小人多；宅大門小；牆院完全；宅小六畜多；宅水溝東南流。這五虛五實大多一看就懂。唯有「井灶不處」需要注意，這句的意思是井、灶安排位置不合理。即沒有各得其所，用起來不方便。〔註14〕

（7）該書主張：「此二宅修造，唯看天道。天德月德生氣到，即修之。不避將軍太歲，豹尾黃幡，黑方及音姓疑忌，順陰陽二氣為正。此諸神殺及五姓六十甲子皆從二氣而生，列在方隅，直一年公事，故不為災。」〔註15〕則此派基礎於元氣說是肯定的，其理論對天地日月諸星球運行刻度很是看重，很明確的指出只要天德、月德生氣到位，立即破土動工，開始房子的建造工作。那麼，如何才能知道生氣是否到位？自然是利用羅經選擇。

（8）該書提出了住宅龍的概念，所謂住宅龍，就是說陰、陽二宅，或者說陽面的住宅和陰面的住宅，都可以稱龍。不同的是它們的頭和尾在八卦方位上的位置不同而已。「陽宅龍頭在亥，尾在巳。陰宅龍頭在巳，尾在亥」〔註16〕同時該書也為讀者提供了擇向的辦法：「東面為辰南、西面為戌北之位，斜分一條為陰陽之界。凡之陽宅，即有陽氣抱陰；陰宅，即有陰氣抱陽。陰陽之長者，即龍也。陽宅，龍頭在亥，尾在巳；陰宅，龍頭在巳，尾在亥（各有命坐，切忌犯也）。凡從巽向乾，從午向子，從坤向艮，從酉向卯，從戌向辰移。已上移轉及上官所住，不計遠近，悉入陽也。從乾向巽，從子向午，從艮向坤，從卯向酉，從辰向戌移。已上移轉及上官悉名入陰。」〔註17〕按此辦法，我們在五行天干方位圖上找到相應位置，斜畫一線，便知該選擇是按順時針方向操作。「其法分二十四路考尋休咎，以八卦之位向乾坎艮震及辰為陽，巽離坤兌及戌為陰。陽以亥為首，巳為尾，陰以巳為首，亥為尾。

〔註13〕黃帝《宅經》，九州出版社線裝本，《增補四庫青烏輯要》，第1函，卷上，p5。
〔註14〕黃帝《宅經》，九州出版社線裝本，《增補四庫青烏輯要》，第1函，卷上，p5。
〔註15〕黃帝《宅經》，九州出版社線裝本，《增補四庫青烏輯要》，第1函，卷上，p4。
〔註16〕黃帝《宅經》，九州出版社線裝本，《增補四庫青烏輯要》，第1函，卷上，p3。
〔註17〕黃帝《宅經》，九州出版社線裝本，《增補四庫青烏輯要》，第1函，卷上，p3。

而主於陰陽相得，頗有義理。」

（9）該書論人宅關係。《子夏》云：「人因宅而立，宅因人得存，人宅相扶，感通天地，故不可獨信命也。」[註18]強調了人和宅的相互關係。甚至認為住宅建造得好，居住其中者可以改變命運。這和後世風水師的改天命為特徵的理論自信很相似。但其強調人的主觀能動作用和影響，則又超出一般相地師。

儘管此書的撰寫年代不會早於宋代。很可能是明代才被人署名黃帝的。但我們研讀明清時期的相宅著作，雖然詳略有別，但大的指導思想，或者說技術路線，都跳不出《黃帝宅經》的範圍，比如清代銑溪野人的《宅譜要典》就是對黃帝宅經東四宅西四宅的進一步演繹，一如周文王對伏羲八卦的演繹一樣。該書繪圖說明東四宅子坐、壬坐、癸坐、丙坐、午坐、丁坐、甲坐、卯坐、乙坐、辰坐、巽坐、巳坐；西四宅戌坐、乾坐、亥坐、未坐、坤坐、申坐、丑坐、艮坐、寅坐、庚坐、酉坐、辛坐凡二十四路大建之風水選擇。和黃帝宅經通過二十四路考尋休咎，通過八卦位向配合。實際是一脈相承。[註19]

如果說，這本託名黃帝德《宅經》開了八宅法即東四宅西四宅相宅術之先河的話。那麼後世的相宅術也就只是將相墓術中的九星法移植過來看陽宅風水而已。明清以來的相宅術最遭世人詬病的地方，也就是在八宅術的基礎上結合了九星法。大家知道，相墓的背景比相宅要寬闊多了。且相墓術中的九星特別是五星都已經從天上來到地面，遙遠的星辰轉換成了具象的金木水火土等山體或岩石形狀。相墓師可以操作。而住宅的觀察空間則比墓地的空間要小許多。且周圍多有已建的建築，如何確定方位，判定吉凶從而趨吉避凶，於是有人能發明了裝卦法。即按照八宅九星的理論，再結合屋子主人的年命來建立一個又一個模型。從而做到因人制宜。

二、《陽宅十書》

（一）關於《陽宅十書》的作者和朝代

這本陽宅專書的整理者姓王。依據是在本書最後一段文字中，有「王子既輯陽宅十書成，客有質者曰……」等句，據此可知，第一，此書係輯錄整理，

〔註18〕黃帝《宅經》，九州出版社線裝本，《增補四庫青烏輯要》，第 1 函，卷上，p6。
〔註19〕黃帝《宅經》，九州出版社線裝本，《增補四庫青烏輯要》，第 1 函，卷上，p1～9，卷下，p1～8。銑溪野人《宅譜要點》，同上，第 6 函。

非個人原創。第二，此書輯錄者姓王。其他則不知。但清光緒版的《陽宅十書》則云「王惠泉先生纂輯」，未知何所據而云然。

本書作者當屬明代萬曆年間人。依據是本書論福元第二部分「三元甲子福德宮定局」題下有「弘治十七年以後為上元」。「嘉靖四十三年以後為中元」，「萬曆五十二年以後為下元」。我們知道，弘治十七年為西元 1504 年，嘉靖四十三年為西元 1564 年。唯獨萬曆沒有五十二年。萬曆只有四十七年，加上後面明光宗這個八月天子的一年，所謂「萬曆五十二年」即西元 1624 年。如果是天啟朝的人，斷然不會犯年號錯誤。因此可推斷這位輯錄《陽宅十書》的作者一定生活在萬曆四十七年以前。且生活在萬曆朝，他只是按照六十年一甲子舉例。因為其時正值萬曆朝。他並非算命先生預測不准，多寫了萬曆做皇帝的年月。則王氏當生活在 1570～1620 年左右。明史記載《陽宅十書》作者為王君榮[註20]，書凡四卷，今傳世本與記載相符。而光緒版《陽宅十書》則作王惠泉。君榮惠泉當一系名，一系字。

（二）《陽宅十書》的內在結構

這部《陽宅十書》共分 10 章；其各相關篇章構成如下：論宅外形篇第一；論福元第二；論大遊年第三；論穿宮九星第四；論元空裝卦訣第五；論開門修造門第六；論放水第七；論宅內形第八；缺第九；論福鎮第十。

（三）《陽宅十書》的學術淵源研究

《陽宅十書》在中國古代是罕見的一部集大成的陽宅選擇建造的專書。它幾乎繼承了歷史上一切有關陽宅的建設經驗。我們可以從書中找到各個章節的來源。

（1）從方位上看，任何好的住宅都應重視方位。本書吸收了古代方位派的風水理論。如「凡宅左有流水謂之青龍，右有長道謂之白虎。前有污池謂之朱雀，後有丘陵謂之玄武。為最貴地。」「凡宅東下西高，富貴英豪。」這是從常見之水系自西向東流動的特點，也可以說是從我國地勢特點立論的。

（2）從哲學基礎看，該書淵源於《黃帝宅經》。其房間設置按陰陽設位，即「隨宅之大小，中院分四面，作十干，十二支，乾艮坤巽，共為二十四路也。乾將三男震、坎、艮悉屬陽位，坤將三女巽、離、兌悉屬陰位。」王氏《陽宅

[註20]（清）張廷玉等撰《明史》，卷九十八志第七十四，藝文三，中華書局，1974年版，p2443。

十書》論福元第二章明確告知讀者；福元就是福德宮。他告訴使用者：本書所使用的東位、西位之說實際上根源於太極生兩儀（陰陽），兩儀生四象（日月星辰），四象生八卦（即乾、坎、艮、震、巽、離、坤、兌）的天地大道，日月等星球運行的規律。該書以一百八十年為三元（上元 60；中元 60，下元 60），配以洛書九宮八卦，一年為一宮。因為洛書五獨居中。因此以之配合流年。一歲屬坎，二歲屬坤，以下依次為震三，巽四，中五，乾六，兌七，艮八，離九。生人之年值何卦，此卦即為福德宮。而男中五則寄坤宮，女中五則寄艮宮。此之謂八卦。這和《黃帝宅經》中的「福德之方，勤依天道，天德月德生氣到其位即修」的思想，也是一致的。不同的是，陽宅十書說得更細緻些罷了。天有陰陽，人分男女。在根於陰陽，合於天道上是一致的。這種福元預測分宅元和婚元兩塊，也就是說，可用於人們建造宅邸和婚姻結合。隨後，王氏還為讀者設計了一個 180 年的三元預測案例。也就是從明弘治十七年（1504）以後的六十年為上元，嘉靖四十三年（1564）以後的六十年為中元，萬曆五十二年（1624）以後的六十年為下元。還專門撰寫了東四位宅圖說並東四位生人用例。這是對黃帝《宅經》的陽宅圖的具體化。

圖 14-3 清朝光緒版《陽宅十書》書影

坐南朝北开坎门图（南 / 北）

宜高　武曲　金　延年六
宜高　巨門　土　天乙五
宜低　廉貞　火　五鬼四
宜高　貪狼　木　生炁三
宜低　文曲　水　六煞二
宜中　　　金　　　一
坎　〇壬門　癸　（屬四正金）

（外圈：巽、巳、丙、丁、未、辰、乙、庚、戌、甲、寅、丑、亥、乾、戊、辛、申）

坐西朝东开艮门图（西 / 东）

宜低交曲　木　六煞
宜高武曲　土　延年五
宜高巨門　火　天乙四
宜小廉貞　木　五鬼三
宜高貪狼　水　生炁二
宜低文曲　金　六煞一
乙　震煞六　甲　艮門
辰　　　　　　寅

（外圈：坤、申、庚、酉、辛、未、丁、丙、巳、坎鬼五、壬、亥、癸、丑）

圖說（左）

坐南向北開坎門者，乃水火不相射。因坐上含延年吉星。若得三層五層房高大，主世出魁元，子孫興旺，富貴之宅。

此宅貪狼乃吉星。喜高大，但不宜貪狼木星在宅之中宮，有犯木人中宮反不吉也。須以截路分房，或向南多蓋幾層，活法處之。務令貪狼不屬中宮，乃可耳。

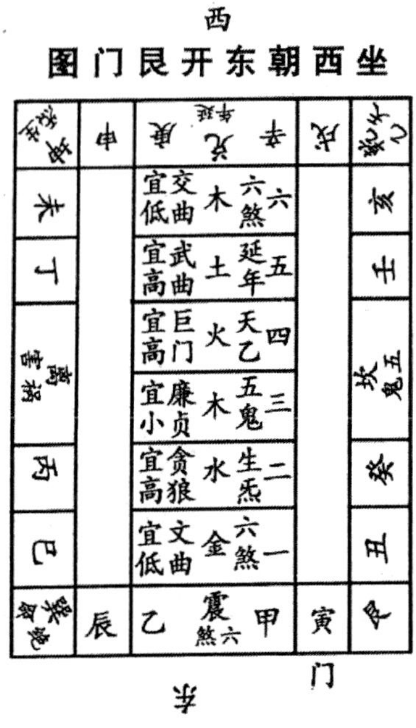

圖說（右）

坐西向東開艮門者，乃土金相生。主男女夫婦和合，為生合之妙。若得二四五層房屋高大，及乾兌方房高大，主富貴不可言。子孫茂盛，六畜牛羊大旺。但艮方為鬼門，只宜在丑寅字上開，不宜正當艮字。若頭一層房朝裏開門，就依前圖層數，若頭一層房俱朝外開門，當以二層為六煞，三層為貪狼，四層為五鬼，五層屬天乙，六層屬延年，後仿此。

圖14-4 古今圖書集成本《陽宅十書》不同朝向開門圖說

（四）《陽宅十書》的精華和糟粕

從生活經驗的層面總結陽宅規劃建設的經驗教訓。這方面的例證舉不勝舉。但總起來看，不外吉宅、凶宅、先吉後凶宅和先凶後吉宅四種類型。而所謂住宅吉凶不外乎住宅建築本身的結構造型以及本體建築和周圍樹木、墳頭、水塘、寺廟等之關係處理。就主體建築而言，有後高前低、前高後低的不同，有左高右低和右高左低的不同。就建築物大門前的樹木關係而言，因為樹形有種種造型上的差異，有的樹會影響到家里人做壞事，如兒女不孝，女子不貞，家裏會糾纏訴訟等等。但在古人那裡，陽宅建造不僅要注意建築

本身以及建築和周圍的環境關係，還需要關注的一個重點是天文現象，即天上九星對不同方位住宅的吉凶影響。這一塊還是本書的一個重點。而這一塊如果要溯源，可以上到南唐何令通的《靈城精義》。何書首倡地下的吉穴自然對應天上的星象。

我們先來看看書中的福宅法。

該體系中的東四位宅和西四位宅的福宅法自身確實存在矛盾。雖然這裡的陽宅建築之前提是以人之生年為主，而不是以宅向為主。但古代住宅建築不像今天的樓房，而多數是平房，且是大院套小院，前進連後進，重重疊疊。且古代家庭子女多是常態。兒子多難免要分家析產。父祖的基業兒孫必然要繼承。這就發生一個問題。「若父年東四位生人，而子年則西四位，兄年西四位生人，而弟年又東四位。則父宅子何以居，而兄宅弟何以居乎？」這是以子之矛，攻子之盾。因為用福元說來預測宅之吉凶，《陽宅十書》將生人機械地按照太極分兩儀、兩儀生四象的理論，將住宅分為東位，西位，設置諸多禁忌自縛其手腳。說屬東位生辰八字的人，如果住入西位住宅，那就大凶云云。反過來也是一樣不吉利。這種說法顯然不能自圓其說。因此才有王充式的詰問。《陽宅十書》的作者搬出截路分房法來為自己辯護：「凡宅大門，但取遊年一法，應以家長為主。然大門非能盡主一宅之兆。由大門入，凡由一牆一門隔蔽，皆當從所開門起。且如至儀門處，便當從儀門算起。儀門外一層房，已不在數內。況居各院，開各門，自是各隨生年定居。此一宅分各院之法，即有一父四子八孫，亦唯各修其福德所宜。震巽坎離生人，則修東四位一院；乾坤艮兌生人，則修西四位一院」〔註21〕主福元法論宅之吉凶者又當如何化解？如前所述，福元在震、巽、坎、離宮，為東四位生人，其吉星俱在震、巽、坎、離之方。門所宜開，路所宜行。房樓所宜高大，主人所宜居。若誤用乾、坤、艮、兌，俱屬凶星。如果有人提出另一個同樣困擾人，甚至比父子住房還困擾人的問題，即夫妻生年相互衝突的怎麼辦？假如丈夫是東四位生人，妻子是西四位生人。對丈夫而言，是吉星高照的居所，對妻子而言，就是凶星高照的地方。兩個相愛的人如何處在這既吉利又兇險的房子裏？顯然，這種理論很難自圓其說。且看《陽宅十書》的作者如何化解這個矛盾：因為夫妻不同於父子兄弟，父子兄弟可以分院居住。夫妻不行。作者開的處方：「大抵夫婦福德不同，則當以夫為主耳。」也就是說，妻子只能

〔註21〕《陽宅十書》，重慶出版社，堪輿集成本第二冊，p214。

是遷就。「若住北房，則夫居中間，而妻居西間。或東間乾艮皆宜。若住南房，則夫居東間、中間，而妻居西間。坤其所宜。若住東房，則夫居南間、中間，而妻居北間，艮其所宜。」〔註22〕

作者不僅繪製了東四位宅圖和西四位宅圖，而且還就這兩種宅位圖的居住吉凶做了具體的例釋。

福元說震巽坎離宮，為東四位生人，其吉星俱在震巽坎離之方；乾坤艮兌宮為西四位生人，其吉星在乾坤艮兌之方。

陽宅十書的作者那麼斬釘截鐵地強調東四位生人不能住西四位的房子。是否跟地球繞日運行的磁場改變有關？書中沒說。因此，這些問題還需要深入研究，我們對於自己不懂的東西，不要輕易就用迷信的帽子扣它。

我們知道，地球和宇宙中某些行星之間，因其自轉公轉的關係，太陽月亮北極星，金木水火土諸星球的轉動對地球上不同區位居住的人會有能量場等影響。這方面，我們現代科技還未能完全還原研究。但古人依據直觀的仰觀俯察，發明了所謂天上的星宿對應地上位於不同宮區的住宅的理論。認為「天上九星，為地下之九宮，司人間禍福，其應如響。」〔註23〕著作者指出：這天上九星，並非顆顆都是吉星。實際上，吉星只有三顆，即貪狼星、武曲星、巨門星。而凶星有六顆，即祿存星，文曲星、廉貞星、破軍星、輔弼星二星（天皇大帝星為左輔星；紫薇大帝星為右弼星）。作者認為，天上的星宿對應地上的某宮（方位），有吉有凶。需要甄別。方能達到趨吉避凶之目的。這自然有其科學性。但假如地上的宮位和天上的星宿位置沒有匹配好，遭遇到凶星就會如何如何，恐怕也是相宅師嚇唬業主的話。例如，「貪狼不入乾兌宮，長子先亡損老公。」又如「離宮最忌文水凶，陰人先次產癆空。水火相煎無財寶，敗散妻子損人丁。」我們再看一則關於這個話題即水火相煎的星宮相剋的解說：「水入火宮，離為宮，文曲為星。文曲入於離宮，水在上，火在下。是星剋宮。名曰水火相煎官司口舌，邪鬼為殃。賊盜火光，六畜倒死，家業空虛。人口災害，先傷中男、中女，後死小兒。老母眼目昏。火遭水剋，產癆病，腎水傷身。水來剋火，多主腎冷。因火被水，剋火。連心痛，血崩瘡。水制火，傷吐膿血。咽喉暗啞，絕妻損子。」（同前引書 p238）有星剋宮，自然也有星生宮，如「木入火宮」。其解釋云：「離為宮，木為星。木入離宮，是木在上，而火在下。乃

〔註22〕《陽宅十書》，重慶出版社，堪輿集成本第二冊，p218。
〔註23〕《陽宅十書》二，《論大遊年第三》。

星生宮。田蠶興旺，人口平安，資財茂盛，六畜盈欄。木雖生火，又恐火旺。蓋是木上火下，則必燒盡木根而絕嗣。此又不可不知。」

也有宮剋星的。如「金入火宮」。其含義為：「金入離。金為星，火為宮。金在上，火在下。是宮剋星。發凶尤甚。根身受剋，資財速退。家業空虛，子孫絕敗。乾金入武曲，俱傷陽；兌金入破軍，俱傷陰。主生痼疾，咳嗽，喘悶。婦人產癆、血崩。蓋因火能煉金，家不從容，人多疾病。」

也有宮生星的。如「水入金宮。」其含義為：「乾兌為宮，文曲為星。文曲入於乾兌宮內，水在上，金在下。是宮生星。六煞主事。六煞雖凶，其宮相生。資財六畜，始順利而終絕敗。陰人主事，亂業胡為。官司口舌，陰症相隨。婦人多病。」

這種種「凶相」都是基於中國古人的天地人一體化思維方法而來。如所謂九宮，即八卦各一宮，加上中央的中宮。即洛書模式。我們以坎、艮、震、巽、離、坤、兌、乾、中九宮為基準，將洛書中各卦的數字分別標注到對應的坎、艮、震等九宮之下，如坎卦的位置在洛書中為 1，艮卦的位置在洛書中為 8，等等。我們再把八卦的方位，五行的名稱，五臟的名稱，宮名性別及大小區別，如長男、中男、少男，長女、中女、少女等對應起來再加上所謂人的命相，宅的卦象，然後按五行生剋理論進行推演即成。

值得注意的是，在陽宅十書大遊年部分，乍看似乎已經出現了樓房，如：坐南朝北開坎門者，乃水火不相射格。「因坐上含延年吉星。若得三層五層房高大，主世出魁元，子孫興旺，富貴之宅。」又如「坐西向東開艮門者，乃土金相生。主男女夫婦和合，為生合之妙。若得二、四五層房屋高大，及乾兌方房高大，主富貴不可言。子孫茂盛，六畜牛羊大旺。但艮方為鬼門，只宜在丑寅字上開，不宜正當艮字。若頭一層房朝裏開門，就依前圖層數。若頭一層房俱朝外開門，當以二層為六煞。三層為貪狼，四層為五鬼，五層為天乙，六層屬延年。後仿此。」〔註24〕這位作者已經把房屋的進數如何和吉凶星宿匹配都考慮好了。這裡作者使用的「層」的概念實為「進」，是空間串聯性質，不是往空中高處建的「層」的概念。

該書還專章研究建築內宅修門和放水等問題。大多是工匠們實踐經驗的總結，很有價值。整理者評價他所整理的外內形吉凶圖說：所「下斷語歌解率皆鄙俚不迭。然其兆應禍福無爽。必其作者亦有道治人。予弗敢以己意改飾為

〔註24〕《陽宅十書》二，《論大遊年第三》，第 241～242。

是。因仍舊言。」〔註25〕這位明代王姓整理者，對待前賢留下的遺產，態度是謹慎的。

「凡陽宅總以門主灶相生為要訣。乾坤艮兌為西四宅，坎離震巽為東四宅。均取土金相生、水木相生、木火通明之義。」具體而言，「西四宅門主灶以延年為上吉，天醫為中吉，生氣為次，伏位又次之。東四宅門主灶以生氣為上吉，天醫延年次之；伏位又次之。一院為靜宅（在天井中用尺分清正中下盤，用遊年歌周圍數看）；兩層至五層為動宅（用單金單木巧番八卦法看）；六層至十層為變宅（用雙金雙木雙土巧番八卦法看）；十一層至十五層為化宅（用河圖洛書數看）。靜宅一盤看從門上起遊年周圍順布八卦九星。動宅各盤看四正門，用四正番金，從主房起遊年番到向上看得何星，即依星挨次生進番至主房。看是何星以定吉凶。若四隅乾坤艮巽向開四門，俱用巧番八卦法從坐山主房起遊年番到向上，看得何星即依是星從門上相生而進看主房上之吉凶。若門偏一邊，則從門上起遊年，順數至向上。往裏番，不論有房無房，即牆也算一星。入兌主艮門動宅，即從艮上起遊年，數到震宮，是六煞頭層牆，即算六煞水星。二層生氣木依次生進。此偏門一定不易之法。餘可類推。」〔註26〕

古代中國的陽宅按照規模大小，一般分為三個層次。第一層次者為京都皇城。第二層次為郡縣衙署。第三層次是百姓民宅。就人居場所而言，「京都以皇城內殿作主。省垣以三司衙署作主。州縣以公堂作主，儒學以文廟作主。庵觀寺院以正殿作主。紳士百姓以高房作主。一院同居數戶，以鍋灶作主。均看主得何星以定吉凶。」〔註27〕

舉個例子，「衙門以大堂為主。宜正大光明。得生氣、延年、天醫諸吉星高照。主聽訟明決、政令洽從。再得大堂與大門相生，主百姓純良，民安物阜。官以祿為主。灶即食祿之所，最有關係。灶得其所，升遷最利。灶局凶方，則駁雜叢出。此看衙署之法也。大堂地宜高，兩旁山頭不宜開門。若開門名四獸張口。多遭命案，百姓越控。兩山頭不宜有小房。名二鬼抬轎，官受拖累。小人囂張為幻。」古代縣官主政，僚屬成員都是縣令招募的，俗稱幕友。風水師認為：縣衙裏「幕友房宜開正門。端正明亮。吉。」如果「山頭房角開門，名

〔註25〕《陽宅十書》二，《論大遊年第三》，p270。
〔註26〕（清）黃海山人撰《陽宅指掌》上，九州出版社線裝本，《增補四庫青烏輯要》，第8函，p1～2。
〔註27〕（清）黃海山人撰《陽宅指掌》上，九州出版社線裝本，《增補四庫青烏輯要》，第8函，p1～2。

四獸張口。主出無頭命案，百姓上控。」〔註28〕又說，「衙署不論文武，總宜前低後高，前窄後寬。前低後高，世出英豪。前窄後寬，進財萬貫。」〔註29〕

　　民宅風水，舉個例子：「番民居總以左右有所依傍為上。若四面有路通行，為囚字形。主大不利。」「屋架宜單不許雙。三五為吉，四為凶。」〔註30〕我們發現，古代風水師看陽宅時也借用看陰宅的九星法。即將地上的山體形狀附會為天上的星名。例如「屋宇光明，牆垣嚴整，四簷相照。此是武曲金形。屋高地窄，牆垣倒敗。簷如破蓑。此是破軍金形。」他們依次對各種房子現狀進行天星概念的附會，再如貪狼木形、文曲水形、廉貞火形、土形。祿存土形。帶有預測性質的經驗之談：「門前有兩塘，必主兒孫少亡。形似葫蘆，二代後為僧道。」「房門不可直對大門，亦不可有路衝犯之。主出淫蕩。〔註31〕」「四山高壓，是宅必凶。」〔註32〕

　　相宅術發展到明清時期，已經相當完備。我們且來看看明人袁滄孺《陽宅必用》中的《遊年定宅凡例》是怎麼說的：「其一曰：宅法無一定，星卦有變遷。如住宅本凶，門路不利。更一門則一宅俱吉，轉一向則所居皆安。不有抽爻換象，其何以使趨避也。夫八卦即八宅。每宅有三門。此靜宅門路之法也。至於穿心博換四五層以至八九層之多，多而凶則減而為少；少而凶，則增而為多。務使卦爻相配，吉凶相生。此又在增減層數多少之門。」〔註33〕所謂靜宅，指的是平房，單進。而動宅，則指那些三進五進七進九進等多層次的平行串聯的房屋。所謂深宅大院，庭院深深是也。當代人住樓房，動輒幾十層。按理也應該用動宅法來趨吉避凶。但必須說明，《陽宅必用》裏面所使用的房屋「層」的概念，只是我們今天所習稱的「重」，或「進」的概念。它指的是一種平面串聯的布局，和今天垂直向上的樓層不是一個概念。和《陽宅十書》利用概念相同。

〔註28〕　（清）董海山人撰《陽宅指掌》，卷上，p3～4。
〔註29〕　（清）董海山人撰《陽宅指掌》上，九州出版社線裝本，增補《四庫青烏輯要》第 8 函，p5。
〔註30〕　（清）董海山人撰《陽宅指掌》上，九州出版社線裝本，增補《四庫青烏輯要》第 8 函，p9。
〔註31〕　（清）董海山人撰《陽宅指掌》上，九州出版社線裝本，增補《四庫青烏輯要》第 8 函，p11。
〔註32〕　（清）董海山人撰《陽宅指掌》上，九州出版社線裝本，增補《四庫青烏輯要》第 8 函，p12。
〔註33〕　（清）吳鼎撰，鄭同校《陽宅必用》，卷一，九州出版社線裝本，《增補四庫青烏輯要》，第 7 函，p7。

「其二曰：居宅不能無凶星。但使貪巨武三房高大為主。則破祿廉文四凶自不為禍。即一曜當權，群凶退伏。」這句話很有辯證法。一般人很忌諱所謂凶星。而這位袁滄孺則認為凶星不可少，一如我們今人所懂得的，人的身體裏細菌等微生物多達幾公斤，長期與人體共存。在他看來，凶星何足懼怕？只要把位於貪狼、巨門和武曲位置的幾個房子建造高大一些，其他的凶星就不能為禍了。貪狼、巨門、武曲是三大吉星。這叫以吉制凶。

其三：「修造先有定主。然後隨方卦而布置之。且如坎離震巽為東四宅，欲修坎宅，宜從震巽離三方開門。修離宅宜從坎震巽三方開門。修震宅宜從坎離巽三方開門。修巽宅宜從震坎離三方開門。乃合東四裝東之卦也。如誤用西四方之門，則非矣。如乾坤艮兌為西四宅。欲修乾宅，宜從艮坤兌三方開門。坤宅，乾兌艮三方開門。兌宅乾坤艮三方開門。艮宅乾兌坤三方開門，吉。你看，這樣一來，建宅和開門的問題不就變得簡單了麼？

其四曰：修宅先用羅經格其坐向。而八分只用八卦，不用二十四山及分金等說。且以坎卦為例：住宅必用南北長於東西，以一畝之宮為式，南北直長八丈，東西橫闊七丈五尺，或開離門，或巽門。只用算法四歸法歸之，正中離方三丈七尺五寸；巽方一丈八尺七寸五分。坤方占一丈八尺七寸五分。如安巽門則宜於巽方一張八尺七十五分之中。如安離門，則宜於離方三丈七尺五寸之中。此乃方卦停耳。庶不墮於非離非巽之差。〔註34〕

陽宅外勢要合堪輿家所擇山水有情四勢端明，沙水繞抱，居人乃安。若山犯逼凹尖直衝破斜飛，水犯仰反牽潛穿割直射件件粗惡。雖吉宅亦不可居。今試觀財富豐侈人物繁盛之邦，必是山水融結，乃享靈長也。

學才按：此處總計十條，備述相宅諸要領。如第九條講變動二宅的方法。文長不錄。〔註35〕

黃時鳴云：

　　　　河水之彎曲乃龍氣之聚會也。若隱隱與河水之明堂朝水秀峰相
　　　對者，大吉之宅也。

　　　　凡陽宅須低級方正，間架整齊，入眼好看方吉。

〔註34〕（清）吳鼐撰，鄭同校《陽宅必用》，卷一，九州出版社線裝本，《增補四庫青烏輯要》，第 7 函，p7～9。

〔註35〕（清）吳鼐撰，鄭同校《陽宅必用》，卷一，九州出版社線裝本，《增補四庫青烏輯要》，第 7 函，p10～11。

《宅宗》云：

　　　陽宅亦要察坐勢朝案向道。若專據九星，不察形勢方位，雖吉無
　　益也。黃時鳴云：住宅與衙門不同。衙門喜闊大壯觀。住房必須聚始
　　為福。臥房與外面客廳不同。廳前可以闊大。臥房前闊大則氣散。

　　　「凡屋以天井為財祿。以面前山為案山。天井闊狹得中聚財。
　　前屋不高不矮，賓主相稱獲福。前屋太高者主受欺，太低者賓不稱，
　　太近者逼，太遠者曠。前簷近則宜矮，前簷稍遠則略高可也。住屋
　　吉凶全在此處。至以外之廳又不同。以廳之天井為小明堂，而前廳
　　乃第一重案山也；以前廳之外、大門之內為中明堂，而大門乃第二
　　重案山也；以門前之場為大明堂，而朝山乃第三重案山也。小堂宜
　　團聚，中堂略闊而亦要方正。大堂宜闊大，亦忌疏野。」

　　　「經云：屋少人多，為人剋宅，吉；屋多人少，為宅剋人，凶。
　　又云：兩新夾故，死徙不住。兩故夾新，光顯宗親。新故相伴，陳
　　粟朽貫。宅材鼎新，人旺千春。屋止半住，人散無主。間架成雙，
　　典盡衣糧。屋柱彎曲，子孫不睦。蟲蛀半空，聾耳盲目。」

　　　黃時鳴云：每棟間數宜單不宜雙。三五七間為吉。書云：三間
　　吉，四間凶。五間定有一空。七間定有兩間空。〔註36〕

　　三元八卦九星相宅術。之所以在這裡多花篇幅介紹這個相宅術，是因為該
法在清代已經臻於完善。對中國近世住宅建設產生過深遠的影響。

　　三元八卦九星相宅術俗稱「遊年八宅法」。該法主要是針對陽宅而言的風
水理氣派相宅術，在清代最為盛行。《陽宅撮要》及《陽宅十書》《陽宅必用》
《陽宅正宗》等相宅書中均介紹此法的運用。近些年來，在港臺、新加坡等地
的風水應用實踐中，術士們也大多還在採用該相宅術。

　　「遊年八宅法」實際上是先用文王八卦九宮格排成八卦宅，並稱之為宅
卦。然後，依據宅主的「命宮」和「宅宮」相配，推論八個方位的吉凶，並以
此為依據來確定建築的朝向、門的朝向，以及灶、井、床、廁所等位置。

　　所謂八宅、就是在後天八卦即文王八卦的基礎上，按照住宅的坐向所分的
8種住宅：乾宅坐西北朝東南，坎宅坐北朝南，艮宅坐東北朝西南，震宅坐東朝
西，巽宅坐東南朝西北，離宅坐南朝北，坤宅坐西南朝東北，兌宅坐西朝東。

〔註36〕（清）吳鼒撰《陽宅撮要》，卷一，九州出版社線裝本，《增補四庫青烏輯要》，
　　　　第 7 函上冊，p4～8。

　　乾、坎、艮、震、巽、離、坤、兌八卦各自具有相應的五行屬性：乾、兌屬金；震、巽屬木；坤、艮屬土；坎屬水；離屬火。根據五行生剋的原理，八卦之間也就自然形成了兩組相生的體系：第一組為水生木、木生火，即「坎、離、震、巽」，由於其中震、巽二卦居於東方，所以稱之為「東四宅」。第二組為土生金，即是「乾、兌、坤、艮」，其中乾、兌、坤三卦都居於西方，所以稱之為「西四宅」。

　　遊年八宅法認為，凡所配之命卦為坎、離、震、巽之一者，便是東四命；凡所配之命卦為乾、坤、艮、兌之一者，便是西四命。東四命者配東四宅，西四命者配西四宅，東、西命宅不得相混。

　　伏位即住宅所在坐山方位。其中很明顯的一點是，當伏位處東四宅的任一宅位時，東四宅中其他三宅位均屬吉，而西四宅全屬凶；當伏位處在西四宅中的任一宅位時，西四宅中的其他三宅位均屬吉，而東四宅全屬凶。由此可證明相同宅命之間的共通性和不同宅命之間的相悖性。因此，東西命、宅不得相混。也就是說，東四命者不得居住在西四命宅中，反之亦然。

　　欲知八宅八個吉凶方位的分布，首先要確定住宅的坐山，以坐山為「伏位」，然後再依據大遊年歌訣按照順時針方向排方位，這樣就構成了八宅吉凶圖，以下就是大遊年歌訣：

　　　　乾六天五禍絕延生，坎五天生延絕禍六，艮六絕禍生延天五，

　　　震延生禍絕五天六，巽天五六禍生絕延，離六五絕延禍生天，坤天

　　　延絕生禍五六，兌生禍延絕六五天。

　　例如某住宅坐山為乾，那麼就以乾卦為伏位，此住宅就是乾宅，依據「乾六天五禍絕延生」。那麼，巽位為禍害，離位為絕命，坤位順時針排列吉凶方位，乾位為伏位，為延年，兌位為生氣。坎位為六煞、艮位為天醫，震位為中五。

　　八宅的八個方位分為四個吉方，四個凶方。四個吉方分別叫生氣、延年、天醫、伏位。八宅中的四個凶方位分別叫五鬼、六煞、禍害、絕命。

　　比較而言，陽宅的選址等操作過程較之陰宅，要明確些，可操作性更強一些。上述諸書中都有具體的案例，解析也比較生動具體。有興趣的讀者，可以直接閱讀原書。

　　這些宅書的作者，也各有不同。有的是自己有興趣，搜集宅書，悉心研究後撰寫而成的著作，如清人銑溪山人的《宅譜要典》，就是一本有意創作的

住宅研究著作。作者說，「余於食山西麓結屋數間，朝晡燕坐，閱陽宅百家語，窺其微奧者十有三祀矣。家家經論無不准理而辭旨脫影，文體透骨，殆非十年工學，難執厥中。排分理氣，則百家經傳空費塵箱。而曳其派說，魔其妖術，入人耳目者十常八九。由是觀之，經說之浩繁，反滯陰陽，反害習俗矣。」這位銑溪山人也是一位陽宅迷，用十三年時間遍讀諸家陽宅著述，其著作準備夠充分的。

他認為，「夫陰陽之為物，不越乎空虛氣電，而天地間寓身者吸此而化焉，吸此而生焉，吸此而死焉，吸此而病焉，化生死病，皆由於寒風暑濕而有其節序，年去年來，推甲子而變幻。品適其度，化生存焉。失差其度，死病關焉。可不慎哉！可不重哉！」〔註37〕

該書有兩大特點。一是實實在在的告訴讀者陽宅選址安房怎麼下羅盤。還繪製了簡單的示意圖。二是沿用了黃帝宅經的東四宅、西四宅理論，這個銑溪山人乾脆將其演繹成靜宅、動宅兩個對立的互補系統。同時作者又將動宅、靜宅的理念和東四宅、西四宅結合，演繹出很多模板。並一一畫圖說明。也即是所謂裝卦。類似如今的建模。

先來看他的《陽宅羅盤說》：夫羅盤之為針，指南而忌火，故依丙動氣者逆也。依丁動氣者順也。且關直流奇而格物則一分之則有千里之謬矣。凡起造者詳查之。

先定靜宅坐然後立於堂前簷滴之下。以其間尺割半，中央為天井下羅穴，即兩儀之接界也，天池之柱處也。譬如人坐。人向背天地而隔氣為靜；體物不動，向天地而通氣為動。用物不靜，故納雨露星辰日月之氣曜。山野墩阜江河之砂，兆吉兆凶，循四時以應變。逆之為禍，順之為福。有靜有動，是垂拱之帝王，遇治平之將相也。排分合格於生旺死退之間，豈可易言乎？

若未分天池為穴，而設盤於梁上或闡或場中，方位錯定陰陽易處，而分說吉凶，則此誤人之魔矣。雖欲準理而致富，焉可得也哉？

假令子坐午向，則卯酉為界。乙辰巽巳丙午丁未坤申庚面也，動也，用也；辛戌乾亥壬子癸丑艮寅甲，背也，靜也，體也；靜則靜而不動，作之位動，則動而用功處也。壬坐則甲庚為界，癸坐則乙、辛為界。二十四宅皆仿此。〔註38〕

〔註37〕 （清）銑溪山人《宅譜要典》，卷首，九州出版社線裝本，《增補四庫青烏輯要》，第 6 函上冊卷首，p1。

〔註38〕 （清）銑溪山人《宅譜要典》，九州出版社線裝本，《增補四庫青烏輯要》，第 6 函上冊卷首，p1。

該書認定：八干甲庚丙壬乙辛丁癸坐，上吉；四維，乾、坤、艮、巽及亥、子坐，中吉；未、辰、戌賤宅；寅、申最凶。不宜世居人丁。

也有作者是因為自家建房後家遭兇險，便認為是被術士陷害。自己發憤研究宅書，有了心得後，自己著書。清人吳鼐就是這方面的例子。因為家庭造房子出事，而自己發憤研究住宅堪輿之學。他說：「予家自丙寅丁卯迭遭慘變。心疑造作失措所致，深憾平日未嘗究心。遂遍搜宅書，披閱之下，皆無頭無尾，不勝異說，莫之適從。最後得遊年定宅、陽宅諸全書，滾珠盤、鬥靈經讀之，始知宅法與年命，無分輕重。彼詳於宅法而不講年命者，必罹東西異道之凶，止講年命不詳宅法者難免扶一倒一之誚。」〔註39〕

《陽宅撮要》一書就是他研究有得後依據他所認同的各種相宅書所做的摘要式著作。並非自成體系的相宅著作。他抄錄的各種宅書中，除《欽定協紀辨方書》、《陽宅正宗》、《八宅通書》等幾部比較常見外，像《宅鏡》、《金鎖起》、《陽宅發微真訣》、《鬥靈經》、《遊年定宅書》、《灶卦》、《滾珠盤》、《通真論》、《選宅宗鏡》、《筆塵》、《元髓經》、《十五分房法》、《陽宅發微》這些書，都不太容易看到。

其中所引用的許多教條實為看風水人的經驗之談，如：神前廟後，乃香火之地，一塊陰氣所注，必無旺氣在內。逼促深巷茅坑拉腳，滯氣所佔，陽氣不舒，俱無富貴之宅。屠宰場邊一團腥穢之氣，尼庵娼妓之旁，一團邪氣，亦無富貴之宅。祭壇、古墓橋樑牌坊一團險殺之氣。四維曠野，總無人煙。一塊蕩氣。空山僻塢獨家村，一派陰霾之氣，近山近塔，一片廉貞火象，亦無富貴之宅。〔註40〕關於房屋間數，也有很多說法。一般認為，「奇數吉，偶數凶。如黃時鳴云：每棟間數宜單不宜雙。三五七間為吉。書云：三間吉，四間凶。五間定有兩間空。」〔註41〕又曰：「蓋辨房之法，以廳為主。如一棟七間，近廳第一間者奇數，上吉也。第二間偶數，不吉也。第三間又奇數，次吉也。」但這位吳鼐說，限定條件時看廳的大小。「如果廳小而丈一、二丈五、六者乃驗。」要是廳太大則不聚氣，那樣的話第一間就不一定吉，而要看哪間屋溫

〔註39〕（清）吳鼐《陽宅撮要》，九州出版社線裝本，《增補四庫青烏輯要》，第7函上冊卷首，p1。

〔註40〕（清）吳鼐《陽宅撮要》，九州出版社線裝本，《增補四庫青烏輯要》，第7函上冊，p4。

〔註41〕（清）吳鼐《陽宅撮要》，九州出版社線裝本，《增補四庫青烏輯要》，第7函上冊，p8。

暖，那間屋寒冷。暖吉冷凶。〔註42〕

　　陽宅和陰宅都關注生氣。生氣所在，就是吉壤。這是帶共性的認知。陽宅和陰宅一樣，還很重視朝向。而朝向好壞又和方位、五行對應有關。這裡舉個例子。清代地師姚承興認為在住宅中，夫婦內房「最關緊要。必須陰陽配合方能子女繁昌。如門在丁方，床安丙向。或艮方安床，兌位作戶。」子女自然繁昌。「因為丁屬兌，兌為少女，丙屬艮，艮為少男。少男少女，子女自然繁昌。」〔註43〕姚氏的說法，根據的是後天八卦偶配則生萬物的理念。乾為老陽，坤為老陰。乾與坤配，是為老陽配老陰；其他仿此。震卦與巽卦相配，是為長男長女配。坎卦與離卦配，是為中男中女配。而艮與兌配，是為少男少女配。

　　陽宅發展到明清，五花八門都出來了。最流行的也就是裝卦。即根據主人生辰、八卦方位、五行生剋等關係而人工調整規劃房舍位置朝向，藉此趨吉避凶。殊不知八卦是活的。地師卻將其看成死的，因此無論如何規劃設計，也就是說無論你怎麼裝卦，都經常自相矛盾。如前面所分析的父子兄弟因生辰之不同而分配房舍，地師無法自圓其說的例子就是。就如姚承興所說的少男少女配合的門、床位置安排，誰能保證就一定子孫繁昌？道理很簡單，決定一對夫妻生育能力的因素，不能說環境不是因素。但未必是決定因素。這些術士的盲點在於他們把活潑潑的八卦給弄成了死板板的八卦。

　　實際上，術士們研究陽宅相地術，所信奉的理論都基本一樣，都是周易八卦，但即使按照他們所信奉的理論，將方位、五行等多種因素考慮進去然後設計好種種吉利的範式，這樣經過地師進行過風水選擇而建造的房子，誰也不能保證長富久貴。道理很簡單，相宅術所依據的哲學工具周易八卦本身就不是一成不變的。變卦一詞就是最生動的說明。六十四卦不是靜止不動的，每一卦的各個層次的爻都會隨著時間地點的改變而發生變化。怎麼可能指望利用八卦理論選擇的住宅長富久貴，只吉不凶呢？周易繫辭云：

　　　　易之為書也，不可遠。為道也，屢遷。變動不居，周流六虛。
　　上下無常，剛柔相易。不可為典要。唯變所適。〔註44〕

〔註42〕（清）吳鼒《陽宅撮要》，九州出版社線裝本，《增補四庫青烏輯要》，第7函上冊，p8。

〔註43〕（清）姚承興《陽宅正宗》，卷下《夫婦內房》條，九州出版社線裝本，《增補四庫青烏輯要》，第8函，p27～28。

〔註44〕（魏）王弼著，（晉）韓康伯注，（唐）陸德明音義，孔穎達疏《周易注疏》，卷十二，文淵閣四庫全書，臺灣商務印書館景印本，第7冊，p562～563。

　　鄭汝諧說的明白：《易》始於畫，畫始於乾坤。自乾坤而唯八卦，乾坤之變極矣。自八卦而為六十四，八卦之變極矣。八卦皆乾坤所生，六十四卦皆乾坤所生。此作易之本旨也。〔註45〕這裡的畫就是陽爻和陰爻。而陽爻、陰爻就是對天地觀察的抽象。伏羲畫乾坤兩卦，周文王將其演繹為六十四卦。陽宅如此，陰宅也是一樣。我們在本書序言部分等處業已借助前賢的筆墨，說明了絕不可能存在萬古千秋富貴壽考的所謂吉壤。正像歷史上那些貪心的帝王企圖壞盡天下龍脈王氣，長保自家天下。都是不可能的癡人夢想。

　　也許古代術士沒有看到這一步。以為依靠人力智慧可以控制地氣改變天命。因而實誠的術士就會感覺困惑。清人鄧穎出曾經總結自己四十年的風水探索後的困惑：「地學之道，一陰陽之理而已。而理寓於氣，氣著於形。氣無影像可執，形有萬變不同。以理按諸形氣，不得無本臆見者難以揣測，即博覽群賢之書而不得其指規，亦文愈富愈以生疑。又借師友之傳，而不得其真的，亦言益多益以增惑。不深入其中者不知此書之難也。」他回顧自己學習堪輿的經歷：余十八齡即從輿師遊，講究地學，其於古書靡不參稽，而且遍閱山川，頻驗名墓。知行並進。艱苦備嘗。閱歷二十年至四十歲始自知其難識。今又歷練二十年，其難識之關，仍然跳躍不過。」〔註46〕這個地師是誠實的探索者，絕大多數地師卻不是這樣，他們自信滿滿，個個以楊曾賴廖自居，自詡其術可以伏鬼神，改天命。也正因了風水界有這種不良的風氣，風水界魚龍混雜的局面才會長期存在。

〔註45〕（清）胡渭撰，譚德貴等點校，《易圖明辨》，卷九，九州出版社，2008年版，p180。

〔註46〕（清）鄧穎出《陰宅井明》，卷上《井窺淺言》，九州出版社線裝本，《增補四庫青烏輯要》，第9函，p180。

第十五章　陰宅風水批判

　　嚴格地講，本書前面絕大多數章節都是在研究陰宅。但真正討論江南水鄉這種地理環境背景下的陰宅選擇的，涉及不多。故採用專章介紹。加上後面的《入地眼》研究。則陰宅話題的研究就比較充分一些。

一、陰宅著述綜述

　　陰宅著述，總體上看，遠遠多於陽宅著述。《黃帝宅經》、《九天元女青囊海角經》、《青烏先生葬經》、《管氏地理指蒙》、《楊筠松十二杖法》、《廖瑀十六葬法》、《胡矮仙至寶經》、《謝和卿神寶經》、《玉元子天寶經》、《劉見道乘生秘寶經》、《孫伯剛璚林國寶經》《空石長者五星捉脈正變明圖》、《楊再謫仙人楊公金剛鑽本形法葬圖訣》、《劉基堪輿漫興》、《李思聰總索》《李思聰堪輿雜著》，繆希雍《葬經翼》。清蔣大鴻整理本《水龍經》。至於民間流傳的那就更多了，諸如跟明末清初堪輿大家蔣平階有師承關係的前輩著述有《玉鏡正經》《千里眼》。《四庫全書》所遴選之相宅相墓類圖書，有：郭璞《葬書》，楊筠松《撼龍經》（含《疑龍經》，《葬法倒杖》）唐曾文辿《青囊序》、唐楊筠松《青囊奧語》、唐楊筠松《天玉經》；南唐何溥《靈城精義》、宋賴文俊《催官篇》。宋蔡元定《發微論》。當然，這些只是就清朝康雍乾三朝官方認定者而言，至於民間流傳的陰宅著述，更是多不勝數了。

二、明末清初《水龍經》及著者蔣平階研究

（一）蔣平階

　　蔣公，名珂，字平階，又字雯階、斧山，號宗陽子，又號大鴻。生於明

光宗泰昌元年（1620），卒於清康熙五十三年（1714），享年九十有四歲。世居華亭張澤，即上海松江區張澤鎮。初名雯階，字馭閎，一字大鴻，別署杜陵生，明代地學家，松江人。諸生，故明御史，入清不仕。精通地學。著有《地理辯證注》、《水龍經》、《八極神樞注》等。同時是雲間詞派後期重要人物。關於他的文學風格，可見之於《晚晴簃詩話》：「大鴻堪輿大家，神解超邁，近百年來形象奉為圭臬。詩宗唐人，才力豐健，猶有幾社遺風。」蔣是明遺民，幾社人士，工詩詞，性豪雋。精堪輿之學，留心晚明史事，輯《東林始末》，康熙十五年前後仍在世，各家詞集中多見行跡。蔣平階與周積賢（字壽壬，亦華亭人）、沈億年（字蘭祈，嘉興人）以及其子蔣無逸（字右箴）等多人詞作之合集名為《支機集》，沈億年在此集《凡例》中的一段話乃云間詞派理論的一方代表。

公幼年時，隨父安溪公習形家風水，常遇不得其解之案。至明亡後，習無極子玄空精要、吳天柱水龍法、武夷道人陽宅法，遊歷十載，印證所學，終至茅塞頓開，堪輿大成，時人贊為一代地仙。晚年定居紹興稽山耶溪，創蔣盤羅經，傳徒：會稽姜垚、丹陽張仲馨、丹徒駱士鵬、山陰呂相烈、武陵胡泰徵、淄川畢世持等。又有滇南范宜賓，浙江章仲山，蘇洲朱小鶴、上虞徐迪惠、湘楚尹有本、廣東蔡岷山，各立其宗，秘其所學，專其所長，排其所異，終無一宗貫通其學。

（二）《水龍經》的成書脈絡

《水龍經》成書之前，整理者蔣平階自述其學術淵源：「某因無極之傳，盡泄楊公之訣。以高山平壤二法判，然而求之成跡，茫無考據。」這是說自己早年的堪輿學知識主要來自楊筠松。具體師承是通過「無極之傳」。但無極子所傳楊法僅限於山地和平原。沒有涉及水鄉澤國的風水。後來，「又得幕講禪師《玉鏡正經》、《千里眼》諸書，而後入穴，元機若合符節。又得《水龍經》。乃歎平陽龍法，未嘗無書。但先賢珍重不可泄耳。」關於現在傳世《水龍經》的構成和來源，整理者蔣平階交代說：

> 一卷明行龍結穴大體，支干相乘之法。二卷述水龍上應天星諸
> 格。三卷指水龍託物比類之象。四卷明五星正支穴體吉凶大要。五
> 卷義同四卷而縱橫言之。

對於各卷來歷，蔣氏都有交代：

> 一、三、四卷，得之吳天柱先生；二卷得之查浦故宦家；五卷

　　覓之吾郡，最後得。作者姓名或有或無，其言各擅精義，互見得失。

　　合而觀之，水龍軌度無逾此矣。〔註1〕

　　這本書，蔣氏說可以看作平原水鄉尋龍覓穴的基本參考書。該書所用的方法，或曰規矩就是三元九星法。

　　至於《水龍經》的整理時間，蔣氏說「時下元癸卯杜陵蔣平階大鴻氏題於丹陽之水精庵。」

　　地點：丹陽水精庵，時間：下元癸卯。學才按：這裡的所謂下元，是相對三元九星法的上元、中元、下元這三元概念而言的。經查，和明亡於1644年相關的三元，其上元為明弘治十七年（甲子年，即西元1504年）以後六十年；中元為明嘉靖四十三年（甲子即西元1564年）以前；下元為明天啟四年（甲子即西元1624年）以前。也就是說，他是在清康熙二年（1663），也就是他自己四十三歲時完成《水龍經》一書的整理工作。

　　蔣平階是風水術的集大成者。更是一個人格高尚的愛國志士。首先，他青年時期跟隨陳子龍學詩。深受明末愛國志士們的影響和薰陶。故能在民族危亡時刻投身保家護國的鬥爭。直到清順治九年（1652）也就是他32歲的那一年，隨著南明王朝的覆滅，最後的希望破滅，蔣氏才放棄反清復明的鬥爭：「壬辰歲了棄一切，將薄田數畝付之兒曹。」開始了他「西抵蜀中，度錦江、登劍閣，涉峨眉之顛，南至武昌，登黃鶴樓，渡漢江，上晴川閣」訪鎮江焦山虛無上人等長達兩年的漫遊生涯。〔註2〕據吳氏自述，鎮江焦山夜訪虛無上人，虛無上人和他作竟夕之談，深知蔣氏明於陰陽術數，且人品可靠，故以《水龍經》一卷相授。

　　蔣氏借虛無上人之口，指點他「虛無之境不易窺」，何不窮水龍經，走堪輿救世的道路？這段自述實際上暗示了《水龍經》作者蔣平階在反清復明無望的大背景下，不得已選擇了堪輿避世兼救世的道路。這位虛無上人很可能也是反清復明組織者之一。他給蔣氏的指點影響終生，故特地表而出之。我們因此也就不難瞭解蔣氏的志向。他說，虛無上人贈他《水龍經》。他仔細研究了那本書，上面「共約有八十圖，皆自古名冢吉地，格格成形。實為今世所鮮口（疑漏一字，可能是「睹」）。」但他接著又說了一句：然以天下之大，豈曰今

〔註1〕（清）蔣平階整理《秘傳水龍經》，中州古籍出版社叢書集成珍庫術數全書本，1994年版下冊，p9。

〔註2〕（清）蔣平階編撰，李峰點校，海南出版社，2003年版《水龍經》，p335《第二、三兩卷總論》。

必不如古哉？唯世人不察，每躬遇此等妙局，既水法之茫然，又真龍之未究，遂致當面錯過。不甚為可惜乎？」這兩句話奠定了全書的特色；這本堪輿書不僅選用有據可查的八十餘幅古代名家吉地，加以解說。還包括作者自己勘察得來的吉地和凶地數百例。

三、《水龍經》的學術價值

（一）整理者學風誠實

如前所述，整理者在書的開篇即將該書的各卷來源一一交代清楚。尊重原作者的著作權，不掠他人之美。因為係集大成之作。整理者在每個主要部分都加上提綱挈領的按語。既客觀呈現了原著的風貌，又坦誠地表明本人的見解。學、術兩界在水法勘察上都尊該書為集大成之作，絕不是偶然的。

該書十分重視概念釐別。如幹龍、支龍這兩個術語：幹龍的定義：「通流大水為行龍，謂之幹。」支龍的定義；「溝渠小水為割界，謂之支。」又如對割界的定義：「水流於山谷之間，使兩座山分開；或小水流入幹龍的入口處，把大地從中割開以界龍氣者叫割界。」對穴的定義：「即整個穴星的中心點——葬口。」。〔註3〕他如外氣，內氣，元辰，胎，朝水等等術語，非業界人士，如不讀此類詮釋，多半一頭霧水。因為有了這些科學的詮釋，一個現代人進入風水學這個複雜的大系統，也就不會如入五里霧中了。《葬書》作者郭璞給風水的定義所提到的核心概念：「葬者，乘生氣也。」但對生氣的理解，該書闡釋相當詳細具體：龍脈之活動為生，反直為死。兩邊股明為生，股暗為死。土色紅黃紫白為生，青黑為死。文理堅實、光潤、細膩、鮮明為生，枯燥、鬆散為死。至於水法，則以迴環繞抱為生，直射直瀉，反竄斜跳為死。〔註4〕可以說，這兩句話把形法家山龍和水龍的鑒別要領都概括到位了。執此而閱讀山龍水龍諸圖示，可收綱舉目張之效果。關於葬乘生氣，生氣喜融結，最忌分散。也是風水家論葬的經驗之談。整理者引用《楊曾地理家傳心法捷訣》：以結穴處為中宮。其前後左右屬八卦方者，謂之八國。俱要城門緊閉，不可空缺。如空缺，一有風吹入，則氣隨風散。人丁財產，俱盡飄零消散。〔註5〕

〔註3〕（清）蔣平階編撰，李峰點校，海南出版社，2003年版《水龍經》，卷一，p11、13。

〔註4〕（清）蔣平階編撰，李峰點校，海南出版社，2003年版《水龍經》，卷一，p15。

〔註5〕（清）蔣平階編撰，李峰點校，海南出版社，2003年版《水龍經》，卷一，p16～17。

（二）《水龍經》系統總結了水龍的各種範式

遍讀歷代特別是明清以來的風水著述，感覺水龍經的圖繪最為規範，最直觀。作者對水龍的各種範式一一命名，繪圖，並進行圖說。這些圖示圖文並茂，就其圖文表達而言，應該說已經相當具有科學性。如卷二共刊刻 52 幅圖示。這些圖示大體上可分三大類別：第一類，從三大幹龍圖到祖宗父母胎息孕育之圖，內外明堂、內外宮。這些圖示告訴你從宏觀到微觀的墓葬「風水」常識。第二類，即歷史上名人家祖墳圖。本章選了何惠卿、廖副憲、台州侯氏、豐城陸侍御等人的祖地，也就是祖墳圖。這些典型案例自然都是來自相關地理書，如何惠卿家族祖地就來自安徽望江縣沈鎬的《六圖地學》。

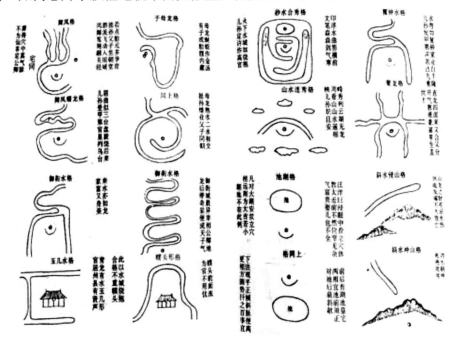

圖 15-1　《水龍經》整理者總結的各種水龍範式示意圖

作者對所引用的案例皆能說明其來歷。雖然有些案例我們已經弄不清楚究竟是哪個朝代的風水師勘定的穴位。但整理者都說明了是某某某的祖墳等信息。如泉州黃榜眼祖地一例：

黃鳳翔（1538～1614），少名鳳翥，字鳴周，號儀庭，晚號止菴，別號田亭山人，泉州城內會通巷人。明隆慶戊戌科進士。黃鳳翔的祖籍福建莆田黃石金墩，上海市方志辦主任黃美真據莆田市圖書館《金墩黃氏祖譜》、泉州市圖書館《臺灣江夏興化軍城黃氏祖譜》、《莆陽黃氏宗譜》、浙江省圖書館《浙江

錢塘金墩武林黃氏家譜》所載：黃鳳翔，泉州城內會通巷金墩黃府十二世孫，明隆慶二年（1568），戊戌科進士第二名，欽點榜眼。注解中還引用了民間傳說。〔註6〕總之，不管是黃鳳翔也好，還是畢鏘也好。這些案例都是真實可信的，有據可查的。至於其祖墓的風水云云，因為這些名墓的子孫大都生活在整理者之前幾十年甚至更早。至於那些案例人的祖墓選擇的時間自然更在前面。因此，這種研究是一種事後諸葛的研究。我們不得不說此種研究仍有積極意義。但畢竟不是完全意義上的實證研究或預測。比如說，我們的風水師如果看準了某個吉穴。就記下來。做個公證。然後自己或者弟子要秘密跟蹤研究，看看是否應驗。這樣原選穴位，埋葬死者以及他的後裔，一一記錄在案。且這種數據應做到公正客觀，至少是業界共享。應杜絕人為造假的可能性。這樣就是完整的數據。若追蹤的結果果然如風水師當初的預測，那就說明這種研究是科學，而不是迷信。但可惜我們浩如煙海的風水地理著述，家家都說自己的方案符合實際，自己的預測神奇靈驗。唯獨沒有任何一家有辦法拿出當事人預測靈驗的相關人士可靠的令人信服的數據來。順便說一句，風水只有科學化，實證化研究才能真正證明該學科的價值。

（三）該書對水龍勘查領域的諸多誤民謬說進行了毫不留情的批判

如《自然水法形歌》部分整理者李峰引用蔣平階在《平砂玉尺辨偽》一書中批評世俗地師不懂確有氣運隨時之真煞，實無卦爻配合之煞爻的學問。不知規避真煞而拘忌八曜等假煞：「世人學術無本，一見干支，便加祿馬。推命家用之。地理家亦用之。東挪西借，以張之子孫，繼李之祖宗。血脈不通，鬼神不享。此在楊、曾以前，從不見於經傳。後之俗子，枉加添設。」八煞黃泉，尤無根據。全然捏造。更與借用者不同。夫天地一元之氣，周流六虛。八卦方位，先天後天，互為根源，環相交合，相交為用，得其氣運則皆生，違其氣運則皆死。我謂推求理氣者，須知有氣運隨時之真殺，實無卦爻配合之煞爻。今真煞之刻期剝膚切骨者不知避，而拘忌八曜之假煞，亦可悲矣。〔註7〕整理者對繆希雍批評方位派的言論也濃墨重彩地加以介紹：他說，「來去之水，只要屈曲盤旋，三環五繞，眷戀有情，就是吉水。其餘諸水法都是虛詭之論。他說，術家懵於至理，妄以長生、沐浴、臨官、帝旺等神煞吉凶配之，遂使吉者不葬，

〔註6〕（清）蔣平階編撰，李峰點校，海南出版社，2003 年版《水龍經》，卷一，p83。
〔註7〕（清）蔣平階編撰，李峰點校，海南出版社，2003 年版《水龍經》，卷一，p38
　　～39。

葬者不吉。惑世誣民，莫此為甚。」為了避免後人被欺騙，他補充說：「今以水之宜忌具詳於下：凡水抱不欲裹，朝不欲沖，橫不欲反，遠不欲小，近不欲割，大不欲蕩，高不欲跌，低不欲撲，眾不欲分，對不欲斜，來不欲射，去不欲速。合此者吉，反此者凶。」〔註8〕可以說，蔣氏是古代對大眾負責任的風水師。從此等處，不難看出，追求真實，不故弄玄虛，不愚弄業主和讀者是蔣平階的風水研究的科學價值之所在。比如說，我們所生活其上的地球在自轉過程中，同時也在圍繞太陽公轉，月球既有自轉，也在圍繞地球公轉。還有金木水火諸星球。這些星球自轉公轉角度偏移，彼此的引力和磁場等會對地球產生何種影響，對居住在地球上的人會產生何種影響，對各種不同時間段和空間場所出生的男男女女，會有什麼影響？這些問題也就是蔣平階提到的客觀存在的「氣運隨時之真殺」，確實需要學術界進行科學探索和研究。但遺憾的是不少術士為了利益的考量，不惜故意將命相風水等預測神秘化。開口閉口都與禁忌、禍福相關聯。好像沒有他們這些裝神做鬼的術士，人們就會動輒得咎，一天也活不下去似的。蔣平階還用一首詩歌表達他的水龍真見解：

> 此水去流無妨礙，財豐亦主官豪邁。
>
> 水法不拘去與來，但要屈曲去復回。
>
> 三回五度轉顧穴，悠悠眷戀不忍別。
>
> 何用九星並八卦，生旺死絕皆虛詭。
>
> 述此一篇真口訣，讀者胸中皆透徹。
>
> 免惑時師卦例言，禍無福有須當別。〔註9〕

　　比如，風水學中有一個方位概念，即左青龍，右白虎。前朱雀，後玄武。青龍白虎朱雀玄武最初本為古代兵家用在行軍佈陣時的陣法名稱之代稱。以中軍帳為座標點，青龍指位於東邊的，陣式像龍形；白虎指位於西邊的，陣形象白虎；玄武位於北側，陣形象烏龜，朱雀位於中軍帳的南側，陣形象朱鳥展翅。而這種仿生陣法來源於古天文學對二十八宿的觀察。因為我們生活在地球上的人，以自己為中心點，往東方看天，能觀測到的七顆星星分別為角、亢、氐、房、心、尾、箕；往西方看，能觀測到的七顆星星分別為：奎、婁、胃、昂、畢、觜、參；往南方看，能觀測到的七顆星星分別為：井、鬼、柳、

〔註8〕（清）蔣平階編撰，李峰點校，海南出版社，2003年版《水龍經》，卷一，p45 ～46。

〔註9〕（清）蔣平階編撰，李峰點校，海南出版社，2003年版《水龍經》，卷一，p45。

星、張、翼、軫；往北邊看，能觀測到的七顆星星分別為：斗、牛、女、虛、危、室、壁。這四組星座被統稱為二十八宿。它實際上是古代先民在地球自轉過程中於不同季節依據所觀察的天象之特點區分東西南北的認知記錄。因為當地球按順時針方向自我旋轉時，我們地球人頭頂上的就是北極星。地球繞太陽旋轉和月亮繞地球旋轉過程中，我們所經歷的春夏秋冬四季既是時間變化，也是東西南北空間方位區分。這就是後來青龍白虎朱雀玄武分別被作為東西南北四個方位代稱的天學地學背景。

這個青龍白虎朱雀玄武本來只是個方位詞，被郭璞用於《葬經》，也仍舊是當作方位詞用：「以左為青龍，以右為白虎。」因為古代建都大都坐北朝南取向，因此，左青龍右白虎，前朱雀後玄武，這樣用誰都知道所指之方位內涵。後世術士不明此乃方位之代稱。以為所點穴位左邊就是青龍，穴位右邊就是白虎。很多家譜記載術士所點墓穴文字，往往稱墓穴右邊為虎形地，墓穴左邊為龍形地。初看一頭霧水。其癥結在於術士不明白青龍白虎朱雀玄武只是方位名詞，實在和風水地形了不相干。〔註10〕

順便說一句，還有些風水術士開口閉口都是天星、分野。固執地認定地上的分野和天上的星宿是對應的不變的。其實，他們不明白一個基本的事實，即地球上一個國家，比如中國，我們這個地球自轉過程中一年四季所看到的天象星宿，並不是從來就一成不變的。我們看地方志，發現一個奇特的現象，有很多縣志都要寫清楚自己縣所在的分野。實際上這是不科學的。因為地面上的空間地域大體是穩定的，但我們所能看到的天象星宿位置並不永遠固定在一個位置上。天球和地球相距很遠，如何能夠和地球上的區域精確對應？

（四）書中多有因地制宜選址思想，極具科學和美學價值

前面說過，我們之所以專門用一章的篇幅講《水龍經》，是因為這本書是歷代以來論水之名稱性質樣態最為豐富多彩，且概念描述最為科學的一本。為了說明問題，這裡試舉數例。

1. 風水家認為水以屈曲環繞為美

《水龍經》全篇幾乎都在講水勢。千言萬語，歸結一句話，就是水勢宜曲不宜直，屈曲水不論來去，都屬吉水。相反，直射反跳，直泄反竄，背反沖脅，都是凶水。不僅陰宅選址不能選在江河受江流和潮汐影響容易崩塌的一側，村

〔註10〕 （清）蔣平階編撰，李峰點校，海南出版社，2003 年版《水龍經》，卷一，p53 ～54，p164～165。

落、城鎮、都會，都不宜選擇這一側。而幾乎都是選擇江河另一側位勢比較平穩，泥沙容易淤積的地塊。這種地塊是為曲水環抱之地。這一邊不受江河水流沖刷，地基穩固，遭遇洪水崩塌的幾率幾乎沒有。2005 年，我們東南大學旅遊規劃研究所在內蒙古額爾古納市編制該市旅遊發展規劃，實地考察額爾古納河時瞭解到，這條中、俄界河中國一側正好處在背河水沖刷經常崩塌的一側，而俄羅斯一側則每年都會增加國土面積。我國政府自然不願意自己的國土面積縮水，於是撥出專款，從他處運送石塊等建材硬化加固我方河岸，以避免國土面積縮水。這當然是比較極端的例子。我們知道，東晉學者郭璞安葬自己的母親和兩個兄長，選擇在暨陽長江邊上。有人說，這不怕被江水淹沒嗎？郭璞回答他：要不了多少年江水就會向對岸移動，這邊都會成為陸地。後來事實證明他的預測是對的。這就是對自然規律的認知和掌握。真正的風水大家都會深究自然，以掌握規律為職志。

2. 風水家還有一個關於水的觀點，即聚水最吉

形家認為：「山朝不如水朝，水朝不如水繞。水繞不如水聚，水聚則龍會，龍會則地大。」〔註11〕該書第二卷分論。諸格部分談到水聚堂。蔣平階說，「十八格唯水聚堂為第一。」為什麼？他解釋說：「蓋水為財祿富貴之樞機。故水神渙散，無所收拾者，不惟不發，亦主敗絕。是以古人論水，不曰蕩然直去，則曰水無關攔。務得局前水聚蓄方為吉壤。」〔註12〕例如浙江義烏有義烏江和南江（又名東陽江）兩水經過縣城，從風水學的角度看，這兩條江都屬過水。沒有一種載體承接停蓄這些過水，殊為可惜。2003 年本書著者在主持義烏市旅遊發展總體規劃修編工作時，便把我的想法跟課題組同仁，後來又和甲方義烏市政府的領導們講了，大家都認為是個好主意。尤其是義烏這樣的萬國商埠，每天有近 20 萬流動商業人口，且來自世界各地，更應該留住財富而不是讓財富流走（風水界有「山主人丁水主財」之說）。於是我在規劃中提出了「鑿個雙江湖」搞個水利樞紐工程的想法。這個構想 2020 年已經獲批立項。作為國家十三五規劃長三角太湖流域、浙江錢塘江流域的重大水利項目，是義烏市供水防洪生態平衡、生態修復的百年工程和重大民生項目。2020 年11 月 21 日該工程正式開工。〔註13〕

〔註11〕（清）蔣平階撰，李峰整理《水龍經》，海南出版社，2003 年版，p301。
〔註12〕（清）蔣平階撰，李峰整理《水龍經》，海南出版社，2003 年版，p132。
〔註13〕此信息承蒙義烏市旅遊局原副局長、義烏市老幹部局局長胡建杭微信告知。

3.《水龍經》是一部充滿辯證法思維的圖書

雖然書中所講的那些吉吉凶凶未必如是。但只要你認真讀下去，你就不得不服，這些幾百年前的古人，對山水的性情精神，真的吃得很準。如論氣之聚合。在書中，氣之聚合，共分三個層次：大勢之聚散，穴場之聚散，穴星之聚散。又如論山龍水龍之放、收差異：「放言行龍，收言龍止。山龍行來，如萬馬奔騰，踴躍向前，重重開帳，層層剝換。是山龍之放。結穴之處，重重環抱，層層關鎖。結咽束氣，神凝氣聚，是山龍之收。水龍行來，洶湧澎拜。浪濤滾滾，開山裂谷，直沖向前。是水龍之放；結穴之處，環繞回顧，枝水插入。左纏右繞。不忍離去。是水龍之收。放之愈開，來氣愈厚；收之愈緊，真氣愈固。所以山龍之結，必在山水交會收氣之處；而水龍之結，必在幹水與支水合襟之處，真氣凝聚也。」〔註14〕明白了這些，你就不難明白為什麼郡縣省會等城市選址大多是山水相依之處（如古都南京），或者是幹水和支水合襟之處（如武漢三鎮）。

又如，脈細微者用浮法，脈沉者用沉法。也可謂具體問題具體分析。所謂脈細微，是說所選擇的墓穴其下面堅硬，有的乾脆是石板。遇到這樣的情況，就在上面用浮土做墩。採用客土埋藏棺木。整理者認為，這樣也同樣接引生氣。而如果碰上墓穴土厚的怎麼辦？那就往深處挖。這叫用沉法。〔註15〕完全是因地制宜的做法。因為在華中等南方山區或丘陵區，經常碰上土淺的墓穴，所謂客土，就是另外運來的土。用另外運來的土堆成墳，效果一樣。該書總結說：「南方土薄而多石，氣浮宜淺；北方土厚而無水，氣沉宜深。」蔣平階認為，雖然列有許多吉凶水格，但這些水格也不是一成不變的，它們在一定條件下也會轉化。即大凡吉地，也有衰敗之時，即使凶處，也有興發之機。這是因為還有三元運勢。如果趕上上元，興許凶地可以變吉；如果趕上下元，吉地也可能變衰。因此要綜合天地運行等多種因素把握。這就比有些風水術士高明。無論陰宅還是陽宅，術士中都不乏死腦筋，固執地相信他們用羅盤格出來的吉壤會如何興旺，永不衰敗，而被他們認定的凶地也就是永遠不會改變。實際上，這類術士的認知侷限是很明顯的，即他們把風水術的哲學基礎歪曲了。我們知道八卦、五行是風水學的兩大理論基礎。而無論八卦還是五行，都不是死的，而是活的。明代理學家呂坤說得好：

〔註14〕（清）蔣平階撰，李峰整理《水龍經》，海南出版社，2003年版，p188。
〔註15〕（清）蔣平階撰，李峰整理《水龍經》，海南出版社，2003年版，p192。

易道渾身都是，滿眼都是，盈六合都是三百八十四爻。聖人特拈起三百八十四式來做題目。使千聖作易，人人另有三百八十四說。都外不了那陰陽道理。後之學者，求易於易，穿鑿附會易以求通，不知易是個活的，學者看做死的；是個無方體的，學者看做有定象的。故論簡要，乾坤二卦已多了；論窮理，雖萬卷書說不盡易之道理。何止三百八十四爻！〔註16〕

前面已經說過，有些風水術士把地球表面分野和天上的星宿的對應關係看成萬古不變的關係，是常見的風水家認知的誤區；這種將八卦看成靜止的，把卦象爻象看成具體的東西，也是風水術士們容易出現的認知盲點。

4.《水龍經》論平原地區龍脈識別

所謂龍脈，實際包括山龍水脈。山龍好理解。平原水鄉的龍脈到哪裏去找？風水師研究出平洋地區龍脈識別的方法：「有山傍山，無山傍城。有水就水，無水依形。」意思是說平原地區遠方若有山，只要方位相符，可以取為來龍。舉個例子。康熙孝感縣志記載，孝感縣老縣衙的來龍就是現在大悟縣的大悟山，大悟山距離孝感縣老縣衙至少80公里。無山傍城，這不難理解。有水就水，無水依形的意思是，即使平原地區的水，也不是一成不變的平水。「水積知山脈之住，水流知山脈之動。水流動則氣脈分飛，水停蓄則氣脈攢聚。大河乃幹龍之形，小河乃支龍之體。後有河兜，此即榮華之宅；前逢池沼，允為富貴之家。」〔註17〕

沒有山的地方政府，州府的選址也是要講究風水的。他們的辦法是找遠處的山水作為自己的來龍發脈。如河南陳州是人文始祖太昊舊都所在地。這裡沒有山，建造州郡還是要講究風水的，辦法是找遠處的山水作為自己的來龍發脈。如果為了振興文運，可以在巽方（州郡的東南方）建造文峰塔。這是一種辦法。見《乾隆陳州府志》。

在平原地區，尺度更小的尋龍。例如選擇村居或墓穴。還有所謂看地面和看水面的辦法。中國古代風水人眼中的龍就是地氣。氣只有在土中行走才被叫做生氣。所謂龍脈，也就是地氣在土中行走。他們認為，只要有氣在土中，地表必然會有高出平面的脊。雖然很低微，不顯眼。但有心人總可以看到的。高

〔註16〕（明）呂坤《呻吟語摘》，文淵閣四庫全書，臺灣商務印書館景印本，第673冊，p304。
〔註17〕（清）蔣平階撰，李峰整理《水龍經》，海南出版社，2003年版，p416。

出平地一寸就可以被看作龍脊。水也是。再平的水,在行走過程中總有勢差。否則水就難以流行。水也是這樣,高一寸為龍。這種見解在古代中國風水界幾乎沒有歧義。

(五)關於人傑地靈的闡釋

在《水龍經》,第一卷《氣極妙運論》部分。整理者在原文部分提到郭子的話:「獨陽不長,獨陰不成。陰陽合德,而生成之功備。」注解部分發揮了晉郭璞的「經曰;氣感而應,鬼福及人。是以銅山西崩,銅鐘東應」。其要點是:如果說人活著,居住在得山水美的房子裏。「把山川之秀,受陽明之氣。日夕與之交接,以為地靈人傑之應,於理誠有然哉。」但人死之後,「魂升魄降,神氣離體,與死灰槁木等,其無知人焉能受蔭以禍福與生人者乎?」他自己認為,這種說法難免「惑世誣民」之過。但他隨後又提出一個令人困惑的問題;「然而古人葬遺骨而蔭子孫富貴者,蓋亦多矣。天下之名墓在在有之,儻言其妄,則其效驗有不可掩者。」關於這個困惑,我們後面還會專門展開討論。因為這是一個研究方法的問題。此處暫不置論。他自己在後面又提出一個命題;「人子有報本愛親之情,以父母遺骨藏於融會之地,由是子孫之心寄託於此。固其心之所寄,遂可與之感會而能致福於將來也。是知人心之通乎氣,而氣通乎天。以人心之靈,合山川之靈,故隆神毓秀,以鍾於生息之源……嗚呼!非葬骨也,乃葬人之心也。非山川之靈,亦人心自靈耳!」〔註18〕從這段話,我們不難看出蔣平階對這個「葬者乘生氣」,「反氣納骨,以蔭所生」的經典權威之定義也是很感困擾的。但他最後的結論比較接近科學的理解。因為人們相信父母遺骨只要葬得吉穴就可反氣納骨以蔭所生,則必會激發無窮的精神力量,就像西方成功學所言,喚醒了心中的上帝。就是說,靠著積極的心理暗示,風水理念激活了死者子孫的潛能。為了成功,擯棄雜念。一心讀書以求做官光宗耀祖。不是沒有可能的。但如果將其理解為坐在家裏等著天上掉餡餅,那是絕無可能了。

兩百多年前的蔣平階已經能有如此接近科學的理解,實屬難得。

風水家認為,「地氣豐厚,砂水朝顧。龍真穴正,則地靈人傑矣。」〔註19〕這個見解仍屬地靈必然人傑的範疇。值得一提的是,中國文化傳統中,還有人

〔註18〕 (清)蔣平階撰,李峰整理《水龍經》,p33。

〔註19〕 (清)吳鼐撰,鄭同校《陽宅撮要》,卷一,九州出版社線裝本,《增補四庫青烏輯要》本,下冊,p2。

定勝天一說。也就是說，人傑也可帶動地靈。這樣的例子也不少見。筆者在
《中國旅遊文化傳統》中「山以賢稱，境緣人勝」章曾有例說。其大要是很多
山水本身默默無聞，只因為某位傑出人士和它發生關係，從此，該地就名垂
史冊。比如古代的齊國也就是今天山東的青島威海煙臺膠州等沿海地區，古
代曾被認為是地瘠人貧的地區。姜太公被封於齊地後，此沿海地區日漸開發，
魚鹽之利日益彰顯。後來管仲因之，遂霸諸夏。因此我們發現地土不在沃瘠，
因勢利導，僻壤亦可以興。有人傑開發，地未有不靈的道理。揆之當代，以色
列建國才半個世紀，所依託的土地絕大部分屬沙漠地貌。然而聰明的猶太人重
視教育，重視學習。現在在世界上享有極高的聲譽，其科學創造的現代農業在
沙漠上創造了無數的奇蹟。此亦人傑導致地靈之又一例證。

（六）研究方法

比較研究。該書中比較文字隨處可見。如論水龍勘察方法和山龍勘察方法
的不同：「大凡山龍不類。金木水火土五星，只要一星成型，皆為吉穴。水龍則
只取金水土三形，木火二形皆凶，不取。因金圓水曲土方，皆為水法所喜。而
火為尖形，木為直形，不僅護不住生氣，且有直硬尖剛衝刺之患。故為穴法所
棄。」從學理上把水龍勘察法和山龍勘察法的不同說得十分清楚。〔註20〕

系統研究。該書除前面幾卷所繪製解說的幾百種水格屬直接觀察得來。
還有和天上星宿對應的象形圖示。值得說明的是，相地和天象圖結合考慮，姑
且不論其吉凶預測是否靠譜，單就其思維方法就有足多者。因為地球不能孤立
的存在，它是和其他星球相互依存存在的。古人發明的風水術能夠用這種聯繫
的眼光看問題而不是孤立的就地球表面的山尋山龍，就地球表面的水尋水龍，
就很了不起。蔣氏的作風比較嚴謹。如如何辨別龍的真假和穴的真假。作者總
結道：「龍有真偽，穴亦有真偽。穴將入者，有蓋有坐。出口處要有兜有收。
蓋坐者，如人坐有屏帳，所謂氈唇、絪褥者是。有此者真，無此則偽。結穴時，
下開明堂，兩邊有包裹，八路分明，證佐明白為真。」〔註21〕

該書還介紹了沈禹平《心眼指要》的水龍尋訪經驗。沈氏認為，「平陽龍
法，眠倒平鋪，若不統觀全形全勢，凡遇一溝一搭之所，似乎面面有情，處處

〔註20〕（清）吳鼐撰，鄭同校《陽宅撮要》，卷一，《增補四庫青烏輯要》本，下冊，
　　　　p136。

〔註21〕（清）吳鼐撰，鄭同校《陽宅撮要》，卷一，《增補四庫青烏輯要》本，下冊，
　　　　p342。

可穴。孰知並非真氣所注。故必得統觀全局，追蹤尋脈，方曉一切勾搭悉屬隨從之翼輔，扛送之枝腳。」〔註22〕強調了水龍尋覓宏、微觀結合觀察的重要。

該書雖然兼收並蓄，繼承了當時有影響的風水書。且重點在水龍選擇上。但也兼及陽宅。特別是後面蔣氏自己補充的部分更是如此陰陽結合。整理者對方位和五行生剋之類的內容雖然沒有完全剔除。但看得出來，他是不喜歡也不相信所謂方位研究方法和五行生剋說的。

四、論風水的實證研究

我們看水龍經，感覺蔣平階這位愛國志士，明朝遺民的思想境界要遠遠高於同時代甚至很多後世的風水師。因為他學風誠實。書中多處講到他的結論除了得於楊筠松等前賢的相墓著作，另外就是實踐考察所得，其中主要是關於歷代古墓名墓（後裔可考者）方面的知識。關於這後面一個問題，也就是他不敢徹底否定葬者乘生氣也，反氣納骨以蔭所生說的原因。因為歷史上流傳至今的後裔斑斑可考的古墓葬，墓主的生平業績可考，子孫的功名宦績可以考。如果說不效，那面對這些客觀事實，我們怎麼說？如果說非常可靠，那為什麼絕大多數歷代名賢他們的後裔卻不符合反氣納骨以蔭所生的理念，也就是說後世子孫無法超越祖先事功？比如，我們考察南宋愛國英雄文天祥的墓地前後，還拜訪了他的後裔，參觀了他們的宗祠。接待者在聽到我們對他們祖宗的真誠禮讚後，無可奈何的感慨說，我們文家的書都被兩個老祖宗讀盡了，因為文天祥和弟弟文璧兩人同榜考上進士。甚至還有說法，弟弟是神童，實際考取進士的時間比兄長文天祥還早一年。為了尊重哥哥，弟弟沒有接受。不管這種說法靠不靠譜，但文氏兄弟倆同榜考取進士是無可懷疑的。他們的後人當然也有傑出者，但那都是開枝散葉從江西吉安青原文家村分出去的。我看過文氏家譜，文天祥的祖父因到江西永修做縣官而從四川成都來到江西定居。家譜上並沒有說文天祥祖父或父母葬了什麼風水寶地。才感應出來這麼兩個進士兒子，其中哥哥文天祥還是狀元，即那一科進士的第一名。

風水學研究，要想步入科學的軌道，必須按照現代實證科學的研究方法。即研究者不能是有具體利益的人，說白了，也就是從事風水預測職業生涯的人，不能進行此項研究。因為難免自神其說。他們進行此項研究，會增加研究

〔註22〕（清）吳鼐撰，鄭同校《陽宅撮要》，卷一，《增補四庫青烏輯要》本，下冊，p300。

成果的不可信程度。風水圈外的學術機構或團體，可以邀請國內外著名的風水師，在風水師、死者的直系後裔，公證人和研究團隊在場的情況下，形成一份公證文件和視頻公證文件，研究團隊應保證在風水師所認定的時間範圍內要有相應時間週期的跟蹤調查（比如20年一次），只有如此接力研究最後的結論才具有權威性。現在的地方志書，家譜以及風水著述，民間傳說的相墓預測如何精準的說法，由於缺少實證證明，加上出於營銷目的的不實宣傳，許多「鈐記」都不能採信。

從提高風水術的科學水平高度考慮，學術界應該成立這樣的學術研究機構，對相關風水擇吉之類的圖書進行整理甄別。對當代風水師的預測案例進行科學規範，科學觀察，讓大數據說話。將風水學引導到科學的道路上真正為人類造福。

比較起來，元代學者吳澄是一個有科學意識的人。他的著作中流傳下來幾篇文章，是關於相人方面的，還有祿命方面的，他都能實事求是的加以記載。並將後期應驗的情況一一載明。且這類案例都是作者自己親身經歷得到驗證的。〔註23〕

其實，陽宅和陰宅畢竟一體兩面。很多地方都很接近。術家們的敘述也很有意思。我們以明堂為例。大家熟知楊筠松等所傳的陰宅相法中有所謂小明堂、中明堂、大明堂，或者內明堂、中明堂、外明堂的說法。陽宅書中也不乏此種論述：如：清朝吳鼐《陽宅撮要》，卷一寫道：

> 凡屋以天井為財祿。以面前山為案山。天井闊狹得中聚財。前屋不高不矮，賓主相稱獲福。前屋太高者主受欺，太低者賓不稱，太近者逼，太遠者曠。前簷近則宜矮，前簷稍遠則略高可也。住屋吉凶全在此處。至以外之廳又不同。以廳之天井為小明堂，而前廳乃第一重案山也；以前廳之外、大門之內為中明堂，而大門乃第二重案山也；以門前之場為大明堂，而朝山乃第三重案山也。小堂宜團聚，中堂略闊而亦要方正。大堂宜闊大，亦忌疏野。」〔註24〕

〔註23〕參看文淵閣四庫全書，臺灣商務印書館景印本《吳文正集》，卷二十六《贈無隱相士》，文淵閣四庫全書，臺灣商務印書館景印本，第1197冊，p275～276。又《贈董起潛序》（同前p279～280）、《贈樂順德成序》（p277～278）、《贈王用可序》（p274）》、《贈葬師賴山泉序》（p278）。

〔註24〕（清）吳鼐撰《陽宅撮要》，九州出版社，《增補四庫青烏輯要》本上冊，p5～6。

　　吳鼐又引用《鋪地錦》，該書認為「辨房之法以廳為主。如一棟七間，近廳第一間者奇數，上吉也。第二間偶數，不吉也。第三間又奇數，次吉也。此法百試百驗。」但只適用於小廳。如果「廳闊矣，而又敞口。散柱上不裝門聚氣。則近廳之第一間被天門中風吹氣，散斷不生丁。必第二間乃暖而吉。第三間次吉。屋冷則凶。暖則吉。氣散則凶，聚則吉。知冷暖聚散之說而屋之義思過半矣。」（第8頁）

　　這種對住宅冷暖也就是能否聚氣的看重，跟楊筠松等風水大師看陰宅的辦法是一樣的。

第十六章　《入地眼》的價值

一、本書作者考

　　這本書的作者為北宋僧人釋道靜。俗姓名辜托。入地眼卷二《峽辨》部分有「至道元年乙未歲，衲至豐城孤羅山聖母庵住持三月，往山下××××姓化裝聖母神像，施主曰；前幾日堂弟葬母，請一先生打出一井臭泥。」〔註1〕至道元年乙未歲就是西元 995 年，該年宋真宗立。江西豐城市至今尚有聖母廟會。

　　同卷第 61 頁又云：「貧衲生於南昌，出家於豐城。在敝處地名中州，見一平洋局……」，則進一步明確他是南昌人，出家在豐城。

　　該書卷七第 169 頁有一段話涉及辜托的學術淵源：原文說，堯為避免屍體遭受蟲蟻水浸之害，特教百姓用瓦棺葬親。民皆用之。「上帝見天子有道，命白鶴仙師、封墓大夫下凡看地，所傳有龍、穴、砂、水、向五篇為始。後世先賢亦受此道，不肯亂傳，內有天機，不可輕泄。擇人而傳之。及至唐玄宗時，邱延翰公不識天時，誤葬禁穴，獲罪於天，將先聖之書盡行誅廢。後因黃巢犯境，天子遷都，楊益在京救邱公出獄，是以邱公所記之書盡皆錄出，傳於楊益。後益回江西卜地響應，所到之處，皆有鈐記。」若然，則辜托看地能力當係從楊益處得來。但此處並未明言其以楊益為師，揆之時間，若直接以楊益為師，辜托和楊益不在一個時代。楊益為邱延翰弟子，時間當在西元 800 年或稍後，斷然不至於活到辜托的時代及北宋真宗朝。另據該書卷六第 127 頁記

〔註1〕（宋）辜托撰，（清）萬樹華編《入地眼》，卷二，中醫古籍出版社，2010 年版，p39～40。

載，辜托說他的水法得自白鶴仙師的遺產，是邱延翰的門人青衣子仙師指點明白授受的。可見，辜托的風水學說來自白鶴仙師、邱延翰、青衣子的傳授。和楊益可能是平行的另外一個傳人的學術後輩。我們看到的學術源流說楊益是黃巢之亂期間，長安失陷。楊益帶走了宮廷天文臺的秘書，然後傳曾文辿、廖金精一脈。不見提起辜托。而辜托《入地眼》書中卻對學術源流說的那麼明白。我們只能做這種推測了。否則，辜托不提楊益是自己的師祖就沒有理由了。另外，傳世《撥砂經》一般說法是楊益為作者，據說楊益傳廖金精。那麼，辜托在《入地眼》中引用《撥砂經》，卻稱作者是陳和。如卷五第 107 頁撥砂法部分。該書卷四第 97 頁提到賴文俊催官之術是理氣派的代表作。

然而，我讀該書，關於作者，卻疑竇叢生。

我最早接觸《入地眼》全書，是 1998 年做義烏市旅遊發展總體規劃時，當時為了瞭解地方歷史，我們造訪了義烏市圖書館。在那裡我看到了道光元年（1826）文星堂版《入地眼全書》，當時複印了一套帶回南京。我曾利用各種文獻檢索手段，未能查到本書原著辜托、整理者萬樹華這兩位的任何信息。

據本書整理者清代道光年間江西東田風水師萬樹華的友人周兆熊稱，「此編向無刻本傳寫。數百年堪輿家秘如珍寶，萬君得之，梓以行世。」據周兆瑞言，辜托「長老生宋時，扦葬建造迭著神異，其遺址猶有存者。」而他眼中的萬樹華「適墓登壟，考驗得失無差謬。」可見萬氏亦清代之風水師。而據清道光黃中模序，知萬樹華乃南昌人。據《例言》知整理者萬樹華為東田人。另據清道光元年（1821）萬樹華跋文，知萬樹華因為了葬父尋訪到東鄉的徐壽山先生，後追隨其學習七年。這是他的實踐經驗，後來他有機緣得到《入地眼》，仔細推敲，「驗之故家巨族陰陽兩宅，其盛衰隆替，罔不畢合。」可惜的是，萬樹華迴避了對《入地眼》的傳承歷史做出任何介紹。而據推測，這書應該來自東鄉徐壽山的收藏。但為何萬樹華不加說明呢？

萬樹華的存在是不容懷疑的。因為有同時的官員和社會名流為其作序。但據萬樹華說一直以手抄本形式流傳被前賢秘藏的北宋真宗朝著名風水師辜托的風水著作《入地眼》這一說法則漏洞百出：

疑點之一：《入地眼》，卷七風水問答部分說到風水學流變史時，辜托說「上帝見天子（指堯教百姓造瓦棺葬親）有道，命白鶴仙師、封墓大夫下凡看地，所傳有龍沙穴水向五篇為始。」（p169），好像他的《入地眼》就是上帝安排的白鶴仙師、封墓大夫的嫡傳。說這種話等於把自己降格為瘋言瘋語

的野巫葬師了。正常的讀書人著書立說，在講到學術授受源流時如何會這樣說胡話？

疑點之二：《入地眼》作者說「邱延翰公不識天時，誤葬禁穴，獲罪於天。將先賢之書盡行誅廢。」這裡，關於邱延翰這位唐玄宗時的大國師，作者語焉而不詳。關於邱延翰，我們所能看到的有關他生平的資料，來自他的故鄉山西聞喜縣。

丘延翰，聞喜人。永徽時遊太山，於石室中遇神人授玉經即海角經也。洞曉陰陽，依法扞擇，罔有不吉。開元中為縣人卜葬地，星氣交現。太史奏曰：河東聞喜有異氣。朝廷忌之，遣使斷其所扞山。詔捕之，大索，勿得。詔原其罪。詣闕陳陰陽之說，以《天機》等書進呈，秘以金函玉篆，號八字天機。拜亞大夫之官，祀山仙祠。〔註2〕據此，則辜托所言邱延翰被判刑關押，遇黃巢之亂朝廷西遷，楊益救邱延翰，邱延翰以回憶皇宮堪輿秘書傳授楊益的說法與《山西通志》所記載頗有出入：辜托的說法是：「唐玄宗時邱延翰不識天時，誤葬禁穴，獲罪於天。將先聖之書盡行誅廢。」究竟如何誅廢？由誰來誅廢？皆語焉不詳。「後因黃巢犯境，天子遷都。楊益在京救邱公出獄，是以邱公所記之書盡皆錄出，傳於楊益。」此說為此前所見關於楊益的文獻中無人道過者。它的價值在於明確了邱延翰是楊益的師傅。其他唐宋風水師記述此事的說法是黃巢之亂時無人顧及欽天監，故楊益等得以攜帶國家司天監的藏書而流落民間。辜托的說法比攜書說要來得具體。最後，辜托還敘述了楊益「回江西卜地響應，所到之處，皆有鈐記。」但辜托自己也不知道楊益有哪些成功的案例。這就讓人奇怪了。問者曰：「其鈐記一定由手作，今在何處。老師知否？」辜托回答說：「我亦不知。要他何用？各習其業。」〔註3〕我們看明代嘉靖年間徐善繼、徐善述兄弟所撰著的《地理人子須知》一書，其中還有楊益的幾個鈐記，也就是今人所說的案例。如果辜托實有其人，那就說明他和楊益不是一條線上的師承關係。如果辜托係姑托的話，那麼，說明萬樹華對江西歷史上的風水名家沒有像他的前輩徐善繼、徐善述兄弟那樣下工夫實地考察。因此舉不出任何楊益成功的鈐記。

疑點之三：該書卷八《向說》部分批評「呂司空復造偽書，曰黑囊，託楊

〔註2〕（清）覺羅石麟等監修，儲大文等編纂《山西通志》，卷一百六十一。文淵閣四庫全書，臺灣商務印書館景印本，第547冊，p552。
〔註3〕（宋）辜托撰，（清）萬樹華編《入地眼全書》，卷七，中醫古籍出版社，1993年版，p169。

益之名。用左旋右旋之法，將卜易推命之長生為向說。厥後詩歌競出，泛濫支離。將此地理一道，遂攪作糊泥麵醬。」〔註4〕按，該書中辜托為宋真宗時人。按他所說的官職和時代，這個呂司空只有呂公著符合條件。呂公著（1018～1089），字晦叔。壽州（今安徽省壽縣）人。北宋中期官員、學者，太尉呂夷簡第三子。

呂公著出身東萊呂氏。早年因恩蔭補任奉禮郎，並進士及第，召試館職，未赴任。出為潁州通判，累官龍圖閣直學士。濮議時，因諫阻英宗貶謫諫官呂誨出京未果，出知蔡州。宋神宗即位，召為翰林學士、知通進銀臺司，因勸阻神宗罷免司馬光未果，便堅請罷知通進銀臺司之職，後知開封府，又拜御史中丞。熙寧三年（1070），因反對新法而出知潁州，此後入朝歷任翰林學士承旨、端明殿學士、同知樞密院事、資政殿大學士等職。元豐八年（1085），宋哲宗即位，高太后臨朝，呂公著獲召入朝，首上十事疏，以「學」為重。旋即拜尚書右丞。次年進拜門下侍郎，又進尚書右僕射兼中書侍郎，與司馬光同心輔政，變更熙寧新法。司馬光死後，獨自當政。元祐三年（1088），呂公著懇辭相位，升任司空、平章軍國重事，時人稱呂氏之榮，次年逝世，年七十二。獲贈太師、申國公，諡號「正獻」，哲宗親題其碑首為「純誠厚德」。後屢遭貶奪，併入「元祐黨人」籍。宋高宗時，封還贈諡。

呂公著講學以治心養性為本，語約而理盡。在宋代學術史上，開啟了呂學端緒。他一生著述頗豐，著有《五州錄》《呂申公掌記》《呂正獻集》《呂氏孝經要語》《葵亭集》等。

若辜托其人真實存在，則這位呂公著也確實喜歡著述。問題是他身為宰相，又何必要將自己寫的書冒用唐朝楊筠松的名字？這是最大的疑點。且歷史上風水學界沒有關於呂公著喜歡風水，曾有著述的任何記載。呂公著一生著述計有：

1.《五州錄》

2.《呂申公掌記》1 卷

3.《呂正獻集》20 卷

4.《呂氏孝經要語》1 卷

5.《葵亭集》

〔註4〕（宋）辜托撰，（清）萬樹華編《入地眼全書》，卷七，中醫古籍出版社，1993年版，p189。

並曾參與編修《仁宗御集》100 卷、《英宗實錄》30 卷、《神宗實錄》（神宗朱墨史）200 卷、《太常因革禮》100 卷、《編訂六家諡法》20 卷。《全宋詩》，卷 452 錄其詩 18 首，《全宋文》，卷 1092～1096 輯有其文 92 篇，《呂公著著述考》中別輯得 12 篇。（姚紅《呂公著著述考》）

呂公著的著述中沒有關於風水的任何篇章。可見，辜托所言不可信。這說明辜托雖能知道呂公著著述多，卻忽略了呂公著是儒家學說的踐行者。其學被稱為呂學。他不研究風水，更沒有想到呂公著地位顯赫，他完全沒有必要假冒楊筠松。

而《黑囊經》作者，有署名楊筠松，又署名范越禮。究竟是什麼時代人，我們可以考證。這個後面再說。先說這個呂司空即呂公著，顯然絕對不可能寫《黑囊經》。可見辜托對《黑囊經》的作者也瞭解不多。

接著，辜托說「貧衲得神龜點化。又遇邱延翰仙師門人青衣子老師日夜講究，求其指點，方明理氣。說在那裡就在那裡。」這裡的神龜，究竟是指河圖洛書對他的啟發？還是真的看到什麼神龜受到啟發？後世讀者無從知道。若是河圖洛書對他有啟發，那他這樣表述就太狂妄了。因為誰都知道，在傳統文化語境下，河圖、洛書是古代聖賢看見神龜而受啟發。像他這樣說，就等於自我膨脹地把自己看成是聖人。我們接著往下看，辜托說自己得到邱延翰的弟子青衣子老師，求其指點，日夜講究，這才明白理氣的真諦。他自己因此達到了很高的境界：「說在那裡就在那裡。」說龍不過幾句起伏盤旋、之元屈曲；說穴不過窩、鉗、乳、突四個字；說砂不過肥、圓、端、正；高、大、中、正，向我有情；說水陰來陰去，陽來陽去；陰水立陰向，陽水立陽向；雖無真龍、真穴、真砂、真水，到也得了真向。」值得注意的是，這個辜托比較誠實，他坦承自己龍、穴、砂、水、向這五大要素中，只學會了一個向字。其他四個方面不過說說而已。但他接著又說，「向立得好，自然平安。人丁衣食足矣哉。」這是說立向立得好的價值。雖然不能讓客戶大富大貴，也能致家宅平安，衣食豐足。但辜托很悲哀的是，他雖身懷絕技，「後欲傳人，人又不信。說我和尚字義不精，文法不通，還曉得看什麼地？是以只得錄出，存其筆跡。恐後有知者，才曉得我和尚會看地。然此所留存筆跡，可為知者道，難與俗人言也。」〔註5〕

〔註5〕（宋）辜托撰，（清）萬樹華編《入地眼全書》，卷七，中醫古籍出版社，1993年版，p189。

　　實際上，這段話很可能是萬樹華為自己這本傳承脈絡不清，來歷不明的誕生於七個世紀前的所謂北宋風水書製造依據。讀者看了辜托的這段自述，就會明白，原來是辜托想傳徒弟，但無人相信他這個和尚會看地。以為這樣一來後世讀者就不會懷疑。看這口氣，想傳徒弟無人肯來的應該就是萬樹華自己。

　　宋代是一個比較開放的社會，僧人在社會生活中有廣泛的影響。會寫字的和尚，會畫畫的和尚，會建造樓閣的和尚，多了去了。誰會身份歧視？對於看地這樣的行當，本來就充滿神秘色彩。君不見唐代的一行和尚，受玄宗信任，受命整理編纂曆書。黃州和尚泓成天在各地考察，並且手繪圖紙。元末明初的目講禪師。至今在寧波民間還在流傳他給當地名門望族看地受歡迎的故事，地方文獻也有關於他的傳說記載。如果北宋哲宗真宗朝真有這個善於看風水的僧人辜托，斷然不會不見於任何文人墨客官僚士紳的記載。

　　白鶴仙師，我們無從考證。但歷史上在江西廬山確實有白鶴仙師修仙的洞穴之記載。如：

　　　　《廬山記》載：白鶴洞在府城西株嶺山下，門高二丈許，深遠無際，中有泉水，四時不竭。灌田百頃，相傳白鶴仙人於此修道。〔註6〕

　　　　武功山：大江西南三巨鎮，衡、廬、武功也。武功以僻遠不見經傳，不得與衡廬並顯。然究竟脊脈則實首衡尾廬而屹然高聳，雄據荊吳之間，謂之三巨鎮亦宜。其最尊白鶴峰，白鶴仙人所止。望之隱隱中天，雲雨皆在其下。東南則空峒諸山，西北則長沙之水，一發空際，蒼茫無極。峰頂有崖嶺岈洞嵌，可容數百人。或窺觸之，則震雷隨至。岩之下奇石萬狀，石床丹室列莫雜峙，乳香靈藥雪竹龍草黃精仙茅，居人皆扳援梯繫以入，然不可褻。蓋龍湫風穴環衛，出沒晦明，變化在倏歘頃。庵址舊曰小桃源。前有金燈塔、生成石剎七成，稍上，為棋盤石。又上，有元煉丹灶。或曰爐底尚存也。〔註7〕

　　或者，這位白鶴仙師，是一位不願意暴露真姓名的隱君子。

　　但這位辜托的師承說法，又不得不叫人懷疑。神龜點化，有點飄渺。白鶴仙師也好，封墓大夫也好。更是虛無。唐玄宗時的邱延翰倒是實有其人，且是朝廷國師，專管天文望氣曆法等事。楊益救邱延翰，邱延翰將自己平生所學都

〔註6〕（清）謝旻等監修；陶成等纂修《江西通志》，卷十二引用。文淵閣四庫全書，臺灣商務印書館景印本，第 513 冊，p412。

〔註7〕（明）章潢《圖書編》，卷六十五，文淵閣四庫全書，臺灣商務印書館景印本，第 970 冊，p765。

回憶告訴楊益。而邱延翰所傳經典據辜托說被發怒的上帝收回了。我感覺這無論如何不像一個正常的人說的話。因此，我推測這個辜托就是姑且託名的意思。另外還有一個證據。書中辜托多次自稱和尚。這明顯不是僧人自稱。僧人自稱可稱貧僧，老衲，怎麼會自己稱呼自己為和尚呢？因為和尚是一種對男性僧人的尊稱。是一種很高的榮譽。一般德高望重的僧團領袖，手下人或拜訪者才會出此敬稱。只有不熟悉佛教僧人的自稱習慣的人才會犯此常識錯誤。

作者辜托自述其學術師承是邱延翰這位唐玄宗時的國師。但他又說他自己是邱延翰的再傳弟子，即通過邱延翰的門人青衣子點化。我們知道，邱延翰是可以考證出來的，他雖無準確的生卒年記載，但大體是唐玄宗朝的國師，當時即使 35 歲。他的弟子青衣子生活的時代也不會晚於中唐。那位弟子又如何能指導宋真宗朝的風水師辜托？因此我猜測很可能是南昌萬樹華的手筆。而假手辜托。為了說明辜托學術淵源有自，又編出天帝，白鶴仙師等虛無縹緲的神仙或高士。

因此，我懷疑這本書的原作者「辜托」是一種類似水滸傳的作者「施耐庵」的安排。施耐庵，「實乃俺」之謂也，即「就是我」的意思。辜托也就是我姑且託用這個名字吧。書中還有幾處同一頁不同段落，一會說靜道和尚曰，一會說辜托曰，或辜長老曰。而在跋文中前面介紹徐壽山帶他跋山涉水，現場學習風水，後面說他得到長老的《入地眼》，感覺恍然大悟，很多疑問都渙然冰釋。在跋文中長老前面又不提辜字。是不是暗示我們，這個辜托長老就是他自己？

我的懷疑還有一個原因，就是這個辜托在書中抨擊《黑囊經》，說這本書是呂司空所撰寫，嫁名楊筠松。我在前面已經分析了。呂司空即呂公著，他是北宋哲宗朝宰相。位高權重，沒有必要幹偽託著書的事情。而檢查呂公著的生平著述，沒有任何和風水有關的文字。可見，《黑囊經》根本不可能是呂公著所撰寫。那麼這本《黑囊經》究竟是什麼年代的人所撰寫呢？《入地眼》沒有給出更多信息。但我們卻在閱讀《黑囊經》時獲得了新信息。《黑囊經》書的後面部分節錄了清朝乾隆四年朝廷編訂的《欽定協紀辨方》中的論四柱法、造葬法等許多天文地學知識。既然《黑囊經》大部分內容是唐宋明清風水學的大雜燴，特別是清代朝廷修訂的協紀辨方一書大量內容被抄錄進入本書，說明這本書問世的時間很可能在嘉慶道光時期。我們不能被《入地眼》辜托蒙住了眼睛。他說《黑囊經》是呂司空撰寫冒用楊筠松的名字既然已經不能成立。那麼他為何反感這本書呢？

　　這個辜托很有意思，常見的書，他總要搞出個另外的作者，如《撥砂經》，大家都知道作者是楊筠松，他卻說是陳和，歷史上根本沒有寫《撥砂經》的陳和。《黑囊經》的作者匿名，但被他冒用的是楊筠松。辜托卻說《黑囊經》是呂司空撰寫，冒用楊筠松的名字。而大致比較一下就會發現，《入地眼》對龍穴砂水的認識水準，也基本就是明朝後期徐善繼、徐善述兄弟《地理人子須知》集大成的看法。《入地眼》一書在向上確實有貢獻，堪稱論證最為酣暢淋漓者。因此，我推測《入地眼》的作者這個辜托就是萬樹華這位秀才。因為不自信，故託古自重。為了彰顯自己的真知灼見，故在書中三番五次諷刺挖苦時師（普通的風水先生）。甚至一再說風水其實不難，是從業者「皆不得竅。」〔註8〕他還說當代的風水師，「百個之中，難尋一個，千個之中，難得一個名師。」並進而揭露當時的風水師們「行此道者，口明心不明，耳明目不明，無非鼓舌欺世耳。」〔註9〕他還批評唐朝的呂才所主張的雙山倒裝生旺，反用休囚的風水做法「將來害人不淺」。〔註10〕大家知道，呂才是唐太宗時的人。對整理規範堪輿命相文化貢獻巨大。這個辜托把他也否定了。作為北宋前期的人，對於早於自己三、四百年的前賢，當然可以批評，但怎麼說將來害人不淺呢？一個風水師看了陰、陽二宅，若有問題，難道預測不准的問題經過了三、四百年，還不會暴露出來嗎？種種跡象表明，這個辜托是萬樹華的假託，是一個科舉不得意的秀才所作所為。應該說，《入地眼》在著述水準上，要高過唐朝的楊筠松等純粹經驗歌訣型的先賢，自然更是高過普通的時師許多。但他自高身價，肆意詆毀前賢，故意張冠李戴的做派，彰顯了一種故作高深欺世盜名的浮躁心氣。

　　這是我的推測，質之高明，以為然否？

二、《入地眼》的核心價值

辜托論風水

　　自從郭璞《葬經》有了「葬者，乘生氣也。氣，乘風則散，界水則止。古人聚之使不散，行之使有止，故謂之風水。蓋生者氣之聚，凝結者成骨，死而獨留，故葬者反氣入骨，以蔭所生之法也。」中國第一個風水定義之後，歷宋齊梁陳隋唐，雖然涉足風水者不少，但罕見就風水概念做定義者。辜托的《入

〔註8〕（宋）辜托撰，（清）萬樹華編《入地眼全書》，卷七，中醫古籍出版社，2010
　　　年版，p169。
〔註9〕（宋）辜托撰，（清）萬樹華編《入地眼全書》，卷六，p126。
〔註10〕（宋）辜托撰，（清）萬樹華編《入地眼全書》，卷六，p134。

地眼》，卻花了一千三百多字的篇幅討論風水概念的定義：首先，「天乃一大天，人乃一小天。」〔註11〕也就是我們現在常說的人身就是一個小宇宙的意思。他打了個比方，說天地日月星就像一家五口人一樣，天，你可以理解為父親；地，你可以理解為母親；日，你可以理解為兄長；月，你可以理解為弟弟。星，你可以理解為妹妹。辜托進而闡述說：「風乃天之氣，水乃地之血。天發怒則風狂，地發怒則雨驟，是謂陰陽不和，萬物受傷。若風調雨順，萬物資生。」辜托進而解釋說：「有如人有氣則血脈周流，一呼一吸，生生不息。而無氣則死矣。風是天氣，天有風則萬古不磨，一日無風則覆矣。水乃地之血。如人無血則弱矣。地無水則乾，乾則炕，草木皆枯。天地若無風和水，萬物皆休，故風水二字最為第一。風散則歸於山，山得天之氣，是為地氣；地得天之雨，是為血。是水歸於海，海眼伸於山，山氣盛則成雲，雲氣盛則生雨。是以周流不息，生生之道也。」他進而回答許多人會問到的一個問題：「水何以為財祿？」辜托的回答是：水為地之血。血脈周流而不停，日夜而不息。盡歸於海。水喜動，不動則聚。聚則血盈，如人得祿。故稱財祿。是以先賢有妙訣，先取龍氣，龍氣旺則人丁盛；二收水聚，水聚則財富；三取砂秀；砂秀則官高；四取局圓，局圓則悠久。凡尋地，得此四取足矣哉。」

辜托的風水見解是基於他對天地運行規律的認識基礎之上的。他說：「蓋天晝夜旋轉而不停，日月五星隨之。天帝順行十二宮，布四時之令。太陽逆行十二宮，宣八節之功。是以八卦陰陽變動，應四時八節交匯於天地矣。」

有人請教辜托看地要怎麼看法？辜托說：「別無他說，不過龍、穴、砂、水、向五個字。」接著，他從龍、穴、砂、水、向五個方面論述風水的玄妙。提出了五十字訣：（1）「龍要起伏屈曲活動為主」；（2）「砂要纏護搶穴朝案分明」；（3）「穴要氣脈窩藏穴暈為的」；（4）「水要逆朝橫收平淨為生」；（5）「向要淨陰淨陽依水所立」。〔註12〕他說，「一部大地理書，千言萬語，都是閒談。」也就是說，只有這五十個字才是真諦。

總括辜托《入地眼全書》，其學術理論基礎是河圖洛書，其方法論是挨星術。其技術工具是羅盤。雖然整理者一再強調理氣和巒頭不應絕然分開。但這本書側重的還是利用羅盤格龍的理氣之術。北宋時期，經過楊筠松、曾文辿以

〔註11〕（宋）辜托撰，（清）萬樹華編《入地眼全書》，卷七，中醫古籍出版社，2010年版，p168～169。

〔註12〕（宋）辜托撰，（清）萬樹華編《入地眼全書》，卷七，中醫古籍出版社，1993年版，p169。

及宋末元初賴文俊等的不斷改進，羅盤已經成熟定型，所謂天盤地盤人盤都已定型。但如果辜托這個北宋前期的風水師真實存在的話，那就有以下問題，比如，沒有羅盤的天地人三盤模式的定型化，挨星術就沒有技術基礎了。利用羅盤格龍立向就不可能實現。如果這個辜托就是清代道光年間的萬樹華秀才，那就十分順理成章了。因為使用當時的羅盤，採用挨星術格龍定向，不會有任何技術障礙。

羅盤的發展比較普遍的說法是：東漢的司南是羅盤指南針的前身。東漢六朝占卜使用的六壬盤可以說是後來羅盤的雛形。晚唐時期楊筠松和他的弟子曾文辿已經開始使用羅盤。儘管沒有明白說明。但透過《青囊奧語》對二十四山「顛顛倒，二十四山有珠寶；倒倒顛，二十四山有火坑。」的吉凶隱語推測，其時楊筠松等應該開始使用風水羅盤了。並且他所使用的羅盤應該具有穿山透地的功能，即具備天盤和地盤的實用功能。宋代賴文俊創設中針，即在傳統的天盤地盤基礎上增加了人盤功能。大體說來南宋末年，現代常見的羅盤天、地、人三盤功能已經定型，後來的增加層數那是根據各派推演功能滿足的需要而添加的。但羅盤是誰發明研製的，現在仍無結論。

《入地眼》這本書雖說反對將巒頭、理氣分開討論，但著作者的重心顯然還是在理氣上。理氣派跟巒頭派最大的區別在於，理氣派偏重於依賴手中的羅盤，借用楊筠松的歌訣，就是「顛顛倒，二十四山有珠寶；倒倒顛，二十四山有火坑。」二十四山反映在羅盤上就是所謂連山卦，即坎、艮、震、巽、離、坤、兌、乾，每一卦納三山，按後天八卦依順時針次序為：坎卦納壬子癸；艮卦納丑艮寅；餘類推為：甲卯乙；辰巽巳；丙午丁；未坤申；庚酉辛；戌乾亥。

這本書因為整理者是秀才出身，因此篇章結構不錯，文字表達，圖繪解析，都相當不錯。

但這部風水經典也有問題。這裡重點說兩個問題。一是過於強調理氣，把羅盤的作用過分誇大。把立向與吉凶的關係說得太過。給人的感覺好像風水師手中的羅盤稍有不慎就會導致事主家破人亡。二是該書反覆強調房分吉凶。書中再三申述某山某向某砂會對長房不利，或者對三房不利。彷彿術士手中的羅盤神奇無比，可以對某房有利，可以對某房不利。按照術士所選擇的龍穴砂水向安葬死者，甚至出將出相。當然也有出淫蕩的女人，殘疾的子孫等等。這些說道就等於把著作者降格到一個行走江湖靠胡吹海侃混飯吃的普通術士層面了。大大降低了著作的學術水準。果真有如此神通，何以著者並未留下幾個後

世應驗的鈐記？甚至連大名鼎鼎的楊筠松有幾個經典鈐記，他也懵然無知。

當然，本書濃墨重彩酣暢淋漓地闡述立向的重要性，是其最重要的理論貢獻。

論人必積德然後可以得美穴。這一思想在《入地眼》書中也多有涉及。辜托主張一個德字，看中一個緣字。他認為，人必積德行善，就會遇到好地。作為一個風水師，他並不主張好地是可以求來的，尋來的。因為人若心術一壞，再好的美穴也不可能給他帶來富貴吉祥。從這個意義上講，萬樹華還沒有喪失儒生的道德本底。

三、《入地眼》為何從來不為公私藏書家所記載

我查了一下《宋史藝文志》以及此後歷朝藝文志術數類圖書目錄，均不見有《入地眼》的記載。萬樹華在序言裏沒有交代該《入地眼》是從誰手裏得來的。這就大有疑問。他也沒有徐善繼、徐善述兄弟那樣歷史久遠的研究風水之經歷。據他介紹，他只和東鄉徐壽山先生這位「絕意進取，專攻堪輿之藝，然不屑以術鳴」的飽學之士有交往，且交往的來由是為父母尋覓吉穴。徐先生是東鄉的「積學士」，就是說，是為飽學之士。「遊庠序有聲」，顯然還是當地讀書人圈子裏頗有聲望的一員，「家故豐」，說明這位江西東鄉縣的徐先生家庭很富有。我們從《入地眼》的序言和跋語，乃至整本書的正文部分，能獲得的關於整理者萬樹華的信息如下：籍貫；江西南昌。職業：追求功名的讀書士子。因為為了給自己的父親尋覓吉穴，他白天「隨青鳥家登山陟嶺。」入夜，「萃先賢地理書剪燭讀之。更闌燭落，弗輟也。」雖然如是者經年，「然以所見證所讀，率皆牽強附會，遠於自然。心竊疑之。」歲丁卯（清嘉慶十二年，西元 1807 年），東鄉徐先生「來會城，余獲從遊者七年。既為余卜葬先君，而余亦追隨杖履。口講指畫，得以聞所未聞，然後知山川河嶽自有真性情，剪裁作用自有其真識力。牽強附會無當矣。」「既又得長老《入地眼全書》凡十卷，書皆寫本，秘弗傳。伏而誦之，其旨宗《河》、《洛》法，用挨星於理氣為神妙。」萬樹華說，他因為師從了徐壽山先生，得其當面指點，又得到了長老《入地眼全書》，「恍然如披雲霧，睹青天。驗之故家巨族陰陽兩宅，其盛衰隆替，罔不畢合。向之且竊竊然疑者，至是不覺煥然冰釋也。」〔註13〕

〔註13〕（宋）辜托撰，（清）萬樹華編《入地眼全書》，卷七，中醫古籍出版社，1993年版，p302。

看來萬樹華的堪輿圖書主要是從徐壽山那裡得來的。他的風水知識也主要是從徐處得來的。他說：「雖然，地理之學微矣。余何人斯，知識淺陋，涯涘未窺，敢竊先人緒餘哉？且思獵取科名，玷墨弗暇，何暇及此？」他說，雖然有上述原因，但考慮到安葬父母是人子的責任，必須誠信。我前面這 7 年時間的全身心投入，相信會引起人子共鳴。最後說，我得到這個珍貴的古代風水寶典，不忍心自我秘藏，想想還是應該公之於眾，造福更多的人。〔註14〕另據周兆熊序知道：「同里茂才萬君仁村，好學士也。自失怙後，為買山計，讀《禮》之暇，究心地理，本之形勢以立其體，參之河洛以妙其用，非尋常言青烏者所能逮。庚辰，余乞假南旋為先大夫卜吉。延至家甫一歲，以丁內艱。服將闋，欲閉戶為舉子業，遂辭去。余每購得一山一址，猶資商榷焉。」說明萬樹華是南昌秀才。庚辰，即西元 1820 年。這一年，萬樹華在丁內艱即服母喪快結束時。曾應周兆熊邀請到家考察風水，後來因為「欲閉戶為舉子業，遂辭去。」說明這個萬樹華參加科舉考試，想衝刺舉人進士之心結並未淡化。〔註15〕黃中模序言指出，萬樹華曾經跟隨他講業論文之餘，旁涉堪輿。篋中藏有宋托長老《入地眼》，並贊此書：「地無遁形，理有實際。異於世之惝恍支離其說者。所謂釋其行而儒其言者，長老有焉。」〔註16〕但我總感覺不對勁。因為如果真的是北宋的著作，那就要設法證明：（1）宋代開始就有分房吉凶的理論產生。（2）從宋代開始就有羅盤天盤地盤人盤系統技術。即從北宋開始就有撥砂的技術，具體說也就是用羅盤來定向以趨吉避凶。（3）最大的疑點是：這個極其自負，特別喜歡罵人的辜托，一方面自稱和尚有悖常理。另一方面他的著作中經常提到自己的生平，但唯獨沒有一處關於他自己看風水靈驗的檔案記載。他在談風水定義的部分曾自問自答：「何不與人葬墳？曰：有福者遇之，無福者不信。一來天機不亂泄，二來留待後人。」〔註17〕當人家根據他在前面所說的「楊益在京救邱公出獄。是以邱公所記之書皆錄出，傳於楊益。後益回江西卜地響應，所到之處，皆有鈐記。」

〔註14〕（宋）辜托撰，（清）萬樹華編《入地眼全書》，卷七，中醫古籍出版社，1993年版，p302。

〔註15〕（宋）辜托撰，（清）萬樹華編《入地眼全書》，卷七，中醫古籍出版社，1993年版，p1。

〔註16〕（宋）辜托撰，（清）萬樹華編《入地眼全書》，卷七，中醫古籍出版社，1993年版，p2。

〔註17〕（宋）辜托撰，（清）萬樹華編《入地眼全書》，卷七，中醫古籍出版社，1993年版，169。

的話，問他「其鈐記一定有手作，今在何處，老師知否？」時，他回答說：

「我亦不知。要他何用？各習己業。」〔註18〕

可以推定，這個所謂辜托著《入地眼》的說法是不靠譜的。很大可能就是萬樹華的障眼法。因為辜托若是宋代風水名家，如前所述，不至於不見任何記載。這部萬樹華不肯明言來歷的圖書當然不是萬樹華寫得出來的。但那位原作者也許是東鄉徐先生，因為他恥於以術士的身份出現。而萬氏曾師從於他，得讀其藏書是自然的。總之，辜托者，姑且假託之意也。再以《入地眼》所採用的儀器和方法來說，挨星法這種理氣派的技術手段，雖然大家都認楊筠松《天玉經》為經典。但因為原典閃爍其詞，且所用歌訣形式實難把握。真正費幾十年工夫，將《天玉經》的機關勘破者是清代的李三素。詳見《天機貫旨紅囊經》，九州出版社線裝本，《增補四庫青烏輯要》，第三函。如此一來，辜托必為清代術士則無疑問。誰曾見過宋代風水著作採用挨星法相地的？

〔註18〕 （宋）辜托撰，（清）萬樹華編《入地眼全書》，卷七，中醫古籍出版社，1993
年版，169。

第十七章　厭勝論

　　厭勝，是一種為活人祈福或降災於活人的方術。它和鎮墓獸之用於墳墓中做陪葬品以祈求逝者的安寧不同。厭勝術主要是針對活人世界的。「厭勝」一詞中的「厭」字讀「壓」字音。厭勝，古代也寫做「厭劾」。〔註1〕厭勝作為一種方術，它有積極和消極兩種含義。許多厭勝現象從施之者的動機看，多是善意的，如祝福被施對象科舉興旺，免除火災水患等；從消極方面看，則施之者為了置受施者於死地才採用厭勝方術。如此則與巫蠱之術無別。

　　厭勝大體有以下幾種情況：

　　（1）祝福性質的厭勝。

　　（2）詛咒性質的厭勝。

　　工匠造物，主家尊重工匠的，工匠回報以祝福性質的厭勝。若主家對待匠人刻薄，匠人就可能施之以詛咒性質的厭勝報復。其實，厭勝的適用範圍遠遠不侷限於木匠石匠這些工匠的建築活動。

一、水工厭勝

　　在中國歷史上，水利工程中，為了某方面的考慮，設計師往往會使用厭勝方術。例如，為了防止河神作祟，而用特製的榆木板為厭勝沉水厭勝河神就是一種早在西周時期就已經出現的做法。據《西吳俚語》記載，歲旱河竭，東門外居人於河底得大榆木，厚尺餘，不可計數，版鏤縱橫，紋若腮櫨。考《周禮·秋官》：「壺涿氏欲治水神，則以牡橭午貫象齒而沈之。」此版蓋周禮遺制，湖

〔註1〕李零，《中國方術正考》，中華書局，2007年版，p54。

多水患。疑前以此厭之耳。午即互字。〔註2〕再舉個例子：秦朝李冰修築都江堰，就曾用石人做厭勝。漢武帝修昆明湖，也有用牛郎織女石雕做厭勝的記載。南北朝時「王思政守穎川。東魏太尉高岳等步騎十萬來攻，不克。堰洧水以灌城，時有怪獸每沖壞其堰。更作鐵龍雜獸用厭水神，堰遂成。」〔註3〕

圖 17-1　風陵渡鎮水鐵牛（唐代厭勝物複製品）

明成化間，浙江黃岩居民於海濱獲一大鐵盤，形如車輪，重數千斤，腹中鑄二十八宿及十二生肖。或曰朱文公治水利時鑄此以鎮水怪。〔註4〕學才按：此類因治水而設置的厭勝器物全國各地多有，如黃河風陵渡口的唐代鐵牛，就是為了降服黃河水怪。盱眙老子山巫支祁井，傳為大禹治水鎮壓水怪所留。另外，南昌地方有許遜鎮蛟井。等等。

二、風景厭勝

今天全國各地的風景名勝，可以說一大半與厭勝有關。

大家都知道四川有個都江堰。秦朝蜀守李冰建造都江堰，就曾以石牛鎮水怪。過去許多村落都作興在房子臨路處豎立一塊石頭，名曰石敢當。其實也

〔註2〕（清）嵇曾筠等監修，沈翼機等編纂《浙江通志》，卷四十二。文淵閣四庫全書，臺灣商務印書館景印本，第 520 冊，p224。

〔註3〕（唐）李延壽撰，《北史》，卷六十二，列傳第五十《王思政傳》，中華書局，1974 年版，第 7 冊，p2207。

〔註4〕（清）嵇曾筠等監修，沈翼機等編纂《浙江通志》，卷四十六，文淵閣四庫全書，臺灣商務印書館景印本，第 520 冊，p304。

是厭勝術的運用。其意思約略類似墓地的鎮墓獸。只不過石敢當是為活人看家護院罷了。杭州六合塔之建是為了鎮錢塘江潮。九江城歷史上常有屠城和匪寇騷擾。形家認為是該城面對廬山雙劍鋒所致，宋朝乾道年間郡守黃立方乃築二城夾煙雨樓，寓意劍匣以藏劍。大理崇聖寺塔頂金翅鳥即為厭勝之物。因為大理為龍澤。據說龍害怕大鵬，所以在塔頂鑄造金翅鳥以厭勝之，實際是為了防止水患。

古代中國，建築以木構為主。因此防火是國民的一樁日常大事。漢武帝時，「柏梁臺災，有個叫勇之的越巫說：越俗有火災，復起屋，必以大，用勝服之。於是作建章宮，度為千門萬戶」。〔註5〕

杭州鳳凰山的東西兩支脈，宛若鳥之雙翅，右翅位置係吳越國和南宋都城的所在地，被認為係王氣所鍾之地，左翅為元、明兩朝杭州官衙所在。人們認為，鳳凰山右翼的王氣被胡僧揚璉真伽所破壞。宋亡後，這位邪惡的胡僧主持在南宋故宮基礎上築造五座寺廟，並建造鎮南塔以厭勝該地王氣。因此，自從南宋之後，這鳳凰山的右翼就再也沒有興旺過。明田汝成認為，杭州鳳凰山左翼地塊在元明兩朝得到開發，成為杭州地方政府辦公的區域。這是王氣轉移的結果：

> 南山勝蹟。自清波門折而東南為鳳凰山。鳳凰山兩趐軒翥：左薄湖滸，右掠江濱。形若飛鳳，一郡王氣皆藉此山。自唐以來肇造州治，蓋鳳凰之右趐也。錢氏因之，遞加拓飾。逮於南宋建都而茲山東麓環入禁苑，張閎華麗，秀比蓬崑。佳氣扶輿，萃於一脈。開署布政，駐輦宅中。民吏之所憑依，帝王之所臨蒞。隱隱賑賑者六七百年，可謂盛矣。元時納胡僧之說，即故宮建五寺，築鎮南塔以壓之。而茲山到今落寞。乃即開元宮建省治，面對吳山，蓋鳳凰之左趐也。我朝因之，而官司位署皆列左方，為東南雄會。豈非王氣移易發洩有時也。山據江湖之勝，立而環眺，則凌虛騖遠，瑰異絕特之觀，舉歸眉睫。〔註6〕

圖書檔案所在，鼠害和火災威脅很大。因此，此類地方，也是厭勝術的用武之地。明朝初年，明太祖在京師後湖（即今南京玄武湖）中洲渚之上建設黃

〔註5〕（漢）班固撰《漢書》，卷二十五下，《郊祀志》郊祀志第五下，中華書局，1975年版，p1245。

〔註6〕（明）田汝成《西湖遊覽志》，卷七，文淵閣四庫全書，臺灣商務印書館景印本，第585冊，p124。

冊庫，儲存天下人口土地檔案文件。黃冊庫建在湖中央，四面皆水。原來廚房跟檔案庫在一個州上，即舊洲之上。為了預防火災。不久就將廚房移到前面不遠的一處新洲之上。失火的威脅沒有了。但江南梅雨季節的黴變也是麻煩。明王朝也可以借助政府行為，動用國子監的學生經常清點，動用專門的工匠定期晾曬。唯一沒有辦法防止的是鼠害。朱元璋充當了一次製造厭勝的巫覡角色。朱元璋埋毛老人以厭勝鼠患。從此以後，後湖老鼠咬衣不咬黃冊。談遷《棗林雜俎》，第 19 條《後湖冊》云：南京太平門外玄武湖中洲貯天下黃冊。鼠齧衣，不齧冊。每曝冊，發其下，多鼠伏死。〔註 7〕

圖 17-2 南昌繩金塔

　　清代兩江總督劉坤一（1830～1902）曾為南昌重修繩金塔寫過一篇修造記。他在記中就明確記載說南昌紳士劉素養告訴他：「城南之繩金塔為闔省文峰，且可禳火災，首請重修。」並說重修繩金塔後，城裏的火災果然不再出現。該科考中進士者二十有四人。在當地做官的幾乎個個升遷。連劉坤一這個不相信怪力亂神的地方諸侯也覺得奇怪，發出了「是形家者言信不誣歟？抑適逢其會歟」的疑問。但他還是告誡市民「作善降祥，不善降殃」的道理，勉勵大家努力學業，而不要一心等著天上掉餡餅。繩金塔至今仍是南昌的名勝。和滕王閣一樣成為南昌的城市記憶。

〔註 7〕（清）談遷《棗林雜俎》，中華書局，1988 年版，p6。

　　清朝初年浙江總督李衛在《重修拱宸橋記》中有一段杭州拱宸橋之修建和風水有關的文字。意思是此橋之修，不僅是行旅交通的需要。而且還有風水上的考量。因為杭州「拱宸橋者，肇自前明。建於關外，橫跨大河，地形水勢，關係會城。術家咸謂杭乃離龍入首，而坎水直瀉，不能成既濟之功。藉茲關鎖以制祝融，庶有成效。後經傾圮，垂六十年至康熙甲午，始克鳩工重建。數載以來，民免胥溺，火無大災。斯橋之利，亦信而有徵矣。」〔註8〕

三、龍脈厭勝

　　古代中國的厭勝現象很多都是好事者附會而成。北京中南海瓊華島本是園林建造過程中挖土堆山所致。但有那麼些好事者附會為金人當年在這裡建造宮殿苑囿區，從他們的發跡地東北運土來此厭勝燕京的王氣。清朝的乾隆皇帝在《永安寺古井記》中就明確批判附會的無聊和不可信：「所云島土取自塞外者，更妄也。當時縱為厭勝，或少取塞山之土置此，則有之矣。豈有鑿掘輦致於數千里外以成是山之理？意者疏濬液池不能移土於遠，即就近成此島耳。夫顯而易見者尚淆訛至此，史氏之耳食影談任好惡而顛倒是非，籲可詫哉！」〔註9〕

　　龍脈厭勝的例子很多。前面討論王氣的章節已經多有涉及。後面討論厭勝規律時還會涉及。

四、科舉厭勝

　　在中國古代，科舉制度延續了千年之久，在農耕社會裏，各省各縣甚至各鄉鎮，有識之士都會關心地方科舉是否發旺。從本質上看，這是中華民族崇尚文化的表現。是一種值得肯定的用心。全國各地科舉時代多如繁星的文筆塔也可以理解為積極設置的厭勝之物。明代陪都南京「教育部長」整治夫子廟風水，被認為大大提升了科舉命中率。〔註10〕明朝天順年間，地方政府認為上海嘉定孔廟前面那座建於宋代的留光禪寺妨礙科舉，乃在廟前堆山挖河。認為這樣就可以一物降一物地制約住因建築帶來的不利因素。

〔註8〕（清）嵇曾筠等監修，沈翼機等編纂《浙江通志》，卷三十三，文淵閣四庫全書，臺灣商務印書館景印本，第 520 冊，p13。

〔註9〕（清）乾隆皇帝《御製文集》，初集卷五，文淵閣四庫全書，臺灣商務印書館景印本，第 1301 冊，p59～60。

〔註10〕（明）顧起元《客座贅語》卷八，《儒學》條，《金陵全書》景印本，南京出版社，2017 年版，第 50 冊，p593～596。

古代中國，也有很多人看不慣所謂以厭勝提高科甲的做法。明人劉宗周在《與張太符太守》函中就明明白白批判科舉取士的制度對世道人心的腐蝕。張太符，字魯唯。劉在書信中指出，讀書人的品德敗壞源自科舉制度。因為父兄之教，子弟之學，一門心思教人揣摩之術。先是揣摩八股文章做法，成人後又要揣摩考官的好惡。讀書人從兒童時代就開始練習鑽營之術。文章還沒寫好，先就學會了奔競鑽營。一登學校，出入公庭。等而上之，勢分雖殊，行徑一轍。以囑託為通津，以官府為奴隸。傷風敗俗，寡廉鮮恥。即使在家鄉人品已經很糟糕了，哪裏還要等到當官之後！哪裏還能指望他們居官盡職，臨難忘身，為國家朝廷服務！他說，近年來我們浙江科舉登第者很少，地方紳士們便說「人文不振，咎在地靈，稍用形家言以厭勝之」。這完全是沒道理的胡鬧。〔註11〕

漢字是中華民族對人類社會的偉大貢獻之一。因為它是音形義的有機統一。古代中國讀書人喜歡搞文字遊戲，也有拿漢字說事的。例如，《豫章漫抄》，卷三說。

「凡門榜題字，各有避忌。形聲點畫之間，吉凶所招，亦不可誣也」。他還列舉了幾個例子。比如說「鼓樓」牌匾被風刮壞，有人新寫「壯觀」一匾懸置。一位陝西官員從樓下經過。很生氣地說，為什麼要換「壯觀」這兩個字。在我們陝西話裏。這兩個字字音是贓官。多不吉利！明朝心學開山鼻祖、名臣王守仁的父親王德輝有一天看到紹興府衙門樓牌匾為「牧愛」兩字，心下不悅，笑謂隨行弟子說：為什麼叫牧愛。我從下仰看，就是「收受」二字。這當然是文字幽默。不過，也屬厭勝的一種表現。因為從廣義角度言之，厭勝就是趨吉避凶之術。〔註12〕

五、住宅厭勝

「木工厭勝」屬厭勝術的一種，源於古代巫術，元代以後影響愈盛，它反映了手工業者故神其說，藉此以求得社會重視及較好待遇的心理，迷信者有時也用作洩憤或暗害的手段。大家知道，明朝初年，乞丐出身的朱元璋建造了南京和鳳陽兩處都城。但中都鳳陽後來中途停工。真正的原因，歷史學家當然會找出若干。但據我所知，此事跟當年修中都木工使用厭勝以發洩對朱元璋大興土木之不滿有關。《說郛續》卷七引明楊穆《西墅雜記》裏有幾個故事：一：

〔註11〕（明）劉宗周《劉蕺山集》，卷六，文淵閣四庫全書，臺灣商務印書館景印本，第 1294 冊，p404～405。

〔註12〕（明）陸深，《儼山外集》，卷二十，885 冊，p112～113。

偶相鬥：有木匠趁主人不注意將兩個披頭散髮正在相角鬥的裸體木偶人藏於
房梁上，使得那戶人家每天晚上都聽到房中角鬥聲不絕於耳。二：「磚戴孝」：
因木工作祟而使皋橋韓氏整整四十餘年喪事不斷，後來經風雨飄搖敗壞了梁
垣，才在牆壁中發現一塊裹著磚頭的孝巾。如果說上述木工厭勝只是傳說，那
麼，朱元璋因為木工使用厭勝想破壞中都宮殿建設而殺害數千工匠則是真確
的歷史事實。

洪武八年，時造鳳陽宮殿。帝坐殿中，若有人持兵鬥殿脊者。太師李善長
奏諸工匠用厭鎮法。帝將盡殺之。薛祥進諫，提出區別對待的原則，救了1000
多名不當班的木工以及鐵匠和石匠。這可能是古代因使用厭勝術而死人最多
的一次事件。〔註13〕

元初吳江人高德基記載說，位於崑山的嘉定州政府家屬們老是不安，官員
經常出現非正常死亡。後來聽一位自稱懂得風水的和尚指點，在州政府後面東
側建造架閣庫一座，從此才得安寧：

> 嘉定州治本崑山州春申鄉練祁市。宋嘉定十一年六月，高行孫
> 致立縣基於馬軍司酒坊之地。十月興工，十二年正月縣成。國初尚
> 為縣，元貞間升為州。延祐以來治中官吏多物故者，家口皆不安。
> 有一客僧號知風水，謂州治內屍氣動，作屋鎮之乃安。否則日盛一
> 日，不可救理。時州主任立聞其言從之。僧指治後東偏地曰：此處
> 為庫藏，鎮之則吉。任遂搆架閣庫於上，落成後其患果息。〔註14〕

堪輿厭勝，還有很多講究。比如按五行生剋的理論，如果你建造一區房
屋，有很多進。各進之間還有一個宅位問題，相互生剋的問題。也就是說，為
住宅斷吉凶，應該通盤考慮，不能只以住宅坐向為中心，然後斷定吉凶。因為
宅無定氣，由人為以變之。就像八卦的卦爻，即使同一個卦，也會因時間地點
事情而變化。住宅吉凶也是一樣，且住宅通常不是孤零零的一家，在同一個村
落之中。西家之東，即東家之西。清代術者吳鼎舉了一個例子。他說：

> 有一人於城東南隅坐壬向丙造宅三區，皆四進。總開巽門。或
> 宅圖三圖穿宮，皆首層土，二層金，三層水，四層木以示余。余曰：
> 此無師杜撰之故也。法當於盡東首層起伏位木星，次火，次土，次

〔註13〕（清）張廷玉等奉敕編《明史》，卷一百三十八，《薛祥傳》，中華書局，1974
年本，p3973～3974。

〔註14〕（元）高德基撰《平江記事》文淵閣四庫全書，臺灣商務印書館景印本，第590
冊，p465。

金；中宅起天醫土星，次金，次水，次木；西宅起五鬼火，次土，次金，次水。凡第三進屬木，或樓或堂，宜高過於水。為金之財；第四進屬火，宜低。若高則剋金，泄木，財神反耗，火燭時防。第五進屬土，土能生金。不宜太低。低則不能生金矣。凡宅以高者為主。以金木土三者宜高。水火二者宜低。〔註15〕

作者吳鼐所運用的理論就是五行生剋。他之所以批評前面那位非專業人士的住宅圖不對，是因為那張圖用一個異門來包羅裏面的三家。這種三套並列，各深四進的房子在江西湖北等地很普遍。但沒有象上述那位非專業人士那樣開門的做法。吳鼐的做法是從最東邊那套起，先在木星位開門，因為木可生火，火可生土，土可生金。中間那套則在天醫土星位置起門，因為土生金，金生水，水生木。而西頭的那套則在五鬼位置也就是五行火位起門，因為火能生土，土能生金，金能生水，此外，作者所說各進房屋高低，也是從五行生剋著眼的。在五行生剋的邏輯語境下，吳鼐這樣說是沒有問題的。

還有些厭勝是無意為之，被堪輿家附會者。如清代北京同仁堂前官道，向為不規矩的旅行者便溺之所。但堪輿家告訴同仁堂，你們不要破壞遊人在此便溺的習慣，因為你這同仁堂就是一塊百鳥朝鳳的地形：「舊日雖有御史任街道廳，工部任溝渠，多屬具文，行人便溺塗中，豪無顧忌，偶有風厲御史一懲治之仍不足以挽頹風也，相傳大柵欄之同仁堂門前即向為路人聚而便溺之所，主人惑於堪輿家言，謂其地為百鳥朝鳳，生意興隆，全繫於此，竟不以為忤云。」〔註16〕

在堪輿師看來，即使廁所這樣的一般構築物，如果位置按錯了，也是麻煩多多。最好選址在宅主人本命年的凶方：「廁宜壓本命之凶方。鎮住凶神，反生福。此方與灶座煙囪相同，壓之大吉。」〔註17〕

六、厭勝傳說與自然規律

唐代洛陽一戶民宅內有厭勝：「東洛有故宅，其堂奧軒，級甚宏峙。然居者多暴死。是以空而鍵之且久。故右散騎常侍范陽盧虔貞元中為御史，分察東

〔註15〕（清）吳鼐《陽宅撮要》，九州出版社線裝本，《增補四庫青烏輯要》，第7函，上冊，p14。
〔註16〕夏仁虎《枝巢四述舊京瑣記》，遼寧教育出版社，1998年版，p122。
〔註17〕（清）吳鼐《陽宅撮要》上冊，九州出版社線裝本，《增補四庫青烏輯要》本，p18。

臺，嘗欲質其宅而止焉。或曰：『此宅有怪，不可居處。』曰：『吾自能弭之。』後一夕，虔與從吏同寢其堂。命僕使盡止於門外。從吏勇悍善射，於是執弓矢坐前軒下。夜既深，聞有扣門者，從吏即問之，應曰：柳將軍遣某送書與盧侍御虔。不應，已而投一書軒下，字若濡筆而書者，點畫纖整。虔命從吏讀其字云：『吾家於此有年矣。堂奧軒級皆吾之居也。門神戶靈皆吾之護也。而君突入吾舍，豈其理耶？假令君之舍，吾入之，可乎？既不足懼，寧不愧於心耶？君速去！勿招敗亡之辱。』讀既畢，其書飄然四散，若飛燼之狀。俄又聞有言者柳將軍願見盧侍御。已而有大厲至，身長數十尋，於庭，手執一瓢，其從吏即引滿而發。中其所執。其厲遂退，委其瓢。久之，又來。俯軒而立，俛其首且窺焉。貌甚異。從吏又射之，中胸。其厲驚若有懼，遂東向而去。至明，虔命窮其跡，至宅東隙地，有柳高百餘尺，有一矢貫其上。所謂柳將軍也。虔伐其薪，自此其宅居者無恙。復歲餘，因重構堂宇，於屋瓦下得一瓢，朽長丈餘。有矢貫其柄，即將軍所執之瓢也。」〔註18〕

這個故事是一個典型的住宅厭勝案例。盧虔是中唐時期的地方官員。一般的厭勝都是木匠或石匠在牆壁裏面，或者屋瓦之下，或門檻下面做手腳，賜福或者禍害居住者。像晚唐人張讀這本《宣室志》中的故事，還多出了一個柳樹精。則屬建築物內的厭勝和周邊古樹的結合厭勝。比較另類。

關於龍脈厭勝，還有一個金人迷信厭勝，從塞上將一土山挖運移植到幽州城北，即今頤和園萬歲山。修瓊華島德傳說。但這種厭勝術不管真假，到底無法挽救金國滅亡的命運：

> 至元元年二月修瓊華島。按瓊華島即萬歲山也。金人名瓊華島。
> 其山皆以玲瓏石堆疊。峰巒隱映，松檜隆鬱，秀若天成。引金水河
> 至其後轉機運斛，汲水至山頂，出石龍口，注方池，伏流至仁智殿
> 後。有石刻蟠龍昂首噴水仰出，然後東西流入於太液池。山上有廣
> 寒殿七間，仁智殿則在山半，為屋三間。山前白玉石橋長二百尺，
> 直儀天殿後。殿在太液池中，圓坻上十一楹，正對萬歲山。山之東
> 北為靈圃，奇獸珍禽在焉。車駕歲巡上都，先宴百官於此。元浙省
> 參政赤德爾嘗云，向任留守司都事時聞故老言我元起朔漠日，塞上
> 有一山形勢雄偉，金人望氣者謂此山有王氣，非我之利。金人謀欲

〔註18〕　（唐）張讀《宣室志》，卷五，文淵閣四庫全書，臺灣商務印書館景印本，第
　　　　　1042 冊，p731～732。

厭勝之。計無所出。時國已多事，乃求通好入貢。既而曰：他無所冀，願得某山以鎮壓我土耳。眾皆鄙笑而許之。金人乃大發卒鑿掘輦運至幽州城北，積累成山，因開挑海子，栽植花木，營構宮殿以為遊幸之所。未幾金亡。世宗徙都之。至元四年興築宮城山，適在禁中，遂賜名萬歲山云。〔註19〕

熟悉歷史的人都明白，真正決定政權命運的，還是人的因素第一。外在因素容有偶然性，但起決定作用的必然是人的力量。決策的正確或者錯誤。人心的向背，等等。這類厭勝故事，一方面為亡國的政權之失敗找到理由，另一方面也為得國的政權找到成功的說法。

唐代偉大的現實主義詩人杜甫有《石犀行》一詩，詩曰：

> 君不見秦時蜀太守，刻石立作三犀牛。
> 自古雖有厭勝法，天生江水向東流。
> 蜀人矜誇一千載，泛溢不近張儀樓。
> 今年灌口損戶口，此事或恐為神羞。〔註20〕

這首詩講的是戰國水利專家李冰築都江堰，為了得水利避水害。乃刻三尊石牛以厭水害。杜甫在詩中明確提出，這個優良水利工程雖然使用了厭勝法，但到底還是決口了。也就是說，厭勝法還是抵擋不了自然的法則：「天生江水向東流」。

杜甫就是杜甫。他早在1000多年前就看清了這樣一個事實：厭勝雖然創造了不少名勝典故，但卻不能真正地改變客觀世界的自然規律！

宋王禹偁有一篇《厭氣臺銘》，堪稱批判王氣說之代表性言論。

厭氣臺，在豐縣城內縣治東。始皇東遊，築以厭王氣者。宋王禹偁《厭氣臺銘》：

> 古之王者，築靈臺，視雲物，察氣候之吉凶，知政教之善惡。苟理合天道，垂休降貞，則必日新其德以奉之化。失民心為妖作沴，則必夕惕其躬以懼之。如是則變禍福而反災祥不為難矣。烏有築高臺厭王氣，行巫覡之事御天地之災者乎？嬴政之有天下也，始以利嘴長距，雞鬥六國而擅場，復以鉤爪鋸牙，虎噬萬方而食肉，終以

<hr>

〔註19〕（清）孫承澤撰《元朝典故編年考》，卷二，文淵閣四庫全書，臺灣商務印書館景印本，第645冊，p711～712。

〔註20〕（唐）杜甫撰，（宋）郭知達集注，《九家集注杜詩》，卷七，文淵閣四庫全書，臺灣商務印書館景印本，第1068冊，p119～120。

多藏厚斂，蠶食兆民而富國。然後成五嶺，築阿房，驅周孔之書盡付回祿，惑神仙之術但崇方士。收大半之賦則黔首崩分，用慘刻之刑則赭衣櫛比。鯨鯢國政，螻蟻人命，原膏野血，風腥雨膻。六國嗷嗷，上訴求主。天將使民息肩於炎漢，故望氣者云：東南有天子氣。於是祖龍巡狩，築臺以厭之。殊不知民厭秦也，訴之於天；天厭秦也，授之於漢。秦獨厭天厭民而自王乎？向使築是臺告天引咎，遷善樹德，封六國之嗣，復萬民之業，薄賦斂，省徭役，銷戈鎔兵，最稼穡，除高、斯之暴政，修唐虞之墜典。下從人望，上答天意。則王氣不厭而自銷矣，劉項之族何由而興哉？某遊豐之沛間，睹臺之舊址，思古覽今，悵然有懷，灑翰濡毫，遂為之銘，曰：臺之築兮救秦之衰，厭之不得，為漢之基。氣之厭兮慮漢之昌，厭之不得，速秦之亡。秦之厭漢，其惟一身。漢之厭秦，乃有萬民。高臺巍峨，王氣氤氳。秦政已矣，漢德為新。泱泱前古，茫茫後塵。故國蕪沒，荒臺草莽。行人環竦，惻愴斯文。〔註21〕

　　這篇《厭氣臺銘》，真不亞於杜牧《阿房宮賦》兩篇名文解釋了共同的規律。暴秦的快速滅亡最大的敵人來自自己。行政體制無論怎麼健全，對王氣的破壞無論你多麼及時，都無法挽救一個把人民當敵人的政權之必然覆滅的命運。

七、林林總總的建築厭勝模型

　　據《魯班秘書》所記載的總計 27 種工匠常使用的厭勝模型。這 27 種厭勝模型每一種都有圖有文，明白告訴使用者何種模型何種用途。細分起來，又有幾種情況：第一種，匠人將其模型放入住宅某位置，據說可給主家帶來好運的。如圖畫為一片桂樹葉子的模型，下面文字說明是：「桂葉，藏於斗中。主發科甲。」又如畫面為一株古松，下面的文字說明為：不拘藏於何處，主主人壽長。類似的還有畫面只有三片竹葉，上書「平安」二字。文字說明：竹葉青青三片連，上書大吉太平安。深藏高頂橡梁上，人口平安永吉祥。」因為是祝福性質的，所以不怕主家發現。類似吉祥祝福性質的還有畫一支筆，祝福主家代代賢能出方正」的。還有乾脆將官帽、腰帶和朝靴畫在梁枋上的，祝福主家

〔註21〕（清）趙弘恩等監修；董之儁等編纂《江南通志》，卷三十三，文淵閣四庫全書，臺灣商務印書館景印本，第 508 冊，p120。

「生子必登科甲第，翰林院裏去編書」，畫一把米，祝福主家「千財萬貫家安穩，米爛成倉衣滿箱」的，有畫兩個銅錢左右並列的，祝福主家「夫榮子貴妻封贈，代代兒孫掛綠衣」。另一種類型是畫面一定，但藏放方位相反，則效果兩樣。如畫面為一隻船的模型，文字說明：「船亦藏於斗中，可用船頭朝內，主進財。不可朝外，朝外主退財。這似乎是說，該模型可以有兩種擺法，即朝內和朝外，兩種擺法效果迴異。通觀兩幅畫圖及文字說明，只有這兩種模型被提示藏於斗內。這個斗究竟是什麼斗，沒有更詳細的說明。我覺得可以理解為藏於青磚泥斗中（過去用青磚砌牆，磚牆中間是一個又一個連接著的空斗，裏面一般會塞些泥巴等物，但並不塞滿）。當然，也可能指的是斗拱的斗。第三類基本都是禍害主家的模型，如一幅披頭散髮的五鬼圖畫，文字說明：「此披頭五鬼，藏中柱內，主死喪。」一幅畫有棺材的圖畫，下面的文字說明是：「一個棺材死一人，若然兩個主雙刑。大者其家傷大口，小者其家喪小丁。藏堂屋內枋內。」還有專門用於禍害主家害癆疾的，如一幅畫著黑色的日頭的畫面，下面說明：「黑日藏家不吉昌，昏昏悶悶過時光。作事卻如雲蔽日，年年癆疾不離床。藏大門上枋內。還有更壞的，畫面上是一把銅鎖。中刻一木人。下面的說明類同詛咒：「鐵鎖中間藏木人，上裝五彩像人形。其家一載死五口，三年五載絕人丁。」大概設計者也覺得這太惡毒了，可能害怕承擔法律責任吧，放置位置還做了特別交代：「深藏井底或築牆內。」類似惡毒詛咒主家的厭勝還有很多花樣，如畫一根筷子和一塊碗片，詛咒主家兒孫討飯做乞丐的，有畫一把頭髮纏住一把刀的，詛咒主家兒孫出家，出寡婦，成鰥夫的，有在畫面寫個人，外加一個黑框即「囚」字，詛咒主家「難出監牢作死囚」。這樣的詛咒性質的畫居然書寫在門檻縫中，極難發覺。還有在大門上枋中寫一個「口」字，希望主家常年被官司糾纏，家財耗盡，等等。〔註22〕

八、厭勝製作及禳解

古代工匠社會地位低下，在替人造屋或打造家具的時節，如果主家厚待他們。這些工匠往往會在建築物的一些隱蔽的位置安放一些厭勝，藉此給主家造福。以此來報答主家的尊重。但如果相反，主家不尊重這些手藝人。他們則用古代宮廷鬥爭中常用的巫蠱之術來懲罰主家以洩憤慨。

〔註22〕《魯班秘書》，不署撰人，收錄在明午榮編撰的《新刊版工師雕斫正式魯班經匠家鏡》中，見海南出版社，2003 年版，p316～323。

明萬曆年間錢希言所撰《獪園》一書，其第十四卷《妖孽》類收錄了好幾條壓勝的案例。今一併抄錄於此：

> 常州某大家，延一姚江書生為西賓，其人少年。每才眠便厭。
> 主人聞而問：先生何故夜厭？答云：眠去輒夢有美麗女子裸形而來薦枕席。綢繆，不覺失精而寤矣。如是者經歲，書生竟病瘵以死。
> 主人心訝寢室為禍。命相宅者來視之。發其屋。東頭第七椽下，鑿出一裸形婦人。熾火焚之，出血如縷。於是遂絕。聞之太原徵君。

這個故事叫《裸形婦人厭》。可見當年造物工匠，用的裸女厭勝，即用女色勾引的辦法禍害主家的男丁。沒成想卻害了一個無辜的家庭教師。

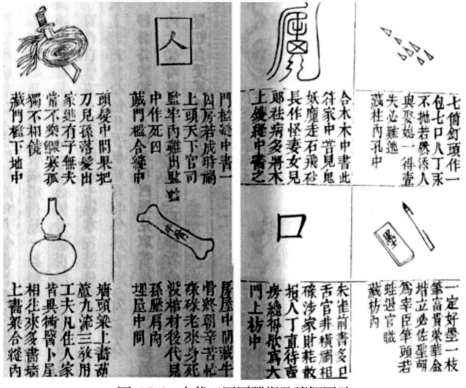

圖 17-3　古代工匠厭勝術及禳解圖示

> 有士人遷入新居。夫妻子女時相格鬥。家中臧獲（奴僕）罕有寧者。莫知所由。累求禁咒而不能制。後遇善相宅者，路經其舍，入門。索鏡攬照。乃命梯子堂屋正樑鑿破，得木刻男女一雙，長五寸餘，眉目形體根相悉具，兩手各捽頭髮，貫作對扭，遍體青紫，傷血淋漓。方知匠氏行厭蠱以禍人。人不知何也。遂析薪焚之，棄

灰河中。舉家怡然安好如故。

這個故事叫《男女格鬥厭》。這是一個利用男女鬥毆木偶來禍害主家的案例。由該條可見，古代厭勝術雖由造房工匠所為，而破除厭勝術卻也是相宅師的業務範疇。

> 弘正間，吳下沈周先生一日往常熟。夜泊沈家浜，借主人船屋暫寄棲泊。眾謂此屋有怪，不可居。先生曰：何害！夜靜後，微覺有異跡。先生起立於船首。仰屋大叱一聲。忽見梁上墮下小木偶人，高三寸許，形甚醜獰可憎。急藏巾箱中。安寢如故。明日入刺主人，坐定便推問君家船屋是何匠氏所營。其人安在乎？
>
> 主人曰：昔年是某匠造。其家相去不遠。趣使奴召至。先生呼於靜處，出箱中木偶私示之，遂與將歸。其人便急走。行數十步未達家忽中惡而殂、從是怪絕。亦聞於太原徵君。

這則故事是一個關於《醜木人為厭》的厭勝故事。文中的弘、正間指的是明朝弘治、正德兩個年號。吳下指的是歷史上吳國的核心地帶蘇州常熟等地的泛指。沈周是明代著名畫家，蘇州人。這個故事告訴我們，畫家沈周懂得破除厭勝法。他詢問主人，招來造屋工匠。於僻靜處出示厭勝器具，交給施放者。結果這工匠就死掉了。是否屬實不重要。重要的是厭勝術禳解法中確實有這麼一種法門。主人或幫助主人的人如果懂得破解方法，施放厭勝器具企圖禍害主人的工匠就會遭殃。

> 蘇州城玄妙觀舊名天慶。在臥龍街東，屢火。國朝（明朝）復創。創之時，匠人運斧雲中。釘殿西南角椽未畢，下有擔人朱皮匠過。停擔看之。語諸匠人：此殿角覺低了些。匠人曰：方欲借爾頭高去。皮匠歸，其夜無疾而殂。明日匠人便雕朱皮匠之形為木偶，裝塑於殿角以頭揩著折柱。至今在焉。近日重新此殿，並修朱皮匠故像不廢矣。

這是一個關於《匠識》的故事。厭勝法有應聲即靈的說法。這個故事即屬此種情況。建造房子的木工正在安裝卷角，還差塊木頭，結果恰巧這時從屋下經過的朱皮匠發現轉角高度欠缺，無意中說了一句，匠人迎合了一句。回家朱皮匠就死掉了。過去建造房子每每有這樣的傳說，當然是為了提升工匠地位，故神其說，就像著名寺廟的僧人會編造諸如門前石獅子到廚房偷東西吃等故事唬人一樣。

蘇州徐中丞源，家住杉渡橋東。嘗鳩工累石，建都憲坊於門。窮極壯麗。嘗綽楔未成之日，中丞召石匠於庭，責其急緩。將杖之。已而左右並請，乃見釋。既成已。擇時日豎起。其夜石匠竊殘糞穢於柱石之上。至立鼓時及矣。役夫畢集。視其石已被污壞。中丞大怒。然不及稽核。石匠唱云：請問貴人將待洗卻而後豎乎？為之豎起而後洗也？中丞應曰：豎後即洗。吳語謂死曰洗。建坊未及，中丞得疾不起。一如答匠之言。

這是一則關於大家貴族建造牌坊，嫌棄石匠怠工欲杖責石匠。因大家說請而罷。但石匠懷恨在心。半夜以糞水污染牌坊柱石。古時樹立牌坊都是要選擇吉日良辰的。及至主人發現，已經來不及了。這時也無從追究，且時間來不及了。於是工匠問主人，是立了柱石後再洗還是洗了再立？主人無心，急忙中也未多想，脫口而出，先立後洗。而吳地方言「洗」和「死」同音。匠人就希望主人這樣回，才能讓他上套，達到匠人的企圖，讓這個壞主人在牌坊立了之後就死掉。這些傳說在今天看來荒唐不經。但卻屬建築民俗。至少反映了主家和工匠之間不平等關係的博弈。工匠這樣講故事真實目的也就是希望能得到主家的尊重而已。

梓人厭勝之術，古多有之。蓋此出前巫蠱詛咒。其甚者亂人家國。戕人天屬。蓋其來已久。茲更以吳中數事書之：

莫氏舊家也，比者每夜聞空室中相撲聲，瞰之。則二人保體披髮相持角力也。雖大怪而喜其無害。他日售居於祝枝山家，乃毀其屋。則空室之正樑有刻木二人即保體披髮相持角力者也。始悟前妖云……〔註23〕

又，中街文氏舊屋，售於人，毀拆其壁。亦有敗帚及五寸小車，折秤短尺之類。蓋取義帚為掃出財物，秤尺以為人年。短折車為人勞走不停也。

又常熟一富室甚武斷可惡。歷父子久之遂敗。其居為一閩中貴買之。拆而載之以去。視其正寢之棟背鑿一槽，槽中有小舡。船上仍掛席向其宅南。又書一行字於上云：三十年後使盡一帆風，而後南行，亦其識也。

〔註23〕（清）王兆雲《揮塵新談》《梓人厭勝》，四庫全書存目叢書子部，248冊，p156。

又脅門內劉氏本清白家。宣德間偶改造屋。其後女往往不貞。逮二、三世皆然。一日脊壞。治之。乃於椽間得木人為二、三男子，中一未笄女作淫褻態勾引男子者。去之。其後閨門清淨焉。

又，如欲厭其縊死，則作懸頭木人；欲被戮，則木刀。如此類不可殫言。問木工之家，家傳此術，苟不施於人，則必將自損。故皆忍心為之。今人家有營構之者，待此輩甚厚。以為小失其意，定將遭此禍故也。又聞其術有書甚詳。官其地者能追其書傳世，使人得以備，亦善政也。〔註24〕

《占驗錄》也記載了不少禳解辦法，抄在這裡，供讀者瞭解古代的厭勝破解辦法：

臞仙曰：凡梓人造房，瓦工覆瓦，石人甃砌，五墨繪飾，皆有厭鎮咒詛。其建造之初，必先祭告方隅土木之神。其祭文曰：茲者建造屋宇，其土木泥石繪畫之人，所有魘鎮咒詛不出百日，乃使自受其殃。預先盟於群靈，則災禍無干於我。使彼自受。而我家宅寧矣。造船者亦依此例。如梓人最忌倒用木植。必取生氣，根下而稍上。其魘者倒用之。使人家不能長進，做事顛倒。解法以斧頭擊其木，曰：倒好，倒好。住此宅內，世世溫飽。

又造前梁，臨上乃移為後梁。魘曰：前梁調後梁，必定先死娘。卯眼內放竹楔，魘曰：枸卯放竹，不動自哭。使人家屋內常有哭聲。有刻人像書咒於身，以釘釘於屋上。釘眼令瞎，釘耳令聾。釘口令啞。釘心令有心疾。釘門使房主不得在家。令出門釘之，終不得安居屋內。如釘床以竹丁十字釘之，或畫人形紙符於內，使臥床之人疾病不安。此梓人魘鎮之法。

怎麼化解？辦法是：

大略解之：其屋既成，用水一盆，使家人各執柳條蘸水繞屋灑之，咒曰：水郎，水郎，遠去他方。作者自受，為者自當。所有魘鎮，與我無干。急急一如太上律令，則無患矣。

如瓦匠所魘，有合脊終土人船傘之類，或壁中置一匙一筯，曰：只許住一時。其家便破。

如甃砌門限階基之下，用荷葉包飯於下，以筯十字安在上。令有嘔噁之

〔註24〕（清）王兆雲《揮塵新談》《梓人厭勝》，四庫全書存目叢書子部第 248 冊，p156～157。

疾。有砌灶，用木刻人以馬尾弔煙囪中，火氣薰之。則木人相撞，令夫婦相打。或有以瓦刀朝其寢，或向廳堂。使有刀兵相殺。石匠鑿人形置礎下，又畫匠繪畫梁棟皆有魘咒，不可不知。知之則無害矣。凡梓人造作魘鎮咒詛者，必以墨簽插在首。勿令插之則不靈。〔註25〕

工匠做屋，若主家招待不周，匠人心生惡意，在屋樑或門檻下，或牆壁內安放某種東西，據說就可給該家人製造麻煩。但做這種事，安放時只有當事人說的第一句話有效。清人褚人獲《堅弧集續集》「木工厭勝」條記載了一個工匠用厭勝害人被主家發現而不得不說恭維話的故事：

> 婁門李朋造樓，工初萌惡念，為小木人荷枷埋戶限下。李適見。叱問之。工惶恐，漫應曰：「翁不解此耶？走進婁門第一家也。」李遂任之。自是家遂驟發，資甲其裏。

這個工匠本意想禍害東家。在門限下放戴枷鎖的木人。其意思是想讓東家披枷帶鎖。但不期突然被東家撞見。匆遽之際隨口應付了一句祝福的話，結果還給東家帶來好運。

建造房屋在朝向選擇上趨吉避凶，採取一些措施以人為改變不利於自己的格局。歷代地方志、族譜中多有此類記載。如某地老是容易失火。如某地科舉不發達，地師就會建議提高地勢，或建造文昌閣，或造塔，以此來調整風水，此亦屬厭勝的範疇。不過屬積極的厭勝術應用。

有厭勝法之存在，就有專司破解的解魘法師。

《水滸全傳》，第四十七回：「這廝也好大膽，獨自一人來做細作，打扮作個解魘法師，閃入村裏來。這裡的「解魘法師」告訴我們，他在民間屬一種職業，就像巫婆神漢一樣常見。

《西遊記》，第三十一回：原來那師傅被妖魔魘住，不能行走，心裏明白，只是口眼難開。看來，解魘法師還很有市場。《三國志管輅傳》載一凶宅故事：「時信都令家婦女驚恐，更互疾病。使輅筮之。輅曰：君北堂西頭，有兩死男子。一男持矛，一男持弓箭，頭在壁內，腳在壁外。持矛者主刺頭，故頭重痛不得舉也。持弓箭者主射胸腹，故心中懸痛不得飲食也。晝則浮游，夜來病人。故使驚恐也。」於是抉徙骸骨，家中皆愈。可以說管輅是較早見諸史書記載的解魘專家。

〔註25〕（唐）黃子發撰，明周履靖輯《占驗錄》，中州古籍出版社，1994年版《術數全書》下，p551～552。

比較好笑的有江西風水術士居然幫門前冷落的南京名妓馬湘蘭再度輝煌：

> 近年丁酉，南教坊馬四娘號湘蘭者，年過五旬，雖蓄妓十餘曹，
> 而門庭闃然，愁窘無計。有江右舒姓者憐之。為改其門，且曰不出
> 百日當驟富。適金華虞生者，年甫弱冠。遊南雍，求見四娘。重幣
> 為摯。問其所屬意者，無一入目者。唯以婁豬為請。時馬謝客已久。
> 慚其諸妓，固卻之。苦請不去。姑留焉，凡匝月，酬以數千金。馬
> 氏復如盛時者又數年。〔註26〕

在古代社會生活中，還有用於軍事目的的厭勝，如：

1. 厭兵法

出現在王莽專政的新莽時期。「按綱目：新莽天鳳三年秋鑄威斗，以石銅為之，若北斗，欲厭勝眾兵。司命負之，出則在前，入則在旁。李奇注：以五色藥石及銅為之，長二尺五寸。」具體做法是利用五色藥石，或者用銅做材料，按北斗七星的形式鑄造，有柄。六朝劉宋時期，張永開鑿金陵玄武湖，「遇古塚，得銅斗一，有柄。眾皆不識。文帝詢之著作郎何承天，曰：此新莽威斗。三公亡者皆賜之。一在塚外，一在塚內。斗為天之喉舌，故取象焉。三公居江左者惟甄邯為大司徒，此必是其墓也。啟塚，又得一斗，有石銘云：大司徒甄邯之墓。」〔註27〕這種厭勝法先是在打仗時使用。後來則將威斗作為隨葬禮器使用。

2. 厭王氣法

敵之王氣久而不衰者，觀其氣王於何方，當六甲旬首正子時於營中月空上環三九步以朱畫八卦壇位成三界，其內畫十二辰及月將之名，東西南北相去數步，取蒼狗白雞各一隻，大將披素服，右手仗劍，左手按二畜，北面立，默誦敵將名氏，即斬之，埋於氣旺之方，深三尺。氣衰則去之。

3. 厭敵將法

通常的做法是派細作摸清敵人主將的生辰八字。然後利用五行生剋的原理制服敵將。如果敵將是火命，我方就用水去破解他：「敵將之命厭於我（一作疫）命者（謂五行細人密構其敵將之命也，當令生年日月時也）。我即以所旺相之色可以克彼者，隨所旺月日及時，密制克之所旺日時。假令敵將火命

〔註26〕（明）沈德符撰《萬曆野獲編》，卷二十，中華書局，1997年本，p530～531。
〔註27〕（明）彭大翼撰，《山堂肆考》，卷三十，文淵閣四庫全書，臺灣商務印書館景印本，第974冊，p508。

王，我則擇火日水時為黑道休省之，勿令他人見」。〔註28〕

晉朝時很多術數之士都擅長厭勝之術。如「淳于智字叔平，濟北盧人也。有思義，能易筮，善厭勝之術。」韓友，字景先。盧江舒人也。為書生，受易於會稽伍振，善占卜。能圖宅相冢，亦行京費厭勝之術。〔註29〕

4. 厭勝政敵的招數

六朝齊武帝厭勝的做法：造房子阻擋王氣。齊武帝蕭賾（440～493），字宣遠，小名龍兒，東海郡蘭陵縣（今山東省臨沂市）人。南朝齊第二位皇帝，齊高帝蕭道成長子，母為昭皇后劉智容。出身蘭陵蕭氏齊梁房支南齊房。建元元年（479），成為皇太子。建元四年（482）正式即位，是為齊武帝，年號永明。齊武帝是一個英明剛斷的君主。在位期間，繼承了齊高帝的作風，崇尚節儉，關心百姓疾苦，多辦學校，挑選有學問之人任教，以培育德行。以富國為先，不喜歡遊宴、奢靡之事，延續推行檢籍政策。就是這個齊武帝在他登基稱帝的那一年，「望氣者云：新林、婁湖、東府西有天子氣。甲子，築清溪舊宮，作新林、婁湖苑以厭之。」〔註30〕先是，雍州相傳樊城有王氣。至是謠言更甚。及齊明崩，遺詔以帝（蕭衍）為都督、雍州刺史。」（同前書 p171）也就是說所謂王氣就是指蕭衍。齊明帝死後，繼承其位者是東昏侯，一個昏君。朝廷內部管理亂套。齊末帝（東昏）疑蕭衍，派人行刺。蕭衍心知肚明。乃在襄陽預先作起義準備，將武器和竹木器材沉入檀溪。起事時撈出，很快就可武裝隊伍。終於成功登上帝位。可見，氣運所在，不是厭勝所能改變的。就是這個齊武帝，永明三年，還平定了一次富陽人唐寓之發動的軍事起義。這個富陽人唐寓之的祖父和父親都是給人相墓的墓師，唐寓之詐言自家墳地有王氣，便煽惑鄉民隨其起義。後被齊武帝鎮壓。（詳前王氣章。）終究還是改變不了被蕭梁取而代之的歷史命運。

5. 宋代道士厭勝大水的趣事

宋政和末，徽宗訪求方士。徐知常向他推薦了林靈素。這個林靈素一頓無邊無際的神吹把宋徽宗的心吹動了。他說宋徽宗是神霄玉清王，是上帝的長

〔註28〕（宋）許洞撰，《虎鈐經》，卷十，文淵閣四庫全書，臺灣商務印書館景印本，第 727 冊，p70～71。

〔註29〕（唐）房玄齡撰《晉書》，卷九十五，中華書局，1974 年版，第 8 冊，p2476～2478。

〔註30〕（唐）李延壽撰《南史》，《齊本紀上第四》，中華書局，1975 年版，第一冊，p119。

子。還把蔡京童貫等一應有實權的朝臣都附會為神霄玉清王的大臣。在他的煽動下，不僅京師汴梁建造了密連宮殿區的神霄萬壽宮，而且下令在全國各地建造神霄萬壽宮。今江西南昌西山萬壽宮就是現存的一所。林靈素得勢時節，他自己在神霄萬壽宮「升高正坐，問者皆再拜以請」。徽宗皇帝「設幄其側」。鼎盛時他的弟子達 20000 餘人。可見宋代道士左右朝政，實屬可怕。對這個騙子，朝野看穿者很多，但因為「欺世惑眾，其說妄誕不可究質。」因此莫可如何。後來讓他徹底露馬腳的是「宣和初，都城暴水（即發大水）。遣靈素厭勝。方率其徒步虛城上，役夫爭舉梃，將擊之。走而免。帝知眾所怨，始不樂。靈素在京師四年，恣橫愈不悛。道遇皇太子弗斂避，太子入訴，帝怒以為太虛大夫，斥還故里。」〔註31〕也就是說，宣和初年，京師開封發大水，朝廷請林靈素出來禳解。這個林靈素和他的弟子們正在城牆上仗劍步虛，裝神做鬼時，那些防洪的役夫們紛紛拿出勞動工具追打他們師徒。林靈素和弟子們因為跑得快才得以避免挨打。徽宗得知情況後，才慢慢厭棄他，讓他回老家去了。

結語

　　厭勝術及其禳解是古代巫術的發展。它存在積極的用意和消極的用意兩個截然不同的方向。從積極的方向看，諸如打仗時。為了克敵制勝。利用厭勝法干擾敵方的主將。發大水，天久旱，採用厭勝法遏制大水和求雨；為了振興地方文運，建造文峰塔，改變學校的建築朝向等，以期借助這種厭勝法來振興地方文運，再如建築工匠，得到主家的尊重，為了表示感謝，在屋樑或其他地方安置一些旨在為主家祈福的對象，都是值得肯定的積極的做派，是與人為善的做派。但其消極的用意則是為了得到人格的尊重而意在損人而不利己。如前述大量以禍害主家為目的的案例都是。我們知道，這些說法很多都是道聽途說，茶餘飯後的談資。無法實證。但千百年流傳下來，也是一種行業文化。它至少提醒我們，對待工匠等服務行業的人士，我們應該從人格上給予尊重。至於風景厭勝，工程厭勝。城市規劃層面上的厭勝。則是我們城市歷史的一個組成部分。是我們應該知道的旅遊文化。

〔註31〕（元）脫脫等撰《宋史》，卷四百六十二，中華書局，1985 年版，p13528。

第十八章　歷代風水人物考（上）

一、先秦兩漢魏晉南北朝時期的風水人物

朱仙桃

朱仙桃。秦始皇時人，撰有《搜山記》（見清人傅禹《羅經秘解·自序》）、《地理贊》一卷；《玄堂範》一卷；《地理口訣》一卷。〔註1〕又宋陳振孫《直齋書錄解題》稱《地理口訣》一卷，不知何人輯錄。其中被輯錄口訣的風水名家有「楊筠松、曾楊乙、黃禪師、左仙、朱仙桃、范越鳳、劉公、賴太素、張師姑、王吉，凡十家」。〔註2〕據此可知宋史藝文志所稱不盡準確。《地理口訣》係輯錄多家古今風水大家的經驗而成，並非朱仙桃獨創之書。

樗里子

樗里子。名疾，秦惠王之弟，因居住渭南陰鄉樗里，故俗稱樗里子。為人滑稽多智，有智囊之名。武王即位後，曾立以為相，秦昭王七年（前300）卒，葬渭南章臺之東。死前預言身後百年當有天子之宮夾己墓。至漢代，果然長樂宮建在其墓之東，未央宮建在其墓之西，武庫正當其墓。〔註3〕

青烏子

青烏子。又稱青烏公、青烏先生，活動於秦漢之際，曾著《葬經》一書，

〔註1〕（元）脫脫等撰《宋史》，卷二百六，志第一百五十九《藝文志》，中華書局，1985年版，第15冊，p5253。

〔註2〕（宋）陳振孫《直齋書錄解題》，文淵閣四庫全書，臺灣商務印書館景印本，第674冊，p753。

〔註3〕（漢）司馬遷撰《史記》卷七十一，中華書局，1959年標點本第7冊，p2310。

郭璞《葬書》多引其中之經典觀點，被後世風水先生尊為鼻祖。青烏子名始見《晉書・郭璞傳》。《舊唐書・藝文志》載《青烏子》三卷，已無法知道是否真古書。金代丞相兀欽仄有《青烏子葬經注》一卷。《通志》卷六十八有青烏子《相地骨》一卷。「相冢書曰：青烏子稱，山望之如卻月形，或如覆舟，葬之出富貴；山望之如雞棲，葬之滅門。有重疊望之如鼓吹樓，葬之連州二千石」〔註4〕

管輅

管輅。三國時期魏國著名術士，後世有《管氏地理指蒙》，相傳係其學說。然揆其體例篇幅，似為宋朝以後人著述。據《三國志・魏志・管輅傳》記載：輅隨軍西行，過毋丘儉墓下，倚樹哀吟，精神不樂。人問其故，輅曰：「林木雖茂，無形可久。碑墓雖美，無後可守。玄武藏頭，青龍無足，白虎銜屍，朱雀悲哭，四危已備，法當滅族。不過二載，其應至矣！」則其批評毋丘儉墓所用乃四序堪輿之理論。管輅為三國時期最著名之術士。史書有他大量的占卜預測應驗之案例記載。〔註5〕

郭璞

郭璞（276～324），東晉著名學者，字景純，山西聞喜人。博學，好古代奇文，又喜陰陽卜筮之術。其卜筮之術得於河東郭公。郭璞係河東郭公青囊中書的傳人。東晉初，為著作侍郎，後被王敦任為記室參軍。敦欲謀反，朝廷欲征討之。安排殷浩等找他問吉凶，璞曰大吉。王敦也命郭璞卜筮，璞謂大凶，必敗。暗示和朝廷保持一致就會吉祥。遂被王敦所殺。郭璞屬那種見道明且行事能堅守原則的明白人，所謂善易者不卜的高人。他的維護統一反對分裂，寧死不屈的風範得到時人和後世的景仰。中國風水名著《葬書》係他原創。唐代以後亦用《錦囊經》命名該書。實際上，《錦囊經》也就是《葬書》。《錦囊經》係因為唐玄宗重視郭璞這本書用錦囊收藏秘而不宣得名。郭璞的著作很多，他還是晉朝的大文豪大學者。〔註6〕

〔註4〕（唐）歐陽詢等奉敕編，《藝文類聚》，卷七，文淵閣四庫全書，臺灣商務印書館景印本，第887冊，p257。

〔註5〕（晉）陳壽撰，（宋）裴松之撰《三國志・魏志・管輅傳》，中華書局，1959年版，第3冊，p811～828。

〔註6〕（唐）房玄齡等撰《晉書・郭璞傳》，中華書局，1974年版，第6冊，p1899～1909。

陶侃

陶侃（259～334），東晉廬江洵陽人（今江西九江）人，字士行。為晉朝名臣。晉書有傳。風水界相傳，陶侃曾撰有風水著作《捉脈賦》。但據本書著者調查，歷代風水書罕見引用。只見明代學者章潢《圖書編》卷五十九徵引過其中一句話：「陶公捉脈賦云：大智察脈，起自崑崙。」《地理黑囊經》「古人得地由陰德自然非勢力」。後引《捉脈賦》：吾知陰功宜厚積，孝感神明，顯默為之贊助，天地為之炳靈。」〔註7〕又：筆插雲端，管取天生俊傑」〔註8〕因《晉書》陶侃本傳有關於陶侃祖墳出現王氣，為了避禍，乃按術士之言而破壞之的故事。很可能是後人假託。但時間當在明代以前。〔註9〕

韓友

韓友，西晉著名術士。字景先。廬江舒人。為書生受《易》於會稽伍振，善占卜，能圖宅相冢，亦行京費厭勝之術。元康六年舉賢良。元帝渡江，以為廣武將軍。永嘉末卒。〔註10〕

趙輔和

趙輔和，清都臨漳人。少以明易善筮為齊神武館客。神武崩於晉陽，葬有日矣。文襄令文宣與吳遵世等擇地，頻卜不吉。又至一所，筮遇革，咸云凶。輔和少年，最在眾人後。進云：革卦於天下人皆凶，唯王家用之大吉。革，彖辭云：湯武革命，應天順人。文宣遽登車，顧云：以此地為定，即義平陵也。〔註11〕

庾季才

庾季才。字叔奕。新野人。家南郡江陵。善占玄象。仕梁，遷中書，領太史。江陵陷，歸周。歷太史中大夫，終隋通直散騎常侍。撰《靈臺秘苑》

〔註7〕（唐）楊筠松撰，鄭同校《黑囊經》，九州出版社線裝本，增補四庫青烏輯要，第2函，上冊，p32。

〔註8〕（唐）楊筠松撰，鄭同校《黑囊經》，九州出版社線裝本，增補四庫青烏輯要，第2函，下冊，p66。

〔註9〕（唐）房玄齡等撰《晉書·陶侃傳》，中華書局，1974年版，第6冊，p1768～1779。

〔註10〕（唐）房玄齡等撰《晉書·韓友傳》，中華書局，1974年版，第8冊，p2476～2477。

〔註11〕（唐）李延壽撰，《北史》，卷八十九，列傳第七十七，中華書局，1974年版，第9冊，p2937。

諸書。庾季才在梁朝滅亡歸入後周不久，就勸時任丞相的楊堅替代後周皇帝。「大定元年正月言於高祖，從之。」他跟後來的隋高祖說了什麼？史書記載說：庾季才告訴後來的隋高祖楊堅：「今月戊戌平旦，青氣如樓闕，見於國城之上。俄而變紫，逆風西行。《氣經》云：天不能無雲而雨，皇王不能無氣而立。今王氣已見，須即應之。」不僅如此，他還為隋高祖選擇了登基的日期即二月甲子日，他闡述選擇這個日子登基的理由：「二月日出卯入西，居天之正位，謂之二八之門。日者人君之象。人君正位，宜用二月。其月十三日甲子。甲為六甲之始。子為十二辰之初。甲數九子數，又九九為天數，其日即是驚蟄，陽氣壯發之時。昔周武王以二月甲子定天下，享年八百；漢高帝以二月甲午即帝位，享年四百。故知甲子甲午為得天數。今二月甲子宜應天受命」。〔註12〕

殷紹

殷紹，長樂（今屬福州）人。通曉九章七曜。魏太武帝時為算生博士，給事東宮西曹。太安四年，上《四序堪輿表》。在上書表中殷紹備言該書寫作背景之曲折。言以姚氏之時，行學伊川，遇遊遁大儒成公興，從求《九章要術》。興，字廣明。自云膠東人也，山居隱跡，希在人間。成公興帶他到陽翟九崖岩沙門釋曇影那裡，成公興隨即北還。殷紹獨留，依止釋曇影生活，求請九章。釋曇影又領他前往長廣東山，就道人法穆。法穆和曇影一起為殷紹開課，講述九章數家雜要，復以先師和公所注《黃帝四序經文》相傳授。《黃帝四序經文》總共三十六卷，合有三百二十四章，專說天地陰陽之本。其第一孟序，九卷，八十一章，說陰陽配合之原；第二仲序，九卷，八十一章，解四時氣王休殺吉凶；第三叔序，九卷，八十一章，明日月辰宿交會相生為表裏；第四季序，九卷八十一章，具釋六甲刑禍福德。他們以此經文傳授於殷紹。殷紹說：山神禁嚴，不得齎出。尋究經年，粗舉綱要，山居嶮難，無以自供。不堪窘迫，心生懈怠。以甲寅之年，日維鶉火，感物懷歸。從離開長廣東山至今二十五載。殷紹說此前曾在「東宮以狀奏聞，奉被景穆皇帝聖詔，敕臣撰錄集其要最。仰奉明旨，謹審先所見四序經文，抄撮要略，當世所須吉凶舉動，集成一卷。上至天子，下及庶人，貴賤等級，尊卑差別，吉凶所用，罔不畢備。未及內呈，

〔註12〕（唐）魏徵等奉敕撰《隋書》《庾季才傳》，中華書局，1973年版，第6冊，
　　　　p1764～1768。

先帝晏駕。依先撰錄，謹以上聞。」其四序堪輿遂大行於世。其從子玖亦以學術著名。〔註13〕

二、隋代風水人物

蕭吉

蕭吉，字文休。梁武帝兄長沙宣武王懿之孫。博學多通，尤精陰陽算術。江陵覆亡，歸於魏，為儀同。周宣帝時，吉以朝政日亂，上書切諫。帝不納。及隋受禪。進上儀同。以本官太常考定古今陰陽書。吉性孤峭，不與公卿相浮沉，又與楊素不協，由是擯落，鬱鬱不得志。見上（文帝）好徵祥之說，欲乾沒自進。遂矯其跡為悅媚焉。開皇十四年上書曰：

> 今年歲在甲寅，十一月朔旦以辛酉為冬至，來年乙卯，正月朔旦以庚申為元日。冬至之日即在朔旦。《樂汁圖徵》云：天元十二月朔旦冬至，聖王受享祚。今聖主在位，居天元之首而朔旦冬至，此慶一也；辛酉之日，即至尊本命，辛德在景。此十一月建景，子酉德在寅，正月建寅，為本命，與月合德，而居元朔之首，此慶二也；庚申之日，即是行年，乙德在庚，卯德在申，來年乙卯是行年與歲合德，而在元旦之朝，此慶三也。《陰陽書》云：年命與歲月合德者，必有福慶。《洪範傳》云：歲之朝，月之朝，日之朝，主王者。經書並謂三長，應之者延年福吉。況乃甲寅部首十一月陽之始，朔旦冬至是聖王上元。正月是正陽之月，歲之首，月之先，朔旦是歲之元，月之朝，日之先，嘉辰之會，而本命為九元之先，行年為三長之首。並與歲月合德。所以《靈寶經》云：角音龍精，其祚曰強。來歲年命納音俱角，歷之與經，如合符契。又甲寅乙卯天地合也。甲寅之年，以辛酉冬至。來年乙卯，以甲子夏至。冬至陽始，郊天之日，即是至尊本命，此慶四也；夏至陰始，祀地之辰。即是皇后本命，此慶五也。至尊德並乾之覆育，皇后仁同地之載養。所以二儀元氣並會本辰。

上覽之，悅。賜物五百段。……及獻皇后崩，上令吉卜擇葬所。吉歷筮山原，至一處云：卜年二千，卜世二百。具圖而奏之。上曰：吉凶由人，不在於地。高緯父葬，豈不卜乎？國尋滅亡。正如我家墓田，若云不吉，朕不當為天

〔註13〕　（唐）李延壽撰，《北史》，卷八十九，列傳第七十七，中華書局，1974年版，第9冊，p2925。

子；若云不凶，我弟不當戰沒。然竟從吉言。

表曰：

> 去月十六日，皇后山陵西北，雞未鳴前，有黑雲方圓五六百步。
> 從地屬天，東南又有旌旗車馬帳幕，布滿七八里。並有人往來。檢校
> 部伍，甚整。日出乃滅。同見者十餘人。謹案《葬書》云：氣王與姓
> 相生，大吉。今黑氣當冬至，與姓相生，是大吉，利子孫無疆之候也。

上大悅，其後上將親臨發殯。吉覆奏曰：至尊本命辛酉，今歲斗魁及天岡
臨卯酉。謹案《陰陽書》，不得臨喪。上不納。退而告族人蕭平仲曰：

> 皇太子遣宇文左率深謝余云：公前稱我當為太子，竟有驗。終不忘也。今
> 卜山陵，務令我早立。我立之後，當以富貴相報。吾記之曰：後四載太子御天
> 下。今山陵氣應，上又臨喪，兆蓋見矣。且太子得政，隋其亡乎！當有真人出
> 矣。吾前紿云：卜年二千者，是三十字也。卜世二百者，取世二運也。吾言信
> 矣。汝其志之。

及煬帝嗣位，拜太府少卿。加位開府。嘗行經華陰，見楊素冢上有白氣屬
天，密言於帝，帝問其故。吉曰：其候，素家當有兵禍，滅門之象。改葬者庶
可免乎？帝後從容謂楊玄感曰：公宜早改葬。玄感亦微知其故，以為吉祥。託
以遼東未滅，不遑私門之事。未幾而玄感以反族滅。帝彌信之。後歲餘卒官。
著《金海》三十卷，《相經要錄》一卷，《宅經》八卷，《葬經》六卷，《樂譜》
二十卷及《帝王養生方》二卷，《相手版要決》一卷，《太一立成》一卷，並行
於時。〔註14〕

楊伯醜

楊伯醜，馮翊武鄉（今陝西省大荔縣）人。好讀易，隱於華山。隋開皇初
征入朝，見公卿不為禮，無貴賤皆汝之。人不能測也。文帝召與語，竟無所答。
賜衣服，至朝堂捨之而去。於是被髮陽狂，遊行市里。形體垢穢，未嘗櫛沐。
時有張永樂者，賣卜京師。伯醜每從之遊。永樂為卦，有不能決者，伯醜輒為
分析爻象，尋幽入微。永樂嗟服，自以為非所及也。伯醜亦開肆賣卜，有人嘗
失子就伯醜筮者，卦成，伯醜曰：汝子在懷遠坊南門東道北壁上，有青裙女子
抱之，可往取也。如言，果得。或有金數兩，夫妻共藏之。於後失金。其夫意
妻有異志，將逐之。其妻稱冤，以詣伯醜。伯醜為之筮，曰：金在矣。悉呼其

〔註14〕（唐）李延壽撰，《北史》，卷八十九，列傳第七十七，中華書局本，第 9 冊，
　　　　p2953～2955。

家人，指一人曰：可就取。果得之。又將軍許知常問吉凶，伯醜曰：汝勿東北行，必不得已當速還。不然者，楊素斬汝頭。未幾，上命知常事漢王諒。俄而上崩，諒舉兵反。知常逃歸京師。知常先與楊素有隙，及素平并州，先訪知常，將斬之。賴此獲免。又有人失馬，來詣伯醜卜者。時伯醜為皇太子所召，在途遇之。立為作卦，卦成曰：我不遑為卿說，且向西市東壁門南第三店，為我買魚作鱠，當得馬矣。其人如教，須臾有一人牽所失馬而至，遂禽之。崖州嘗獻徑寸珠，其使者陰易之，上心疑焉。召伯醜令筮，伯醜曰：有物出自水中，質圓而色光，是大珠也。今為人所隱。具言隱者姓名容狀，上如言薄責之，果得本珠。上奇之，賜帛二十匹。國子祭酒何妥嘗詣之論易，聞妥之言，悠爾而笑，曰：何用鄭玄、王弼之言乎？久之，微有辯答，所說辭義皆異先儒之旨。而思理玄妙。故論者以為天然獨得，非常人所及也。竟以壽終。〔註15〕

臨孝恭

臨孝恭，京兆（陝西西安）人。明天文算術。隋文帝甚親遇之。每言災祥之事，未嘗不中。上因令考定陰陽書，官至上儀同。著《欹器圖》三卷，《地動銅儀經》一卷，《九宮五墓》一卷，《遁甲錄》十卷，《元辰經》十卷，》《元辰厄》百九卷，《百怪書》十八卷，《祿命書》二十卷，《九宮脫經》一百一十卷，《太一式經》二十卷，《孔子馬頭易》卜書一卷，並行於世。〔註16〕

吳崤

吳崤，隋朝霅溪（浙江湖州）人，精天文，袁天綱師事之。煬帝時嘗過鄴中，告其令曰：中星不守。太微主君有嫌，王氣流萃於秦地。子知之乎？令不之信。及唐高祖即位，始知其言不誣。〔註17〕

舒綽

舒綽，隋東陽（浙江金華）人。稽古博文，尤善相冢。吏部侍郎楊恭仁想遷葬祖墳，請舒綽等海內外五六個知名陰陽家為其選擇佳地。然而眾說紛紜，各抒己見，所選地點多個，不知哪個地點正確。然後恭仁便派手下人前往葬地，

〔註15〕（唐）李延壽撰《北史》卷八十九，列傳第七十七，中華書局，1973年版，第9冊，p2956～2957。

〔註16〕（唐）李延壽撰，《北史》卷八十九，列傳第七十七，中華書局，1973年版，第9冊，p2957。

〔註17〕（明）彭大翼撰，張幼學增訂，《山堂肆考》，卷三，文淵閣四庫全書，臺灣商務印書館景印本，第974冊，p51。

各取樣土一斗，將其所在方位和地理形勢「悉書於歷」，密封起來，然後將樣土示眾。幾位陰陽名家說後，人言人殊，只有舒綽所言絲毫不差。不僅如此，舒綽還說：此土五尺外有五穀，得其即是福地，世為公侯。為了驗證此話，恭仁便與舒綽同到該處進行挖掘。等掘到七尺，便發現一穴，如五石甕大，有栗七八斗。原來此地過去曾為稻田，因螞蟻撈窩，故土裏含米。儘管如此，「死耗子」還是讓他這只「貓」逮住了，所以當時朝野上下都以綽為神人。〔註18〕

三、唐代風水人物

張說

《唐世說》：開元十五年正月，集賢學士徐堅請假往京兆葬其妻。岑氏問兆域之制於張說，說曰：墓而不墳，所以反本也。三代以降，始有墳之飾。斯孝子永思之所也。禮有貴賤升降之度，俾存沒之道各得其宜，長安神龍之際有黃州僧泓師者能通鬼神之意，而以事參之。僕嘗聞其言，猶記其要。墓欲深而狹。深者，取其幽；狹者，取其固。平地之下一丈二尺為土界，又一丈二尺為水界，各有龍守之。土龍六年而一暴，水龍十一年而一暴。當其隱者，神道不安。故深二丈四尺之下，可設窀穸。墓之四維，謂之折壁，欲下闊而上斂，其中頂謂之中樵，欲俯斂而傍殺。墓中不置瓴瓿瓷瓦，以其近於火；不置黃金，以其久而為怪。不置朱丹雄黃礜石，以其氣烈使墳上草木植而不潤。鑄鐵為牛豕之狀，可以示二龍。玉潤而潔，能和百神。置之墓內，以助神道。僧泓之說如此，皆前賢所未達也。桓魋石槨，王姓裸葬，奢儉既過，各不得中。近大理卿徐有功持法不濫，人用賴焉。及其葬也，儉不踰制。將穿墓，占曰：必有異應，以旌若人。果得石堂，其大如釜。中空外堅，四門八牖。占曰：此天所以助有德也。置其墓中，其後終吉。後優詔褒贈，寵及其子。開府王同皎以外戚之貴，墳墓踰制，襚服明器羅列十里。墳土未乾，家毀子死。殷鑒不遠，子其擇焉。〔註19〕

釋一行

僧一行（673～727），俗姓張氏，先名遂，魏州昌樂（河北鉅鹿）人，武功令張擅之子。一行少聰敏，博覽經史，尤精曆象、陰陽、五行之學。時道士

〔註18〕（清）嵇曾筠等監修，沈翼機等編，《浙江通志》，卷一百九十七。文淵閣四庫全書，臺灣商務印書館景印本，第530冊，p。

〔註19〕（明）彭大翼撰，張幼學增訂，《山堂肆考》卷一百六十五。文淵閣四庫全書，臺灣商務印書館景印本，第977冊，p346～347。

尹崇博學先達，素多墳籍。一行詣崇，借揚雄《太玄經》，將歸讀之。數日，復詣崇，還其書。崇曰：「此書意指稍深，吾尋之積年，尚不能曉，吾子試更研求，何遽見還也？」一行曰：「究其義矣。」因出所撰《大衍玄圖》及《義決》一卷以示崇。崇大驚，因與一行談其奧賾，甚嗟伏之。謂人曰：「此後生顏子也。」一行由是大知名。

武三思慕其學行，就請與結交，一行逃匿以避之。尋出家為僧，隱於嵩山，師事沙門普寂。睿宗即位，敕東都留守韋安石以禮徵，一行固辭以疾，不應命。後步往荊州當陽山，依沙門悟真以習梵律。

開元五年，玄宗令其族叔禮部郎中洽齎敕書就荊州強起之。一行至京，置於光太殿，數就之，訪以安國撫人之道，言皆切直，無有所隱。……

一行尤明著述，撰《大衍論》三卷，《攝調伏藏》十卷，《天一太一經》及《太一局遁甲經》《釋氏系錄》各一卷。時《麟德曆經》推步漸疏，敕一行考前代諸家曆法，改撰新曆，又令率府長史梁令瓚等與工人創造黃道遊儀，以考七曜行度，互相證明。於是一行推《周易》大衍之數，立衍以應之，改撰《開元大衍曆經》。至十五年卒，年四十五，賜諡曰「大慧禪師」。〔註20〕他還有《地理經》十五卷，《呼龍經》一卷，《金歌四季氣色訣》等著述傳世。〔註21〕關於郭璞葬書的研究，在唐玄宗時期，一行還奉敕參與了郭璞葬書的注解。和張說、僧泓等合作注解郭璞的葬書，名曰《錦囊經》〔註22〕。

司馬頭陀

司馬頭陀，名曦。司馬頭陀曾學習堪輿之術，歷覽洪都（今南昌）諸山，鈐地一百七十餘處，多有所驗。一日至奉新，參百丈曰：近於湖南得一山，乃一千五百善知識所居。百丈曰：老僧可住否？曰：不可。和尚骨相，彼骨山也。時華林覺為首座。詢之，不許。一見典座靈佑曰：此為山主人也。後往住山。連帥李景讓率眾建梵宇，請於朝賜號同慶寺。天下禪學輻輳，竟如其言。〔註23〕

〔註20〕（後晉）劉昫撰《舊唐書》卷一百九十一，列傳一百四十一，中華書局，1975年版，第16冊，p5111〜5113。

〔註21〕（元）脫脫等撰《宋史》卷二百六，志第一百五十九，藝文五。中華書局，1985年版，第15冊，p5258。

〔註22〕（晉）郭璞撰，（唐）張說等注解，《錦囊經》卷首張說序暨葬書正文注解，九州出版社線裝本，《增補四庫青烏輯要》第3函。

〔註23〕（清）謝旻等監修，陶成等纂修，《江西通志》，卷一百六，引安志。文淵閣四庫全書，臺灣商務印書館影印本，第516冊，p508〜509。

又，司馬頭陀還是一個高明的禪師：釋靈佑《指月錄》記載：司馬頭陀見百丈，談溈山之勝，丈語眾曰：若得一語出格，當與住持。即指淨瓶問曰：不得喚作淨瓶。汝喚作甚麼？師（司馬頭陀）踢倒淨瓶便出。丈笑曰：第一座輸卻山子也。師遂往，稱為仰宗焉。〔註24〕

唐代元和年間僧廣慧建造的湖南益陽縣白鹿寺，就是司馬頭陀所卜地。〔註25〕

又，明江西人陳謨在《羅大可合葬墓誌銘》中記述了羅大可祖上曾得名地師司馬頭陀所相吉宅：

> 名地師司馬頭陀得吉宅於千秋鄉牛耘田。師云：法當退十年，大進。且生賢嗣。果八年生見可，又云後十年再見，果生大可，諱德生。〔註26〕

清人毛奇齡在《寧州龍安山兜率寺重興碑記》中亦記述了司馬頭陀在唐代曾有龍安兜率寺必然會出高僧的預測，且得到後來的驗證：「嘗聞兜率初興，有司馬頭陀者來相是山，預記若干年後必當有聖僧先後相繼開演。故自隋唐五代，代有德士。而延至趙宋，則臨濟、雲門兩兩分見。其在慈明之後者，則曰無證，曰志恩，曰從悟。而在匡真之後者，則曰擇梧，曰景常，曰維顯。前後記驗，歷歷不爽。」〔註27〕

馬投潭，在奉新縣西四十里中會村。俗稱司馬頭陀於此潭赴水，從頭陀山寺後井中出。令呼為司馬井。〔註28〕

司馬頭陀的著作，計有《地理括》一卷，《六神回水決》一卷，《括地記》一卷。〔註29〕

〔註24〕（清）邁柱等監修，夏力恕等編纂《湖廣通志》，卷七十五。文淵閣四庫全書，臺灣商務印書館影印本，第533冊，p782。

〔註25〕據（清）邁柱等監修，夏力恕等編纂《湖廣通志》，卷七十五。文淵閣四庫全書，臺灣商務印書館影印本，第533冊，《湖廣通志》卷八十記載。文淵閣四庫全書，臺灣商務印書館景印本，第534冊，p116。

〔註26〕（明）陳謨撰《海桑集》，卷八。文淵閣四庫全書，臺灣商務印書館景印本，第1232冊，p676。

〔註27〕（清）毛奇齡撰《西河集》，卷六十六。文淵閣四庫全書，臺灣商務印書館景印本，第1320冊。

〔註28〕（清）謝旻等監修，陶成等纂修《江西通志》，卷七，文淵閣四庫全書，臺灣商務印書館影印本，第513冊，卷七，p271。

〔註29〕（宋）鄭樵撰《通志》，卷六十八，文淵閣四庫全書，臺灣商務印書館景印本，第374冊，p429。

呂才

呂才，出身於寒門。在唐太宗主政期間，曾奉朝廷旨意整理宅書、葬書、婚書等文獻。絕大多數文獻都已經亡軼。現僅存上書表中的《敘宅經》、《敘祿命》、《敘葬經》三篇文字。

呂才以大量歷史事實和深刻的推理分析，揭露了宅經、祿命、葬書的荒誕虛偽，充分顯示了他的無神論思想的價值。在陰陽迷信充斥、「舉世相惑」的時代，他對《宅經》、《祿命》、《葬書》的深刻批判，放射出獨立思考的理性光輝，是對中華傳統文化的有力捍衛。

呂才之所以能對宅經、葬書、祿命等書中的荒誕虛偽部分給予有力的批駁，源於他的哲學思想是元氣論：

> 且天覆地載，乾坤之理備焉；一剛一柔，消息之義詳矣。或成於晝夜之道，感於男女之化，三光運於上，四時通於下，斯乃陰陽之大經，不可失之於斯須也。至於喪葬之吉凶，乃附此為妖妄。〔註30〕

他是歷史上首次明確揭露葬書的荒誕源於對元氣論的附會。他認為元氣就是世界的本源。這個表述非常重要。我們知道，在呂才的眼中，世界的本源為「極微」。這個極微「數乃無窮，體唯極小，後漸和合，生諸子微，數則倍減於常微，體又倍增於父母。迄乎終已，體遍大千；究其所窮，數唯是一。」這個表述，呂才自己說跟《易繫辭》中的「太極生兩儀，兩儀生四象，四象生八卦，八卦生萬物」是言異義同。〔註31〕可見，呂才的哲學見解還是周易的思想。他對風水術批判的高度，達到了時代的極致。

當然，呂才對陰陽術數的批判，也與最高統治者唐太宗的支持有關。唐太宗的太子舉行冠禮。「少傅蕭瑀奏：據《陰陽書》不若二月。上曰：『吉凶在人，若動依陰陽，不顧禮義。吉可得乎？循正而行，自與吉會。農時急務不可失也。』」〔註32〕太宗以《陰陽書》行之日久，近代以來，漸至訛偽。穿鑿既甚，拘忌亦多。遂令有司重加修撰。

僧泓

僧泓，又名道泓，黃州（黃岡）人。幼為沙門，與天官侍郎張敬之厚善，

〔註30〕（唐）呂才《敘葬書》，見《舊唐書》，卷七十九。列傳第二十九，中華書局，1975年版，第8冊，p2724。

〔註31〕據《大正藏》卷五〇，第265頁，明睿致柳宣書。

〔註32〕（清）傅恒等奉敕編撰《御批歷代通鑒輯覽》，卷五十，文淵閣四庫全書，臺灣商務印書館景印本，第337冊，p24。

所言吉凶，無不驗。〔註33〕善陰陽算術，武則天當政時，泓師曾幫著張說（燕公）在京城長安東南購置一宅，並告戒說：「此宅西北地最是王地，慎勿於此取土。」過了一個月，泓師又對燕公說，此宅氣候忽然索漠，肯定有人在西北角取土，燕公與泓師一起到西北角查看，果然有取土處三，皆深丈餘。泓師大驚曰：「禍事！令公富貴止一身而已，二十年後，諸君皆不得天年。」燕公驚問：「可否填之？」答曰：「客土無氣，與地脈不相連。今縱填之，如人有瘡疾，縱有他肉補之，終是無益。」後來燕公之子張均、張即皆被安祿山委任大官，叛亂平定後，張均被誅殺，張即被流放。竟如其言。泓師曰：「長安永寧坊東南，是金盞地。安邑里西，是玉盞地。」後來永寧坊為王鄂宅，安邑為北平王馬宅，王馬二人都進入官，王宅累恩賜韓弘正、史憲成、里載義等，所謂金盞破而再制；馬為奉誠園，所謂玉盞破而完也。又曾相李吉甫宅：同書第29頁另一面《水凶穴吉金盆格，雖壞可從革。水吉穴凶如玉杯，一破永無完》條：唐李吉甫宅，泓師謂其地如玉杯。牛僧孺宅謂金杯，云：玉杯一破無復全，金杯若傷重可完。牛僧孺宅在新昌里，本將作大監康言（應為康謷素）宅，自辨岡阜，以其地當出宰相。每命柏公言必引領望之。宅卒為牛僧孺所得。吉甫宅至德裕貶，其家滅矣。同書第33頁記載泓師跟張說友善，曾在屏風後暗相拜百官，發現源乾曜的故事：「泓師自東洛回，言於張說曰：闕門道左右山岡甚好。試請假兩三日，有百僚起居到者。貧道於簾間竊視之，閱其貌相，甚貴者付此地。說如其言請假，兩三日內三士三公以下早集，泓於簾間視之而言曰；或以貴大，福不再至；或不消此地，反以為禍。須臾，閹者報源乾曜在門外。泓忽見之，走赴於說曰：此人賢不可言。官位宜得臺甫。公禍召之與語，方便問要葬地否？說傳聲召之。乾曜至，坐語。遂顰蹙云：乾曜先塋在闕門，先附人。尚未遷祔。今請告歸洛，赴先遠之期。《禮記》曰：凡卜葬，曰衰事。曰先遠。故來拜辭。燕公具道泓之所言地，必須商量取便，與泓師同行尤佳。乾曜辭以家貧無鈔買地，亦不敢煩泓師同行。後泓省親，東歸洛，經闕門，潛底源氏墓，合泓前之所言也。循環閱視遲留久之。回謂燕公曰；天贊源氏子大貴矣。後乾曜自京兆尹拜相為侍中僅二十年。〔註34〕

僧泓還曾向唐玄宗推薦郭璞葬書，唐玄宗命張說等為葬書做注解。《錦囊

〔註33〕（明）王圻撰《續文獻通考》，據《湖廣通志》卷七十四「黃州府」下第1條。
〔註34〕以上引文並出（唐）楊筠松撰《黑囊經》，九州出版社線裝本，增補四庫青烏輯要，第2函。上冊，p29，p33。

經》卷首載張說《錦囊經序》：「開元十四年八月二十八日，上幸華清宮望尋雲樓，宣泓師問山川形勢，每事稱郭璞葬書。上令進呈。師以此書天下秘法。恐宣露不神。上命以錦囊封入。置在御榻帷中，貴內臣不得見也。明日上問泓師曰：張說曾見否？師曰：說尚從臣求觀，而臣未之與也。上曰：可使見之。即令張說來。謂臣曰：使卿因朕得見異書。因指數義令師說之。師解釋如流。上驚，敕師曰；朕雖得此書，若未盡曉。卿可注之。因初臣口說授筆錄。至明年正月書成上進。上覽，大喜。謂臣說曰：此法有葬王侯之說，豈宜使凡庶盡知？當留禁中。不以付外秘書也。由是此書臣與泓師皆不復見。指明年，上與一行禪師論陰陽法術之妙，因出此書以示禪師。又復論釋數義，覆命臣說箋錄纂集，上窮天地陰陽五行之妙，下奪造化禍福吉凶之權，宣露神機，啟定國利。覆命臣說載其由來……」張說寫序時間是唐開元十六年九月。〔註35〕

丘延翰

丘延翰。字冀之。家居山西聞喜。唐朝永徽年間（650～655）以文章著名。後遊泰山，於石室之中遇異人授《海角經》，遂通曉陰陽，依法選擇，無有不吉，開元時為同鄉卜選葬地。適逢太史向皇上奏曰：「河東聞喜有天子氣，朝廷忌之，派人挖斷所葬之山的龍脈，並下詔捉拿他，可是沒有捕到。於是又下詔免去其罪，求其進京獻藝。丘以《八字》、《天機》等書進呈。被唐玄宗授予亞大夫之官，死後祀三仙祠。此乃丘氏家族所提供之信息。《舊唐書》的記載是：唐開元中，河東星氣有異，朝廷患之，遣使斷其山，究其實，則邱延翰所作之山也。捕之，弗得。詔原其罪，乃詣闕進師授《天機書》並自撰《理氣心印》三卷。」〔註36〕

百度詞條似為邱延瀚家族後裔所撰。上面說丘延翰是毌丘儉的後人。中華毌丘儉研究會在搜集丘氏文化過程中，發現民間有許多關於丘延翰的傳奇故事，尚存手抄本《偷天玄機》十餘個版式，最為完整的要數今聞喜縣姚村十一隊崔金水家保存完好的《偷天玄機》，該書的宣紙書畫，蠅頭小楷注文，以六十納音為序，配以圖畫，識曰、詩云、象示，圖文並茂。清人萬樹華所整理之《入地眼》書中記載說，丘延翰曾在唐朝司天監任過監正。曾因事犯罪，被朝

〔註35〕 （晉）郭璞撰，（唐）張說等注解《錦囊經》，見九州出版社線裝本，增補四庫青烏輯要，第3函，p1。

〔註36〕 （清）永瑢、紀昀等撰，宣統庚戌年存古堂重印本《欽定四庫全書總目》，卷一百十一，子部術數類存目二，p25。《天機素書》提要。

廷監押。後因黃巢之亂，得楊筠松幫助逃離長安，傳堪輿術於楊筠松。

萬樹華的所謂楊筠松救丘延翰，丘延翰傳授風水術給楊筠松，實無可能。因為丘氏家族所提供的信息表明：丘延翰650～655年間以文章知名於時，就算早慧。那丘延翰也是 625～630 年間出生。《舊唐書》記載開元中，也就是726年左右，他已經是驚動朝廷的風水師，按照前述時間點推算，朝廷召見時他已經百歲老人了。如何還能夠再活一百五六十歲，跟楊筠松扯上關係？因為楊筠松任職司天監，時在唐懿宗時期，也就是黃巢起義的歲月。那就是西元878年～884年的樣子。

卜應天

卜應天，字則巍，號崑崙子，又稱濮都監。卜應天世居贛州，被舉薦太史不久而入道門，為黃冠師。因自許「心地雪亮，透徹地理」，因而將其著作取名《雪心賦》。《雪心賦》是中國堪輿學中的名著，是形勢法（巒頭法）風水的經典。據《江西通志》所依據的《贛州府志》記載，這個濮都監和楊筠松是同一個時期從長安逃出來的朝廷司天監官員。

嚴師

嚴師，唐開成（836～840）時人，忠州墊江縣吏。曾為蜀人冉端父看墓。後因嚴師動了王氣，遭懲罰。

其人「善山岡，為卜地，云：合有王氣羣聚之物。掘深丈餘，遇蟻城方數丈，外重雉堞，皆具子城譙櫓，工若雕刻。城內分徑街。小垤相次，每垤有蟻數千，憧憧不絕。徑甚淨滑。樓中有二蟻：一紫色，長寸餘，足作金色。一稍小，有羽，細腰白翅。翅有經脈。疑是雌者。眾蟻約有數斛。城隅小壞，以堅土為蓋。故中樓不損。既掘露，蟻大擾。若求救之狀。吏邃請縣令李一之詣觀。已，勸吏改卜。嚴師伐其卜驗為得地。請遷蟻於岩側。狀其所為，仍布石粟，覆之以板。經旬，嚴師忽得病若狂，或自批，觸穢罳，大呼數日不已。令素厚嚴。因為祝蟻，療以雄黃丸方愈。」〔註37〕

楊筠松

楊筠松。按《地理正宗》：楊筠松，字叔茂，竇州人，長期居住江西，號救貧先生。曾以《疑龍經》、《撼龍經》、《立錐賦》、《黑囊經》、《三十六龍》等

〔註37〕（宋）李昉奉敕編《太平廣記》，卷四百七十六，文淵閣四庫全書，臺灣商務印書館景印本，第 1046 冊，p490。

書。被後人尊為江西派祖師。又據《江西通志》記載：筠松，竇州人，僖宗朝國師，官至金紫光祿大夫，掌靈臺地理事。黃巢破京城，乃斷髮入崑崙山步龍。曾路過贛州，以地理術行於世。自稱救貧仙人。卒於贛州，葬於中樂口（今名中藥壩）。著書多部，在興國三僚開創中國風水。是風水術由朝廷壟斷走向民間自由發展的代表人物。

曾文辿

曾文辿。江西寧都人，楊筠松高弟，作《尋龍記》與《陰陽問答》。

范越鳳

范越鳳，字可儀，號洞微山人，江西寧都人，（一說浙江縉雲人）楊筠松高弟。作有《尋龍入式歌》和《陰陽問答》〔註38〕而晁公武《郡齋讀書志》則記述所見《洞林別訣》一卷，係江南范越鳳集郭璞所記諸家地理得失為此書二十四篇，並司空玨《尋龍入式歌》。若然，則尋龍入式歌就不是范越鳳所作，而是司空玨所撰。范越鳳只是在該書中輯錄進去了司空玨的《尋龍入式歌》而已。

（廬山）「五井俱在都昌縣境內。相傳五代范越鳳過此，喜其地合五行，故濬之。」〔註39〕范越鳳撰《尋龍入式歌》一卷，〔註40〕又有《洞林照膽》一卷，又名《洞林別訣》，相傳為縉雲人，家於將樂。〔註41〕范越鳳的相地經驗，還曾被無名氏輯錄入《地理口訣》一書。見《直齋書錄解題》，卷十二。又，《山堂肆考》，卷一百六十五《爭龍爭主》條載有范越鳳的看山龍要訣：「范越鳳曰：千山萬水最難狀，中有來龍為主將。前峰磊落盡拱揖，端然一穴龍頭上。忽若破碎無定形，爭龍爭主休尋訪。注云：羣山雖多，必有一山為主，一山為賓。如有兩山入路而無賓主之情者，謂之爭龍爭主之地，主大凶。」

〔註38〕　此據清康熙時人，《羅經秘解》一書作者傅禹的自序。

〔註39〕　（清）謝旻等監修，陶成等纂修《江西通志》，卷十二，文淵閣四庫全書，臺灣商務印書館影印本，第 513 冊，p404。

〔註40〕　（元）脫脫撰《宋史》，卷二百六，第 15 冊，p5259。

〔註41〕　（宋）陳振孫《直齋書錄解題》，卷十二，文淵閣四庫全書，臺灣商務印書館景印本，第 674 冊，p753。

第十九章 歷代風水人物考（下）

一、宋元時期的風水人物

胡舜申

胡舜申，安徽績溪人。胡舜陟弟。「通風土陰陽之術，世所傳江西地理新法，出於舜申。紹興間自績溪徙居吳，暇日以其術行四郭而相之，以為蛇門不當塞，作《吳門忠告》一篇」。〔註1〕胡舜申是宋紹興年間（1131～1162）從安徽績溪（歷史上又稱新安）移居平江。范成大修志別具慧眼保存了這篇蘇州歷史文獻，讓我們依據這篇風水文獻不難逆推所謂江西地理新法就是九星八卦法，就是理氣派的新思維。若然，說理氣派是閩派，實在是沒有道理。因為九星八卦法就是胡舜申發明的。若然，則賴文俊的《催官篇》還要晚很多年才能問世。現將《吳門忠告》全文抄存在這裡，供有心者參考：

開胥蛇門議（又名《吳門忠告》）

宋 胡舜申

吳城以乾亥山為主，陽山是也。山在城西北，屹然獨高，為眾山祖，傑立三十里之外。其餘岡阜累累如群馬，南馳皆其支隴。城居隴前，平夷如掌，所謂勢來形止，全氣之地也。如只自城中觀之，則城中之地，亦惟西北最高。是乾亥無疑。乾為天，亥則紫微帝座所次，是謂貴龍。此城既主是山，法當用金局。乾亥於大五行屬金

〔註1〕（宋）范成大《吳郡志》卷三，文淵閣四庫全書，臺灣商務印書館景印本，第485冊，p16～18。

故也。山如此，水則當與山相應，此邦水勢自東南貪狼西南及正西武曲以至西北巨門等位來。其來皆聚於太湖。由正北廉貞及正東東北祿存而去以入於江而歸之海。其來去無一不合金局之法。故自古常為大郡國。今為行都藩輔，而吳中人物繁夥，冠蓋崢嶸，所以常甲於東南。今觀水之流派，常自閶、盤二門入，即西南西北水也。由葑婁、齊三門出，即正東正北東北水也。其於來去之法固合。然所以導迎善祥氣者尚有缺然，蓋胥塘自正西帝旺來，是謂武曲之水，本由胥門入運河，自吳江東南長生來，是謂貪狼之水。本由蛇門入。頃歲乃塞胥、蛇二門而生旺之水遂不得朝鄉城中，此其為害明。陰陽風水者常歎息於斯，胥塘之水尚由閶、盤二門委曲而入城，東南長生之水乃環城而東，徑由葑門之外以出於城中，了不相關。此尤可歎惜。故自頃以來，城市蕭條，人物衰歇。富室無幾。且無三世能保其居，安土宜達者比承平時寖少。至建炎之禍，一切掃地。至舉城無區宅能存，數百千年未之有也。按地理法，生、旺二水利害最切，猶人身氣血榮衛，今塞絕之，能安強乎？明知者願圖回其事，復開二門，導水入城，以幸此邦可也。

胥門適當姑蘇新館，勢不可動。又武曲但主財富而已。蛇門之水為貪狼，主文筆官職之事。於理為重複開之便。政和修城於諸故門，雖已塞，然皆刻石於右以識。今石刻具存，但襲府圖之誤，以蛇門為赤門爾。蛇門在城之巳方，故以蛇名。赤門以在城正南至陽之地，其義可考。況蛇門直南正對吳江運河，今舟船自南來，非東入葑門，即西入盤門。皆迂遠十數里，於水行非便。昔吳王闔廬始作城，伍子胥實規畫之。立陸門八，以象八風；水門八，以象八卦。其後諸門開閉不常。吳時欲以絕越，遂不開東南門即蛇門也。不知塞絕生氣，故終為越所滅。茲亦明効大驗。至吳晉李唐時，諸門未嘗不開，故左太沖賦吳都有通門二八水道陸衢之語。劉夢得詩亦曰「二八城門開道路」，故晉唐時吳下最為雄盛。今所啟門者五，餘皆閉塞。而甚不可塞者，惟蛇門。究所以閉塞，圖經之說為其多途艱於守衛幾禁。噫！抑末矣。今清蹕暫駐，錢塘吳尤當開東南之門以申朝拱之義焉。吳城門不常啟閉，舊矣。昔年蓋嘗於八門之外又開赤、平二門。而葑門陸衢蓋嘗塞矣。范文正公守郡，始命辟之，往

　　來至今為便。誠能遠跡晉唐，近效文正，復辟蛇門，東南盧秀之氣
　　疏導迅發，儒道利亨文物之盛非復今日吳下矣。乾道甲申冬直秘閣
　　沈度守郡，與舜申舊同僚，知其說，心善之。明年春，邦人以為請
　　度。即命官吏行視其處，將以十二月乙丑啟蛇門，部置已定，會屬
　　邑轍呼帶郭民戶悉具畚鍤克期赴役。號召隱然有異意者，以為擾民。
　　度避謗乃止。淳熙乙未（1175）春秘閣修撰韓彥古起復為守。其秋，
　　邦人申前請，彥古欣然從之。卜以九月十二日庚寅差役。八月，彥
　　古罷。是時舜申年八十五矣。慨然惋惜，謂天時人事難合如此。復
　　為後序告來者。

　　胡舜申所創的五星八卦地理新法在宋末元初大受歡迎，我們這裡還有一
條證據。這個證據是元朝初年大儒吳澄的《贈葬師賴山泉序》：

　　　　能原其來於百、十里之外，而不能乘其止於一、二尺之內。此
　　察地理者之通病也。學者鍾生問術於寧都之賴葬師，而得其文持以
　　示予，予曰：「此真術也！」既而賴師來過，驗之果然。噫！此術傳
　　之者秘，故能之者稀。師固能矣，然真術不行，行術不真。不若五
　　星新法之曼衍而易售也。能者不輕為人葬，不輕與人言。其毋貴人
　　之利而賤己之藝哉！〔註2〕

　　這個賴葬師顯然不是賴布衣。但吳澄的立場是鮮明的。他並不認同所謂的
「五星新法」。但五星新法卻不以人的意志為轉移，因其易售而廣泛流傳。

　　這個胡舜申，除開《吳門忠告》這篇風水文獻外，尚有《乙巳泗州錄》一
卷，主要記載宋徽宗幸泗州及朱勔父子往來等事。《己酉避亂錄》則記載己酉
年金兵攻佔平江（今蘇州）事。宋代江西是風水重鎮，傳統是巒頭派。但胡舜
申的「五星新法」即五星八卦法或曰理氣法的出現，加上後來的賴文俊催官風
水，極大地滿足了人們快速掌握風水技巧，快速發富發貴的急功近利心態。於
是，在傳世的風水著述中出現了不少令人困惑的現象，即使四庫全書的館臣們
也解釋不清。比如，由南唐何溥撰著的《靈城精義》一書，何以上卷是巒頭派
理論，下卷卻是五行八卦也即理氣派理論？何以書後的引用書目還會有明朝
的風水著作？我的解釋比較簡單：何溥的學說傳承有序，當年因為風水見解不
同，觸怒當權派，被貶官休寧。傳其學於外甥游家。且游家一直到明代還曾派

〔註2〕（元）吳澄撰《吳文正集》，卷二十六，文淵閣四庫全書，臺灣商務印書館景
　　　印本，第1197冊，p278。

人參加天壽山皇陵也即十三陵的選址，宋元明清代有傳人。這肯定是錯不了的。《靈城精義》之所以出現上、下卷所用風水理論不能保持前後一致的問題，恰好說明游家在傳承過程中為了生存，積極吸納新出的五星八卦理論，用羅盤格龍這些簡便易學的新東西。至於引用書目，更是後來子孫的事情。風水術士和我們學者專家的想法並不相同。再說，誰敢說《靈城精義》經過 1100 多年的傳承，後人不會往裏面塞進去新的東西？在他們增補老祖宗的著述時，又有修訂人的水平等問題。這情形就和家譜修編一樣。十年浩劫後，各姓氏復興修家譜之風。有些中「文革」流毒太深的人，將族譜上的譜序、家訓等信息刪除者有之，對古代流傳下來的世系殘缺部分胡亂拚補者有之。將他姓他族名賢拉來裝點門面者有之。修譜這件事還沒有經濟效益考量。風水書的刊刻還有經濟效益的考量。就是希望別人買。另一個就是考慮到使用參考的方便。相傳是楊筠松撰寫的《黑囊經》，下冊塞進了清代四庫全書中的協紀辯方的不少內容。我們不能說這本書和楊筠松一點關係都沒有，只是後面的部分是清朝人為了風水師參考方便塞進去的。《靈城精義》裏有五星八卦，也可作如是觀。

　　胡舜申的生卒年都缺少記載。其兄長胡舜陟的簡歷可做一參考：「胡舜陟字汝明，徽州績溪人。登大觀三年進士第。歷州縣官，為監察御史。」查大觀三年為西元 1109 年。假定兄長中進士時為 22 歲，則其弟至少有 18 歲。則胡舜申大約生於 1089 年左右。（據《吳門忠告》知胡舜申生年為 1090 年）考察胡舜申這個時間段，1148 年左右來到蘇州。則這個時間段在楊筠松後，賴文俊前，當無問題。因此，由他來創制江西風水的新法。自然各種條件都具備。

　　另據元代大儒吳澄稱，他記述自己家鄉江西撫州風水之書特別多。不僅有舊法風水，也有新法風水。有些風水書為了佔領市場，還在原來舊法的基礎上增加新法。如：他記述一個叫饒敬德的撫州老鄉整理出版的《地理類要》一書，他在序言中介紹說這本書中不僅有他從前看過的老風水術的內容，而且還有「近年新術，舊所未有者，亦載其中。」〔註3〕

　　這個新術，在風水術系統中，當指五星八卦無疑。

蔡發

　　蔡發（1089～1152），字神與。博學強記，高簡廓落，不能與世俗相俯仰。因去遊四方，聞見益廣。遂於易象天文地理三式之說無所不通。而皆能訂其得

〔註3〕（元）吳澄撰《吳文正集》卷二十三，文淵閣四庫全書，臺灣商務印書館景印本，第 1197 冊，p245～246。

失。杜門掃軌，專以讀書教子為事。季通生十年即教使讀西銘，稍長則示以程氏語錄、邵氏經世、張氏正蒙，而語之曰；此孔孟正脈也。季通承厥志，學行之餘，尤邃律曆。討論定著，遂成一家之言。使千古之誤曠然一新。而遡其源流皆有成法。是亦足以顯其親於無窮矣。季通律書法度甚精，近世諸儒皆莫能及。〔註4〕蔡發撰有《發微論》，但四庫全書館臣作蔡元定著。〔註5〕蔡氏父子在風水史也是經常被弄混的人物。蔡發的風水著作《發微論》在後世不少地理書中，被寫成蔡季通或蔡元定撰，暫難定論。

蔡元定

蔡元定，字季通。蔡發之子。係朱熹弟子兼好友。朱熹稱其字不稱其名。蔡元定繼承家學。其最具代表性的學術著作是《律呂新書》。該書曾被朱熹激賞。認為：「法度甚精，近世諸儒皆莫能及。」蔡元定曾刪定郭璞《葬經》。蔡元定曾多次協助朱熹為其父母妻子選擇墓地。朱熹全集中多見其蹤影。另據張九儀《穿山透地真傳》，這位曾批評郭璞葬書中的「五不葬」不足信，批評楊筠松羅盤存在十三大問題，自信到了口出狂言「造物禍福之機任我推移，山川不得主持」〔註6〕的張九儀，對蔡氏則十分推崇。對他和朱熹商定羅經人盤刻度安排極其佩服。多次稱其為蔡子。可見蔡元定在這位風水狂士心目中的地位。

吳景鸞

吳景鸞，字仲祥，江西德興人，西漢長沙王吳芮後裔，其祖父吳法旺精通天文、地理。其父親吳克誠曾師從宋代著名易學家、五代末、北宋初華山道人陳摶（圖南）學習易經和堪輿之術，受其影響，吳景鸞自幼對風水訓練有素、精研有驗。慶曆元年（1041），宋仁宗下昭選拔陰陽家，本郡學官推舉吳景鸞入京面試。果然受到宋仁宗賞識，被授予司天監正職。然而不久因為論牛首山奏摺中有「坤風側射，厄當國母離宮；坎水直流，禍應至尊下殿」等大不敬之語而被下大獄。一直到仁宗去世，才被大赦，出獄後向皇帝獻《中幹圖》，也未受賞識，遂佯狂削髮，修道於湖北天門縣白雲山洞，常往來於饒、興二州

〔註4〕（宋）朱熹《律呂新書・序》，文淵閣四庫全書，臺灣商務印書館景印本，第212冊，p1。
〔註5〕（宋）蔡元定《發微論》，文淵閣四庫全書，臺灣商務印書館景印本第808冊，p189。
〔註6〕（清）張九儀《穿山透地真傳》上冊，p3，九州出版社線裝本，《增補四庫青烏輯要》，第12函。

（均在江西）。著有《理氣心印》、《吳公解義》等。宋英宗治平初年（1064）遺書予女而終。

吳景鸞在宋真宗皇陵選址上惹惱高層決策派，主要原因是宋朝王室和大臣中當家的宰相丁謂堅信五音姓利的葬埋選址方法。而吳景鸞所學的則是江西派巒頭學說，和朝廷當權派重視的五音姓利說水火不容。因此，他在論牛頭山陵址的選擇失誤時忍不住對陵址選擇主管人邢中和進行痛斥：

邢中和者，未辨地理，妄指山龍，虛誕恐壞於皇圖，詭偽或危於國祚。青烏之書不聞，倒辨山崗；郭璞之經安見，順遷地理。

他說，牛頭山的方案不能實施，實施了就會大禍臨頭：「臣切說牛頭山，獻納圖形，龍脈偏枯，山崗撩亂，山不高於旺相，水不敗於鬼鄉。白虎崢嶸，青龍低陷。箭風劍水，暗射交衝。三劫賊山，照臨凶位；八煞惡水，流入刑方。玉堂缺陷，寶殿空虛，坤風直射，厄當國母離宮，未水傾流，禍應至尊下殿。巳方殺見，午地劫沖，乙巳之年，隨方兵起，丙午之歲，逐處禍生，劍刃長凝於赤血，人民盡染於瘟疫，戶口逃亡，軍兵反叛。陛下若興此地，財輸北闕，位失南朝。伏乞睿智，廢牛頭山之山陵，興中干之勝地，則禍消災滅，凶變危除，社稷永安，皇圖鞏固。」

他力薦信州白雲山（江西上饒境內），並明確表示願意以一家老小的性命押寶。「陛下不納臣言，乞將臣與邢中和，同拘囚禁，以竣應驗，然後知臣非敢詐偽，以干恩寵。」吳景鸞自信滿滿，後來事實也證明他預測不虛。他這種只認是非，不計利害的敬業精神，在中國風水歷史上絕無僅有。

世傳吳景鸞罷官後隱居湖北天門白雲山洞，於英宗治平四年（1064）臨終前將其著作傳給女兒和女婿張道明。再由女婿傳給廖瑀。即宋代的廖瑀。

吳景鸞留下的風水案例有婺源朱文公祖地；德興張忠定公祖地；樂平沐國公留題祖地；德興金山土窖張翰林祖地；浮梁盧氏九瘻夫人祖地；德興董氏祖地，徽州府城等。

目中無人，敢於批評郭璞、楊筠松的張九儀，批評過吳景鸞的徽州府城址選擇，但對他的另外五個風水案例則未加批評。

劉謹

劉謹，江西上饒人。著有《囊經》。〔註7〕

〔註7〕（清）傅禹，《羅經秘傳‧自序》，九州出版社線裝本，《增補四庫青烏輯要》，第11函。

徐仁旺

宋信州（江西上饒）白雲山人。徐仁旺嘗表奏與丁晉公議遷定陵事。仁旺欲用牛頭山前地，晉公定用山後地。爭之不可，仁旺乞禁繫大理以俟三歲之驗。卒不能回。仁旺表有言山後之害云「坤水長流，災在丙午年內；丁風直射，禍當丁未年終。莫不州州火起，郡郡盜興。聞之者初未以為然，至後金人犯闕，果在丙午。而丁未以後，諸郡焚如之禍相仍不絕。幅圓之內，半為盜區。其言無不驗者。」〔註8〕

王伋

王伋，字肇卿，一字孔彰，原籍開封。其祖父王訥因王樸金雞曆法有差，被貶居住江西贛州。王本人幼年致力科舉，科舉不利，後棄家流浪江湖。因喜愛歐江龍泉山水，便在此定居下來，王深明堪輿之學，對閩派風水的形成具有重大影響，死後弟子葉叔亮傳其《心經》及《問答語錄》。王伋曾云：「陰陽家無他，惟忌、樂二字而已。樂惟樂其純陽純陰；忌惟忌其生旺庫墓。此水法也。謂如子午向，午水甲水皆可向。即純陽艮震山庚辛水流即純陰。」〔註9〕「納交於何、管、鮑、張諸家，為之卜葬。隨有何太宰、管樞密、鮑制置、張諫議者出。」〔註10〕

王禕《青岩叢錄》曰：擇地以葬，其術本於晉郭璞。所著《葬書》二十篇，多後人增以謬妄之說。蔡元定嘗去其十二而存其八。後世之為其術者分為二宗：一曰宗廟之法，始於閩中，其源甚遠，至宋王伋乃大行。其為說主於星卦陽山陽向，陰山陰向，不相乖錯，純取八卦五星以定生剋之理。其學浙中傳之，而用之者甚鮮。一曰江西之法，肇於贛人楊筠松。曾文迪及賴大有、謝子逸輩尤精其學。其為說主於形勢。原其所起，即其所止。以定位向。專指龍穴砂水之相配而他拘泥在所不論。今大江以南無不遵之者。二宗之說雖不相同，然皆本於郭氏者也。〔註11〕另據明朱升記述，王伋還有一個叫趙卿的合作

〔註8〕（宋）何薳，《春渚紀聞》，卷一。文淵閣四庫全書，臺灣商務印書館景印本，第863冊，p453。

〔註9〕（宋）周密撰《癸辛雜識・別集》卷上，引《括蒼匯記》，文淵閣四庫全書，臺灣商務印書館影印本，第1040冊，p120。

〔註10〕（清）嵇曾筠等監修，沈翼機等編纂《浙江通志》，卷一百九十七，文淵閣四庫全書，臺灣商務印書館影印本，第524冊，p376。

〔註11〕《郭璞葬書提要》，《叢錄》，（明）王禕《王忠文公集》卷二十，文淵閣四庫全書，臺灣商務印書館景印本，第1226冊，p430～431。

者，兩人合著有《指蒙書》、《撥砂詩》，《心經》諸書。〔註12〕

賴文俊

賴文俊。江西寧都人，民間相傳是曾文辿之女婿，但時間不能吻合，因為曾文辿是和楊筠松同時代人，無論如何不會活到宋代晚期。因為賴文俊是宋朝後期甚至還在元朝生活過一段歲月。世稱賴布衣，為江西派傳人，根據屈大均《廣東新語·墳語》記載：宋有賴布衣者，善相墳地，今廣東故家大姓，其始祖二世、三世墳，多賴布衣所定穴位。予宗有其二。諺曰：族有賴布衣，繁昌必有聞。又，明末清初著名風水師、《水龍經》一書的整理者蔣大鴻平階則較明確地斷定賴布衣是宋末元初人。稱賴文俊是「奇才，而生蒙古之運。佯狂詩酒，晦跡寰中。每有詠歌，文采爛發。見於會稽諸縣者可驗也。」〔註13〕

廖瑀（宋）

廖瑀，名克純，字伯禹，號平庵居士，又號金精山人，虔化縣（寧都）懷德中壩人。〔註14〕廖瑀生年不詳，但他的去世時間可以查證，即宋天禧二年（1018）葬於黃陂大橋壩雷坑金釵形。他的師承線索清楚：他的學問是當時的虔州地方長官張道明傳給他的。張太守的妻子姓吳，是北宋著名風水家、宋真宗選拔的司天監正吳景鸞的女兒。吳景鸞因為牛頭山帝陵選址問題，惹惱了皇帝。罷了他的司天監正的官，還關了他的監獄。放出來後，吳景鸞再次上書，朝廷不予理睬。這才心灰意懶，佯狂避世，來到湖北天門隱居。臨死前將其學說傳給女兒女婿，再由女婿張道明傳給本州廖瑀即廖金精。宋代廖金精所傳巒頭風水學說其上源可追溯到五代後期北宋初年隱居華山的高士陳摶。說起廖家和陳摶的關係，這裡有個資料，說的是北宋初廖家出了個人才，宋太宗很看重。偏偏英年早逝。陳摶見了，認為廖某是謫仙人，不可能久在人世：「廖執象，順昌人。七歲能詩。甫冠，入京師。赴省試。太宗覽

〔註12〕《贈地師詹仲芳序》，黃宗羲編，《明文海》，卷三百十六，文淵閣四庫全書，臺灣商務印書館景印本，第1456冊，p501。

〔註13〕（清）蔣平階，《秘傳水龍經》，中州古籍出版社叢書集成珍庫術數全書本下冊，p48。蔣平階不僅是明末清初的風水大師，他也是中國風水史上少有的文學大師。他的詩詞創作，能令同時代的詩壇鉅子陳臥子、夏允彝心折。他對賴文俊的欣賞，自然是英雄惜英雄，好漢惜好漢。我們知道中國風水史上絕大多數從業者，包括大部分著述，都缺少規範的著作體例，著作者也很少文采斐然，有著作才能的，如郭璞、蕭吉、賴文俊、蔣平階之類的著作者，並不多見。

〔註14〕龔映華，《風水贛州》引《清河郡廖氏族志》。

其文而喜之。以疾卒。朝野甚惜之。初陳摶見之，謂曰：子謫仙人也。第不能久留塵世耳。有文集十卷。」〔註15〕這個福建西部（今南平）出生的廖執象，是否為江西廖瑀的父輩，不敢臆斷。萬姓統譜的記載有比較明確的時間節點，這就是廖瑀15歲通五經。建炎中也就是1129年被地方以表現突出的名義薦舉到省城考試。可惜沒有考上。那麼，我們假定廖瑀被推薦參加考試的時間是15歲那年，那也就是1129年。逆推15年，則廖瑀生於1114年。也就是宋政和四年。則和卒於1018年又無從吻合。因此《萬姓統譜》之說不足據。

胡漢生《明代帝陵風水說》曾引廖煥仕家藏光緒二十七年（1901）《興邑衣錦三僚廖氏族譜》所記指出：「廖瑀為廖三傳長子廖通的次子」。若然，則宋代的廖瑀為楊筠松、曾文辿的曾孫輩，相隔四代也就是 100 年左右光景。這樣，和吳景鸞生平、廖家祖先傳承的代數基本可以吻合。

風水史上是誰把北宋的廖金精和明朝初年的廖金精這兩個人搞混的呢？元代曾葛谿《俯察要覽》云：

> 有兩廖瑀，前廖，樂平人；後廖，雩都人。俱號金精，術俱神。

《泄天機》本前廖著，因余芝孫增入後廖《地課》及《入式歌》，增
　首尾衍文，世遂莫知有前廖禹矣。

余芝孫是始作俑者。因為他在刊刻《泄天機》時將明代廖金精的風水案例即《地課》增入到書中，還在書前書後增加了一些原書沒有的內容。就這樣，宋代的廖金精被明代的廖金精遮蔽了。

後世學者，談到中國古代科技，特別是指南針時，都會提到沈括的《夢溪筆談》。若從學術史的角度考察，宋代的廖金精對中國風水學術的貢獻更早些。

《泄天機》是宋代廖瑀的代表作。

達僧

「達僧，姓劉氏，居安流下村水南院，師司馬頭陀，善地理之術，所著有《撼龍經》、《天元一氣》諸書，世有傳之者。」

這裡，關於《撼龍經》的作者是達僧的說法與一般以為楊筠松所作的觀點

〔註15〕（清）郝玉麟等監修，謝道承等編纂，文淵閣四庫全書，臺灣商務印書館景印本，第 529 冊，p740。

有矛盾。據李東陽之祖李祁（元朝中統元年左榜進士）在《蕭氏族譜・序》中的記述，晚唐五代時期，蕭氏的二世祖曾遇到達僧為之卜葬地。當時達僧「問其所欲，則曰：不願富貴，但願後裔溫飽，綿綿不絕耳。」〔註16〕

鐸長老

鐸長老。本姓辜。真名不詳，宋元之際，以形家數術周遊南昌等地。辜托本南昌辜坊人。少出家。居豐城龍門寺。善堪輿。世家名墓多經品題。凡有遺穴，留有讖語。時遊虎（按：應作湖，南昌有湖芒，而無虎芒地名）茫龍安寺，為李氏卜樓籠山。龍勢直急，中有劍脊。當葬期，約曰：俟我返龍安寺，鳴鐘方可下殔。及行至半路，偶龍峭寺鳴鐘，李氏不知，應鍾而下。時偶有雷震巨聲，而失僧所在。鄉人謂僧被雷所斃。理或然也。廖氏曰：第一莫下劍脊龍，殺師在其鍾。托固知之，而卒不能避矣。業是術者，當知所懼。〔註17〕江西進賢漸嶺地屬幹龍大盡，又傍撫河，有齊、王、李、徐、樊等多家墓穴，皆吉。其首結之穴為齊氏祖地。徐氏兄弟寫道：「其首結者，為齊氏祖地。托長老下。俗稱百子千孫地。自御屏中落，垂乳結穴，龍虎彎抱有情，穴前余氣長，故人丁旺。出一大參，富貴雙全。其徐氏、王氏、李氏皆為吉地，悉發科第。蓋由幹龍力大，而依傍大河，龍盡氣鍾故爾。〔註18〕鐸長老嘗為南昌劉長老相地，葬其夫婦。觀者殊易之。久之長者孕日繁昌。又為豐城李姓卜兆，初啟土時鐸輒辭去，且戒之曰：返寺鳴鐘始可窆棺。未至，偶他寺鳴鐘，遂窆棺，則鐸震死於途矣。李之族自後始大。明初則南昌劉子南新建趙子方豐城何野雲亦其亞也。〔註19〕

綜觀諸書記載，辜長老實在是一個傳說人物。若上述地方文獻傳說屬實，則《入地眼》中之辜托當係萬樹華之假託。因為《入地眼》中有弟子問辜托所扞吉穴有哪些，想學習觀摩時，他一處也沒有說。當有人問到楊筠松所留下的選穴案例時，他也是不知所云。顯見最後整理者清代南昌秀才萬樹華有重大偽託嫌疑。《入地眼》中的風水要領自然是歷史上流傳下來的，但該書中關於辜托言行的記述很可能是整理者的編造。

〔註16〕（元）李祁《雲陽集》，卷四，文淵閣四庫全書，臺灣商務印書館影印本，第1219冊，p676～678。

〔註17〕（明）徐善繼、徐善述撰《地理人子須知》卷四，九州出版社橫排本，p163。

〔註18〕（明）徐善繼、徐善述撰《地理人子須知》卷四，九州出版社橫排本，p168。

〔註19〕（清）謝旻等監修，陶成等纂修《江西通志》，卷一百六引《安志》，文淵閣四庫全書，臺灣商務印書館景印本，第516冊，p510。

郝世才

郝世才，遼金時期的風水術士。初，忠獻王尼雅滿欲贊太宗都燕。司天監郝世才本係遼臣，精於天文地理。忠獻攻討，每攜以行，所言皆驗。謂燕京土燥山遠，水泉不潤。可以威守，難以文定。若南征北伐未已，此地可居；如持盈守成，禍變必作。又泰和有童謠曰：易水流，汴水流，百年易過又休休。兩家都好住，前後總遲留。至此燕京王氣耗竭，其言驗矣。〔註20〕

吳澄

吳澄（1249～1333），字伯清，人稱草廬先生。江西臨川郡崇仁縣（今樂安縣鼇溪鎮咸口村）人。是繼宋朝程顥、程頤和朱熹之後的元代大儒。傑出的理學家、經學家、教育家。與許衡齊名，並稱「北許南吳」，吳澄以其畢生精力為元朝儒學的傳播和發展做出了重要貢獻。

和他的前輩朱熹一樣，他對整個中國古代文化都有透徹的理解，包括對世界的本原這個層次的問題，都有自己的見解，如吳文正集卷一的《原理有跋》就反映了他對世界的物質性之見解。自然他對青烏術也持有定見。在他對整個中國古代文化經典注意檢閱評說時，沒忘記《葬書》這部中華民族葬埋文化的經典：

> 《葬書》，相傳以為晉郭璞景純之作。內外八篇，凡一千一百五十八字。世俗所行有二十篇，皆後人增以繆妄之說。建安蔡元定季通去其十二，而存其八，亦既得之。然就其所存，猶不無顛倒混淆之失。惟此本為最善篇，分內、外，蓋有微意。雜篇二，俗本散在正書篇中。或術家秘嗇，故亂之也。此別為篇，倫類精矣，覽者詳焉。〔註21〕

《吳文正集》中有多篇關於風水的贈序和考證文字。對郭璞以來中國風水演變，對《葬書》的流傳過程以及歷代整理者，都有基於儒家立場的評判。用他自己的話說，就是「儒者之術，術者之儒」。如上引之《葬書敘錄》，卷十六的《地理真詮・序》，《地理類要・序》等等。

楊筠松在黃巢之亂中出奔江西贛州，將秦始皇以來向由帝王壟斷的風水

〔註20〕（宋）葉隆禮撰《欽定重訂大金國志》，卷二十四，文淵閣四庫全書，臺灣商務印書館景印本，第383冊，p970。

〔註21〕（元）吳澄《葬書敘錄》，《吳文正集》卷一，文淵閣四庫全書，臺灣商務印書館影印本，第1197冊，p21。

秘術帶到民間。吳澄是最早對此事予以記載的。詳見《地理真詮・序》。他寫道：從前相地之書是官有其書，民間是不允許收藏的。無其書也就無其術，像晉郭景純輩那樣的人，歷史上極少見到。

> 楊翁給使唐宮，秘書中得此禁術。後避巢寇至贛，為贛人言地理，術盛於江西自此始。長安蒼黃出奔時，跋涉萬里，九死一生，僅保餘息。惡有文自隨？大率指授口受，面命心得，不在書也。此術之傳漸廣，而其書之出日富，好事者增益附會之爾。極於宋末。儒之家，家以地理書自負；塗之人，人人以地理術自售。郭楊曾殆滔滔而是，噫！何其昔之秘而今之顯，昔之難而今之易，昔之寡而今之多也！〔註22〕

吳澄這寥寥數語將楊筠松在中國風水史上劃時代的歷史地位表述得至為清晰。

他在《地理類要・序》中回憶自己「少時嘗觀書市所賣地理全書，盈一車。」可見卷帙多麼繁多。經過蒙元的兵火後，《地理全書》已經很難找到全套完整的。「吾里饒敬德家，蓄地理書甚富，類其要，凡三帙。予向所睹咸具焉。加以近年新術，舊所未有者，亦載其中。約而足以該其博美矣哉。雖諸術異同不貫於一，亦在乎擇而用之者何如爾。尚記予壯歲遇一贛葬師而與之論，彼應曰：子博文之通儒，吾不識字之愚夫。若問吾術，無一字可傳，無一語可說。予不能答。信夫術家之有神秀，又有慧能也。二術未知其孰憂，有能於斯二者而權衡之乎？」〔註23〕筆者在胡舜申考論中曾介紹了范成大記述的胡舜申為「江西新法」的原創者。這裡，我們再補充一點，就是吳澄這位自少到老一直關注葬書葬術的大儒在上面所引序言中提及的「近年新術」，所指是同一回事。因為吳澄是江西撫州人。胡舜申是南昌新建人。其地理新術在天下趨於安定後大受業界歡迎，是必然的。由此，我們也就容易明白。楊筠松的歷史地位在於像孔子開創了官學下移一樣，在教育史上劃了時代。楊開創了風水秘術由朝廷壟斷而走向民間的新紀元。楊筠松的價值並不需要把所有後世術士寫的著作都放在他的名下。還是吳澄說得合理。當時「蒼黃出奔時，跋涉萬里，九死一生，僅保餘息。惡有文自隨？大率指授口受，面

〔註22〕（元）吳澄《吳文正集》，卷十六。文淵閣四庫全書，臺灣商務印書館景印本，第 1197 冊，p174。

〔註23〕（元）吳澄《吳文正集》，卷二十三。文淵閣四庫全書，臺灣商務印書館景印本，第 1197 冊，p245～246。

命心得，不在書也。」實際上，不要說唐代沒有關於楊筠松的記載，就是宋代，也只有我們從吳澄的全集裏找到的這幾條資料。《江西通志》所依據的前代志書對楊筠松事蹟的記載不會早過吳澄。歷史的看，各類風水書大量湧現都發生在宋末，或者更準確的說，主要發生在元朝建立之後的前幾十年。吳澄作為一名畢生關注風水問題又不做風水生意的通儒，作為一名和多位風水名師有過密切接觸且有文字交往的，在宋朝生活了三十年的大儒，他的記載最為可信。

梁饒

梁饒。元代人，家居江西德興，精堪輿術。時值歲暮，過樂平大汾潭，遇雪。擺渡人李翁請其歇息一夜，並設酒款待他。飲至半酣，梁饒大發感慨說：「世上何人能識我，今日時師後代仙。」聽到此言，李便向他懇求吉地，梁當即指示穴位，並囑咐說：「貴從武功來，禍後福始應。」後來李翁便葬在所選之穴。不幾年，其子以罪戍安徽定遠，生下一子，被朱元璋收養，賜以國姓，復賜姓沐，單名一英。此子於洪武十四年（1381）從傅友德取雲南，留鎮其地，死後追封黔寧王。沐氏從此繼承雲南王位，與明代相始終。〔註24〕

遠碧山

遠碧山，元代風水師。元人李昱有《贈地理遠碧山》：

澗東瀍西曾卜洛，定之方中楚宮作。

當時相宅論陰陽，猶未經營到冥漠。

後來注意馬鬣封，某丘某水尋靈蹤。

封侯作相在頃刻，芒鞋踏遍青芙蓉。

遠師本有降龍技，隨處看山逐龍勢。

金華一郡凡幾家，屢見牛眠得佳地。

我家近住東屏山，時與遠師相往還。

青囊和月掛松樹，且酌美酒開心顏。

我聞金陵帝王宅，虎踞龍蟠出奇特。

遠師飛錫宜一遊，歸來說與漁樵流。〔註25〕

〔註24〕（清）謝旻等監修；陶成等纂修《江西通志》，卷一百六，文淵閣四庫全書，臺灣商務印書館景印本，第 516 冊，p522。

〔註25〕（明）李昱撰《草閣詩集》卷二，文淵閣四庫全書，臺灣商務印書館景印本，第 1232 冊，p12。

二、明清時期的風水師

劉基

劉基（1311～1375），字伯溫，浙江青田（今浙江文成）人。元末明初政治家、文學家，明朝開國元勳。也是著名的陰陽術數大家。吳元年（1367）劉基首為太史令，進《戊申大統曆》。奏請立法定制，以止濫殺。朱元璋即位後，他奏請設立軍衛法，又請肅正紀綱，曾諫止建都於鳳陽。洪武三年（1370），封誠意伯，故又稱劉誠意。次年賜歸。劉基居鄉隱形韜跡，只飲酒弈棋，口不言功。因左丞相胡惟庸誣陷而被奪祿。入京謝罪後，不久即逝世。明武宗時贈太師，謚號「文成」。

中國古代風水界有個現象，就是很多風水術士會將相關的風水著述嫁名劉基。一如很多古代建築工匠會將唐代尉遲敬德的大名刻在屋樑上，說該宅是由尉遲敬德監造。有沒有原因呢？當然有。因為劉基本身就精通陰陽術數之學。作為開國元勳，他又是明朝第一任太史令。陰陽術數，本來就是他的業務範圍。但劉基就像漢代張良一樣，深諳朱元璋是個可與共患難不可共安樂的獨裁者。因此明朝定鼎後，他就悄然隱退。甚至將家裏的陰陽術數書籍都主動上交朝廷，為的是讓朱元璋放心。這裡我們再抄錄一份徐達後人徐有貞所寫的一篇贈序：

> 劉中孚家故業儒，其大父伯完始從誠意伯伯溫劉先生傳星氣之學，為五官靈臺。即事太祖太宗，蒙被恩寵。名顯於時。伯完沒，傳及中孚。〔註26〕

劉基之所以被風水術士們崇拜，符合朝廷越是禁止，民間越是迷信的規律。

張宗道

張宗道，道教張天師後裔，精青烏之術。元末，避陳友諒亂，改名隱居皖南。貴池一縣凡是經過他卜選的葬地，其家都留有標記。明洪武十二年應朱元璋要求，隨軍觀察行軍途中的山川形勢。〔註27〕學才按：古今圖書集成堪輿典編纂者所依據的池州府志缺字。根據中國人命名傳統，姓之外，還有派，也叫輩。最後那個字才是名。張宗顯然不是完整的名字。尤其是明朝以後更是如此。因此，我懷疑是修書者照錄。然文中信息顯示這位精青烏之術者是龍虎山張天

〔註26〕（明）徐有貞，《贈欽天監主簿劉中孚序》，《武功集》，卷三，文淵閣四庫全書，臺灣商務印書館景印本，第 1245 冊，p90。

〔註27〕《池州府志》人物志。見華齡出版社，古今圖書集成術數叢刊《堪輿》下冊，2008 年版，p727。

師之後。據此，我們遍查元明以來張氏人物，吻合者只有明弘治八年進士休寧人張宗道。張宗道，休寧人。明弘治八年進士。〔註28〕撰有《紀古滇說集》一卷。〔註29〕《送張宗道》：劍佩飄然江海東，世家猶憶仰遺風。浮生浩渺形骸外，往事繁華夢寐中。栗里久聞陶靖節，草堂還憶杜陵翁。物情滾滾如流水，今古誰論出處同。〔註30〕「張宗道《青囊經》謂：自庚至丁，皆忌坤；自乙至丙，皆忌巽；自癸至甲，皆忌艮；自辛至壬，皆忌乾。其法立向，開門折水，放水行水，無一不忌。犯之近則六年十二年見，遠則二十四年內見。忌去不忌來，蓋水從此地過者，必禍。如庚向水流丁卻，十二年流坤止。量其長短以定年數，過到未字，即無事矣。若巳向坤，水長流，主絕。」〔註31〕

學才按：引文中的庚、丁等干支字皆係指羅盤上的字。

幕講僧

幕講僧，也有寫作目講僧者。不知何許人，隱其姓氏，或云元進士，晦跡於僧。或云為陳友諒參謀，反敗逃匿為僧。明末來鄞（今寧波），善堪輿術，為人卜葬無不奇驗。嘗曰：「吾當以目講天下，」故皆稱為目講云。卒死於鄞。凡邑中大家宦族，其先進墳墓未有不出其手。以故久而益神。其所著書絕無刊本，多為後人偽託，世鮮有得其傳者。〔註32〕據清人蔣大鴻《水龍經》序稱，幕講禪師有《玉鏡真經》、《千里眼》諸著作。蔣氏稱看了幕講書，「而後入穴，玄機若合符契。」〔註33〕

何野雲

何野雲，陳友諒軍師，和墓講僧身份類似。墓講僧主要活動在浙江寧波，而何野雲主要活動在廣東潮汕地區。「明初有虱母仙者，精於青烏之術、至潮陽為人擇地，而多不扦穴，聽人自得之，矢口成讖，後吉凶皆如券，每遇其蹲坐處，

〔註28〕（清）趙弘恩等監修；董之儁等編纂《江南通志》，卷一百二十七，文淵閣四庫全書，臺灣商務印書館景印本，第 510 冊，p746。

〔註29〕（清）黃虞稷撰《千頃堂書目》卷八，文淵閣四庫全書，臺灣商務印書館景印本，第 676 冊，p226。

〔註30〕（明）鄭真《滎陽外史集》，卷九十一，文淵閣四庫全書，臺灣商務印書館景印本，第 1234 冊，p536。

〔註31〕（唐）楊筠松撰《天玉經》，外編，文淵閣四庫全書，臺灣商務印書館景印本，第 808 冊，p111。

〔註32〕（清）嵇曾筠等監修，沈翼機等編纂《浙江通志》卷一百九十六，引舊浙江通志，文淵閣四庫全書，臺灣商務印書館景印本，第 524 冊，p361。

〔註33〕（清）蔣平階輯，李峰整理《水龍經》，海南出版社，2003 年版，p7。

則多吉地，故人往往陰識之以為驗。或曰：即何野雲也，從陳友諒而敗，佯狂來此，然終不得而詳，居止無定，多在鳳港盧家，其鄉外有冢累然，傳為所葬處。」〔註34〕另據清《鳳港盧氏族譜》載：「明四世祖，諱寬，字似鵠，居士。……公葬南山馬腳埔內觀音嶺，一名飛鳳地；氏葬臨崑山石壁嶺，土名雞母石。此二墓相傳何諱野雲先生獻圖。」先師「常住我四世祖家中，後化身，骸骨埋鳳頸下手砂。」鳳港鄉親至今還留傳虱母仙的遺詩：「何人知我贊帝乩，野鶴高飛到此地。雲開見出龜眼像，逝後方知吾是仙。〔註35〕何野雲墓位於潮陽區貴嶼鎮鳳港鄉鳳頸下手砂，坐東北向西南，墓區佔地面積 6600 平方米，碑高 1.15 米，寬 0.34 米，碑文為「元地仙虱母仙先生墓，鳳港主人盧立，光緒十三年（1887）重修」。現潮汕紀念何野雲（龍尾聖王）的廟宇達 60 餘座，義社（父母會）龍尾聖王神壇更是無法統計，僅汕頭龍湖區下蓬鎮各義社（父母會）會所供奉龍尾聖王就多達近百座。可見何野雲這位愛民做實事的風水師身後的影響。

何野雲到南昌梓溪劉氏訪友，曾對劉氏所選墓地留下了一份鑒定性的《鈐記》，全文如下：

鈐記

宣德十年，歲在乙卯。予道經南昌之梓溪，因訪劉氏季直。相見如故，朝夕不怠。與論陰陽地理之說，曰：卜其宅兆而安厝之。此人子大事。夠自古以來，有國有家者，莫不擇乎山川形勢，以定陰、陽二宅。為子孫久遠之計。季直唯唯。又旬餘，告余曰：某舊冬葬先室於白湖嶺。願師一鑒之。予諾之，遂往觀之。見其地誠為千載松楸之所也。因留鈐為後驗云。

鈐曰：

湖畔美地穴難扦，左畔仙宮汝佔先。二十四神皆拱揖，三十八將盡朝元。搗藥杵聲猶未息，此龍杖住老龍眠。丑山未向坤申水，子息金階玉殿宣。先出文林並奉議，南鄉北堡置莊田。稅錢三萬七千貫，金玉盈箱不計年。三代神童如及第，生成鐵樹亦生煙。若問人丁多少數？芝麻一石數當添。兄弟四房俱發福，燒些紙錢玉爐邊。〔註36〕

〔註34〕 光緒十三年（1884），《潮陽縣志》卷十三《雜錄》。

〔註35〕 潮汕聽濤：《虱母仙探源》。

〔註36〕 （明）徐善繼、徐善述撰《地理人子須知》上冊，九州出版社，2012 年版，p136。

劉永太

劉永太。生平履歷不詳。載有他為浙江永康徐侍郎祖地所留的《鈐記》一篇：「一代伶官二代貧，三代頗有讀書生。四代為官常近帝，五代六代榜聯登。巳山亥向。」〔註37〕

周仲高

周仲高，精通天文地理之學，足跡遍及東南，時方承平，社會安定，可周卻從浙江錢塘江搬到江蘇崑山居住，並說天下兵禍將起，「吾卜地莫如婁江善」，後來果然錢塘江毀於兵禍，崑山無恙。洪武初，崑山郡邑修建公署及廟宇，相方、定位、卜日、選辰皆出其手。由於技藝精湛，縣令派人為其畫像，以示讚揚。〔註38〕

楊宗敏

楊宗敏，明新昌縣人，永樂年間，有異僧為逃避官府追捕，躲藏其家，授其堪輿之術。宗敏速得神解。他登山隔十里左右，即知穴位坐向。倒丈也不差毫釐。時稱楊地仙。〔註39〕

徐善繼，徐善述

徐善繼，德興人。補邑庠生。以親喪未厝，與弟善述究心堪輿之學，因得吳景鸞遺書於天門白雲洞，遂深明其奧旨。遷縣治，易學基。士大夫莫不欽其慧識。所著有《人子須知》，徐文貞階序其書。〔註40〕所著有《地理人子須知》三十五卷。〔註41〕其兄弟二人歷時三十餘年，遍訪名墓名師，閱歷皆從親眼看來。且著述體例比較科學，重視案例研究。洵為明人地理著作中之翹楚。

李景溪

李景溪，賦性靈異，精通陽宅、星相、曆法諸法，著《陽宅秘訣》、《雷庭

〔註37〕（明）徐善繼、徐善述：《地理人子須知》，九州出版社，2012 年版上冊，p137。

〔註38〕《蘇州府志·人物卷》。見華齡出版社，古今圖書集成術數叢刊《堪輿》下冊，2008 年版，p727。

〔註39〕《紹興府志》見華齡出版社，古今圖書集成術數叢刊《堪輿》下冊，p728。

〔註40〕（清）謝旻等監修，陶成等纂修《江西通志》，卷一百六，文淵閣四庫全書，臺灣商務印書館影印本，第 516 冊，p525。

〔註41〕（清）張廷玉等奉敕撰《明史》，卷九十八，中華書局，1974 年版，第 8 冊，p2444。

心法》等書行世。〔註42〕

張儲

張儲，字曼胥（一作明用）。南昌新建人。大學士張位之弟。多才藝，醫卜星相堪輿風角之術無不通曉。萬曆間遊遼東，歸語人云：吾觀王氣在遼左。又觀人家葬地，三十年後皆當大貴，行伍閭巷中兒童走卒往往多王侯將相，天下其多事乎？人以為狂。既而其言果驗。儲年七十餘卒。其外姓夏吏部抑公以鋒云。〔註43〕另據《江西通志》卷六十九《彭玿傳》，知其能詩，彭玿曾有《匡山九子社集》詩刻，其中有張儲。

徐懋榮

徐懋榮，字野雲，為武功伯徐有貞第四世孫，精通風水術，為蘇州文人張鳳翼、周天球、文彭、文嘉輩所推崇，晚年與諸君唱酬為樂。明萬曆二十三年（1605）卒，享年七十一歲，其長子徐太衍繼承父業，其三子徐永鎮著有《堪輿錄篆》八卷。徐懋榮性穎悟，總角即能文。因相具五偏，人鄙其貌。遂棄舉子業。發先世所遺青烏書讀之。未甚省。家有馬遠所畫真武大帝像，徐懋榮朝夕禮敬。後某夜夢見真武手持寶劍去懋榮頭而另安置之。天明照鏡，其頭自正。當時接觸到一個叫桑知白的道士，其人精堪輿。子孫皆能傳承其堪輿學問。著有《堪輿匯纂》傳世。〔註44〕

吳鵬

吳鵬，明六安州人。（《千頃堂書目》作合肥人。）明代後期，朝廷為了弄錢，到處開礦。生態環境破壞嚴重。擔任開礦負責的，都是皇宮裏的太監，所到之處，不論官府，遑論百姓。明萬曆二十七年，吳鵬用自己的堪輿聲望，成功阻止了太監遍挖安徽盧州霍、蓼、金、斗諸山的生態大破壞。吳鵬習堪輿家言，萬曆二十七年礦稅忽開，奸人乘隙規利，欲遍發霍、蓼、金、斗諸山，人心皇皇。鵬為危論以動中官，全盧得免發掘之禍。所著有《五寶經》。〔註45〕

〔註42〕《婺源縣志》人物卷。《紹興府志》見華齡出版社，古今圖書集成術數叢刊《堪輿》下冊，p731。

〔註43〕（清）王士禎《池北偶談》卷二十一，文淵閣四庫全書，臺灣商務印書館景印本，第870冊，p300～301。

〔註44〕《蘇州府志·人物志》。《紹興府志》見華齡出版社，古今圖書集成術數叢刊《堪輿》下冊，p731。

〔註45〕（清）趙弘恩等監修；董之儁等編纂《江南通志》，卷一百七十一，文淵閣四庫全書，臺灣商務印書館景印本，第511冊，p885。

冷謙

冷謙，明初浙江秀水人。字啟敬，號龍陽子。洪武初以善音律仕為太常協律郎。相傳元末已滿百歲，卒於明永樂年間。善養生。著《修齡要旨》，是明代一部內容豐富的氣功與養生保健專書。有運動健身法，屬坐功類，共八段：一、閉目冥心坐；二、鳴天鼓；三、撼天柱；四、赤龍攪水津；五、搓手熱；六、背摩後精門；七、左右轆轤轉；八、攀足頻。

關於這個冷謙，還有個故事：明冷謙，諳音律。能畫。嘗為仙奕圖，人爭傳之。明初以黃冠入見，高帝授協律郎。因事忤旨，將誅，召至便殿。謙請飲少水就死。帝許之，左右以小罌盛水至，謙先以一足納罌中，已而漸沒，呼謙輒應，視之乃空罌耳。帝命碎之，左右執罌呼之，片片皆應。自是不復見，後有遇之武當者。〔註46〕他是在協律郎任上以術出庫金濟其貧友。事發被逮的。〔註47〕

渠仲寧

渠仲寧，明滕縣人。精通地理。永樂間文皇召試，用量天尺度地之物，曰：其下有石如虎。掘之，果驗。乃授本科訓術。〔註48〕

廖均卿

廖均卿。江西寧都人，其祖為宋朝著名堪輿家廖禹，明朝永樂五年（1407）七月，皇后徐氏崩，上命禮部尚書趙羾以明地理者廖均卿等往擇地，得吉於昌平縣黃土山，及車駕臨視，封天壽山，命武藝伯王通董役。授均卿官。〔註49〕

廖均卿，瑀之裔。成祖卜壽陵，久不得吉壤。永樂七年，仁孝皇后未葬。禮部尚書趙羾引均卿至昌平得縣東黃土山，最吉。車駕即日臨視，定議，封為天壽山。命武義伯王通等董役，授均卿官。安志。〔註50〕

非幻和尚

非幻和尚。明初衢州寶陀山主持僧，熟讀儒書，精通地理。嘗應召選擇昌

〔註46〕（清）和珅等奉敕撰《大清一統志》，卷五十三，文淵閣四庫全書，臺灣商務印書館景印本，第 475 冊，p83。

〔註47〕（清）和珅等奉敕撰《大清一統志》，卷二百二十一，文淵閣四庫全書，臺灣商務印書館景印本，第 479 冊，p108。

〔註48〕（明）凌迪知撰《萬姓統譜》，卷八，廖均卿條，文淵閣四庫全書，臺灣商務印書館景印本，第 957 冊，p455。

〔註49〕（清）徐乾學撰《讀禮通考》卷九十三節 114，p245。

〔註50〕（清）謝旻等監修，陶成等纂修《江西通志》，卷一百六，文淵閣四庫全書，臺灣商務印書館影印本，第 516 冊，p529。

平天壽山風水，事後賜以金紫。永樂十八年，明成祖遣使祭其墓，追贈他為「五官靈臺郎僧錄司右教」。〔註51〕

游朝宗

游朝宗，婺源人，精地理。永樂時卜建天壽山，朝宗尤見褒賞。〔註52〕

裴士傑

裴士傑，明初著名堪輿理論家，曾主持編寫《永樂大典》中有關風水問題的條目。〔註53〕

駱用卿

駱用卿，浙江餘姚人，精通堪輿之術，為十三陵的主要選擇家。早年遊學不第，以經術設館授徒，明正德三年（1508）中進士，歷任兵部員外郎，僑居通州。嘉靖年間，經大學士張孚敬推薦，駱用卿為明世宗朱厚熜在昌平天壽山十八道嶺選擇了陵寢所在，此嶺後被賜名陽翠嶺。〔註54〕

谷宗綱

谷宗綱，字以張，明溫州永嘉縣人，精青烏家言，以及天文讖緯之學，考難精晰，然恥以術鳴，託情詩酒，終身堅守設帳授徒之教書生涯。有詩文若干卷行世。〔註55〕

汪朝邦

汪朝邦，字用賓，明徽州人，為人憨厚，科舉失利，棄而攻醫，尤精形家言。〔註56〕

江仲京

江仲京，字林泉，明徽州人，精通堪輿之學，與其兄江抱日、江東白被時人合稱為「婺東三仙」。〔註57〕

〔註51〕《婺源縣志》人物卷。《紹興府志》見華齡出版社，古今圖書集成術數叢刊《堪輿》下冊，p727。

〔註52〕（清）謝旻等監修，陶成等纂修《江西通志》，卷一百七十一，文淵閣四庫全書，臺灣商務印書館影印本，第516冊，p881。

〔註53〕（清）趙弘恩等監修；董之儁等編纂《江南通志》，卷一百七十一，文淵閣四庫全書，臺灣商務印書館景印本，第511冊，p885。

〔註54〕《浙江通志》，據古今圖書集成術數叢刊堪輿匯考卷30堪輿名流列傳，p729。

〔註55〕《溫州府志》，據古今圖書集成術數叢刊堪輿匯考卷30堪輿名流列傳，p730。

〔註56〕《婺源縣志》，據古今圖書集成術數叢刊堪輿匯考卷30堪輿名流列傳，p730。

〔註57〕《婺源縣志》，據古今圖書集成術數叢刊堪輿匯考卷30堪輿名流列傳，p730。

奚月川

奚月川，安徽望江縣人，據明《太平府志》載：奚月川，本府望江縣人，「善堪輿，本鄉及桂城諸裏陰陽二宅，皆其所定。」〔註58〕

李景溪

李景溪，賦性靈異，精通陽宅、星相、曆法諸法。凡修造選擇捷應，人咸以神奇稱焉。所著有：《陽宅秘訣》、《雷庭心法》等書。〔註59〕

閔德裕

閔德裕，字昆岡，清代湖北廣濟縣人，常穿短後之衣，戴茅蒲之笠，躡芒織之屨，遍走山川原隰，相其陰陽，查其泉脈，而準以龍砂八六之說。其合者，歸而圖其形，識其區，以俟求者，不待指畫口授而可按籍索也。

傅烇

傅烇，清代江西人。術士。長於堪輿。乾隆勘尋吉地，傅烇就是相度人。當時勘尋墓地的主管部門是欽天監。監正是進愛。原相度官原任郎中洪文瀾，郎中董啟祚，相度人傅烇，欽天監博士齊克昌、天文生熊振鵬均參加過乾隆陵墓選址工作。（據《錄副奏摺》中乾隆七年三月十七日鄂爾泰奏摺以及乾隆七年五月二日納親奏摺記載。）這個傅烇還曾受河南省府邀請前往踏勘地形，為豫省貢院重新選擇地址。原址地勢低下，常遭水患困擾：「奏為奏明豫省貢院仰請移建伏祈聖鑒事。竊鄉試乃朝廷之大典，貢院實衡文之重地。我皇上興賢育才，人文蔚起。近科應試士子多至萬有餘名，誠景運特隆中州極盛時也。查豫省貢院向建於省城北隅，地勢窪下，惟南臨街道。其東、西、北三面俱係極大水塘，皆高於貢院基址，夏秋雨後周圍街道房舍之水匯歸塘內，由塘滲入院中，遂致號房等處在在有水，從前冬春之時雨水稀少，尚易乾涸。雍正七年己酉科監臨入闈彼時已有積水，先期即令祥符縣設法修墊。其號房內士子俱用厚磚墊腳。及入武闈時，積水更大。是年歷冬至春，並未消退。迨至雍正八年夏秋之交，雨水稍多，上淋下浸，貢院以內俱水深至四五尺。牆垣號房塌卸大半。先據祥符縣呈報批布政司確查詳報並面諭司道府等官親詣查看，據稱院內地通泉眼，竟成有源之水，乾涸無期，思貢院地勢本窪，積水又深，既消涸之無期，復宣洩之無路。而壬子科轉瞬即屆，若再遷延觀

〔註58〕《太平府志》，據古今圖書集成術數叢刊堪輿匯考卷30 堪輿名流列傳，p730。
〔註59〕《婺源縣志》，據古今圖書集成術數叢刊堪輿匯考卷30 堪輿名流列傳，p731。

望，必至貽誤。與司道府等官再四籌劃，惟有將貢院移建高阜地方，庶幾一勞永逸。即差人往江右延請堪輿傅珽選擇省城東北地一區在丑、艮之方，地高局大，秀氣凝結，實文運昌隆之地。一應堂宇號舍牆垣悉照舊院規制，除舊存物料拆運仍用外，其不敷新添木料磚瓦石灰顏料等項並工匠及拆卸人夫搬運舊料腳價共估需銀二萬五千五百五十六兩零。覆核無異，除恭疏具題外，謹繕摺奏請。倘蒙聖恩俞允，即動正項銀兩，給發擇定吉日興工遴員監造。俟工完之日造冊報銷，伏乞睿鑒謹。」〔註60〕

進愛

進愛。乾隆朝曾做過欽天監監正。現在可考的史實是，他曾經建議乾隆皇帝組織學者專家校定擇吉通書頒發全國。另一件大事就是為乾隆皇帝選擇了裕陵。主持編纂《欽定協紀辨方》的相關文件，詳見《四庫全書》術數類之《欽定協紀辨方》卷首。關於為乾隆皇帝勘定裕陵。據《清實錄》二七，高宗實錄一九，卷1496，我們得知，這個進愛為了「立異邀功」，在東陵界內聖水峪卜地得吉後，「進愛又欲改卜。」乾隆「察其言虛妄，即將進愛治罪示懲。」

鄧穎出

鄧穎出，清代康熙乾隆年間廣東東莞懷德鄉人。18歲即開始學習風水術。歷時40年才著成《陽宅井明》、《陰宅井明》兩書。《陰宅井明》刊刻於乾隆四十二年。即1753年。逆推大致可確定，鄧穎出出生時間當在康熙三十六年即1697年。鄧氏最大的特點是實事求是，和風水界自以為是，目中無人的作者們迥然不同。著作尊重學術規範，不掠美前賢和時賢，很是難得。在眾多的風水著作中，屬平實客觀性較強的一部。

李三素

李三素，（1590？～）江西宜豐人。父親為紙工。李三素「幼時不信風水」。明萬曆乙巳（1607）冬季，李氏家族兄弟分家，祖上土地也作分割。李三素「有祖墳傍穴，老母所分得，而伯姆爭之」；已懂世事的少年李三素，對伯母竟然「跪地哀勸，懇其義讓」。伯母後來強佔，李三素「老母只得強從，而終不說」，直至「離亂之後，每語及讓冢，不勝嗚咽」，李三素方知此事。為

〔註60〕見《世宗憲皇帝（雍正）朱批諭旨》，卷一百二十六之二十二。

了老母身後事，李三素「遍延術士，不惜金錢，不憚跋涉」，無果。又「於是搜討群書，日夜不遑思維，求得其說。奈此是彼非，漫無頭緒，常廢書而歎。念及老母，憂從中來，則又俯首卒讀。一知半解，按圖索驥，又無一驗。蓋夙興夜寐，反側於斯者十餘年。」如果萬曆乙巳年李三素16歲，此時已經年近30了。天啟四年甲子（1624），應該35歲的李三素時來運轉，「有盲師不識何物」而將《紅囊經》「以授」於他，「細讀之方知為坐穴消長之用」，從此對於風水之術有了更深入理解。崇禎戊辰（1628）以後，農民起義勢漸燎原，明王朝已經風雨飄搖。「崇禎庚午年間」（1630），「有朱家瑗者登文質祖墳，言福澤既暫，其後果驗」；其時41歲的李三素「駭以為神，亟往審視」，「豁然大悟，始信乎諸書皆妄」；以七十二龍之法，「執此以驗古墳，在在皆然」。興奮不已的李三素，「歸取《天玉》、《青囊》、《行程記》、《紅囊經》讀之，如醉方醒，如夢初覺」。一番深思熟慮之後，李三素為「為使天下仁人孝子，皆避火坑」，不怕背上「敢故為好辨」之名，不顧「心疲力竭」，「取諸書而觀之，注釋盡為改正」。從此堪輿經典中便有了《天機貫旨紅囊經》（也有寫作《天機一貫》和《天機一貫秘訣》的）這部風水名著。

張九儀

張九儀（1633～？），字鳳藻。此人曾在清康熙五十七年（1719）在廣西桂林府全州擔任過吏目。期間有《穿山透地真傳》著述之刻，為清朝前期砂派重要代表。他和兩個兒子張廷楨、張廷樫均長於風水。當地政府曾經向國家欽天監舉薦過他們一家，後來因故未實施。

依據該書序跋的信息，張九儀應屬高壽之人，康熙五十七年時年85歲還健在。

其代表作《穿山透地真傳》為全州知府餘姚樓儼資助出版。從學術淵源看，張九儀的學說和南宋胡舜申的「江西地理新法」即五星八卦說，南宋末賴文俊的《催官篇》很接近。是一種快速發富發貴的理論。他的孫子張允灼、張允燦在祖父著作的跋文中追述乃祖的學術淵源時說，張九儀的穿山透地真傳最早是從浙江淳安得到的。而根據他們的家庭教師講，則是他本人得諸瓊州白仙師（白玉蟾），但登山則茫然無措。後來某日遇一道士。蒙其指點，則豁然開朗。而據書中張九儀自述，承認「今穿山真傳乃催官篇嫡派」。他批評楊筠松「砂猶美女，貴賤從夫」的說法「不准」。他說，楊的觀點是只看砂的

外貌之形，只有賴文俊的砂論才是「實論內性之理」。〔註61〕張九儀說，得穿山透地法真諦者，先後有白海南（玉蟾）、朱紫陽（朱熹）、蔡西山（蔡發、蔡元定父子）、劉青田、李德微、董德彰。他明確說，「顯名地仙楊救貧、吳景鸞亦未得道。」〔註62〕

傅禹

傅禹，浙江義烏人。清朝康熙年間宣州守備掌印。著有《羅經秘傳》、《地理捷訣》兩書。

蔣平階

蔣平階，字大鴻，江蘇華亭（今屬上海松江）人。少孤，其祖命學堪輿之學。「十年始得其傳，遍證之大江南北，古今名墓；又十年始窮其變。自謂：視天下山川土壤，雖大荒內外如一也。遂著《地理辯證》一書。取世相川之書，訂其謬處，析其是非，惟尊楊筠松一人，曾文辿僅以筠松以傳。……自言事貴心授，非可言罄，古書充棟，半屬偽造，其昌言救世惟在《地理辯證》一書。其弟子有丹陽張仲馨、丹徒駱士鵬、山陰呂相烈、會稽姜堯、武陵胡泰徵、淄川畢世持。平階生於明末，兼以詩鳴清初，諸老與之唱和。地學為一代大宗，所造羅經，後人多用之，稱為蔣盤。」〔註63〕其《秘傳水龍經》之自序中，多有其當日組織抗清聯盟以及失敗後以堪輿為藏身之法的記載。

章攀桂

章攀桂，字淮樹，桐城人。曾任知縣，官累松太兵備道。根據《清史稿·藝術傳》的說法：「此人有吏才，多術藝，尤精形家言。謂近世形家之書，理當辭顯著者，莫如張宗道《地理全書》，為之作注，稍辨其誤失。大旨本元人《山陽指迷》之說，專注形勢。攀桂既仕顯，不以方技為也。自喜其術，每為親戚交友擇地，貧者助之財以葬。……乾隆數南巡，自鎮江到江寧，江行險，每由陸詔改通水道，議鑿句容故破崗瀆。攀桂相其地勢，曰：茅山石地勢高，縱成瀆，非設閘不成，儲水多勞費，請從上元東北攝山下鑿金烏珠刀槍河故

〔註61〕（清）張久儀《穿山透地真傳》，九州出版社線裝本《增補四庫青烏輯要》，第12函，上冊，p10～11。

〔註62〕（清）張久儀《穿山透地真傳》，《增補四庫青烏輯要》，第12函，上冊，p2～3。

〔註63〕趙爾巽等撰《清史稿》卷502，列傳289《蔣平階傳》，中華書局，1977年版，第46冊，p13883～13884。

道，以達丹徒，工省修易，遂監其役，瀆成，謂之新河，百年來賴其便利，攀桂亦因受襃賞，然而，因大學士于敏中收受賄賂之事暴露，受到乾隆皇帝指責，而攀桂因曾經幫助于某在金壇修建私家園邸，所以被革職，丟官後，他散居江寧，晚年沉溺禪理，著作有《選擇正宗》行於世」。〔註64〕

葉泰

葉泰，字九升，號太古，清初堪輿大師。安徽婺源（今江西省婺源縣）人，生於順治九年（1652），卒於康熙五十一年（1712）。數十年究心堪輿之學，所著甚豐，著名的有《山法全書》、《地理六經注》、《理氣四絕》、《羅經指南撥霧集》、《陽宅望門斷》等。其中《山法全書》收入四庫全書。影響甚大。該書囊括了前人堪輿之說，而以己意評析，亦間附以己作，大旨以楊筠松、吳景鸞二家為主，論巒頭陰陽，尤尊楊公，而避廖金精之說。〔註65〕

〔註64〕趙爾巽等撰《清史稿》卷502，列傳289，《章攀桂傳》，中華書局，1977年版，第46冊，p13884～13885。另見同書第35冊《于敏中傳》，p10751。

〔註65〕（清）永瑢、紀昀等撰《欽定四庫全書總目》《山法全書・提要》，p50。

第二十章　傳統風水文化的通病

　　作為在中國歷史上影響深遠的，雅俗共賞的風水文化，其存在狀態卻魚龍混雜，有如亂絲。從雅的層面看，有學者專家孜孜以求，一生費數十年工夫悉心研究，到老表示尚未得竅。從俗的層面看，也有狂人公開聲稱：轉移生氣在我，山川不能主持。也就是說，它可以調地理，改天命。前者以唐代白雲先生（張子微），明代徐善繼、徐善述兄弟，清代鄧穎出、吳鼐為代表；後者以清代張九儀為代表。就學者而言，染指風水者極少。自青烏先生傳下《葬經》，東晉郭璞著作《葬書》以來，真正花時間清理者屈指可數。北魏時的殷紹，隋朝的蕭吉、唐朝的呂才，宋朝的蔡發、蔡元定父子，大儒朱熹，元朝大儒吳澄，明朝的謝昌、鄭謐，清代的陳夢雷、紀曉嵐等學者官員，都對《葬書》以來的陰宅陽宅相地法門進行過深入的研究，形成了包括古今圖書集成、四庫全書等大型叢書。其中的術數著作，也大多是經過反覆篩選後留下的。張子微這位唐代著名風水大家晚年總結自己的職業生涯之不易時說：「學術十年，不識龍脈；行地十年，不識曜訣；遷墳十年，不定穴法。積三十年之智而後得師，更十年從學，而後盡術」〔註1〕但如果將已有研究成果和傳統的經學、史學的研究成果做個比較，我們就不難看出。這個領域幾乎是處女地。

　　我這本書也只是自己十多年來考究歷代風水著作的一些讀書心得。不敢妄稱著作。因為風水術在中國不僅歷史悠久，而且著述如林。歷代先賢多有探索總結。淺嘗輒止，是絕大多數觸碰該領域的讀書人之常態。高深莫測，也是

〔註1〕轉引自（明）徐善繼、徐善述撰《地理人子須知》，下冊，華齡出版社2012年版，p261。

絕大多數讀者面對風水著作發出的共性浩歎。和大家一樣，面對古人的看山水龍脈的形同啞謎的歌訣，我經常游離於高深莫測的驚訝和淺嘗輒止的衝動之中。我們的風水學領域缺少必要的規範，沒有嚴格的實證研究檔案傳承。絕大多數前賢扦地的案例，散見於歷代正史、地方志書。風水筆記和個人文集中。亟待整理和批判繼承。而該領域是科學和迷信並存的領域。古代的風水師也不避諱這一點。用辯證唯物主義和歷史唯物主義的理論，對中國數千年的風水遺產進行科學的整理，取其精華，去其糟粕。是我們中華民族偉大復興的眾多要做的工作中的一項。

為了幫助對該領域涉獵不多的讀者瞭解風水師們的共性問題，特撰通病一章，作為本書的結尾。

一、風水師之通病

歷代風水著作，至少是東漢以後，特別是六朝以後，這個問題越來越嚴重。其表現，歸納一下，大致包括以下數種：

（一）各執己見，固守師承

清朝翰林院編修梁同新曾總結說：「今天下言堪輿者比比矣。著書立說，別戶分門。入主出奴。抗不相下。然尚形勢者滯於實，不知天光之下臨；談理氣者遁於虛，不知地德之上載。或以生、旺、墓三合即為山澤通氣；或以上中下三元即為動靜互根。至於陽宅尤少真諦。天醫福德，按卦排年，其言豈必盡非，所學不皆無據。第師承各執意見自拘。竊取一宗，罔窺全體。隨聲捕影，談玄說空。」〔註2〕

（二）故作高深，神秘其術

清人鄧穎出曾在《井窺淺言》中評風水界的風氣：「風水一道，原屬杳冥。自古云然矣。然吾謂非風水之杳冥，實言風水者失之杳冥也。世之業堪輿者舍目力而不用，棄正法而不言。而專執陰陽理氣以論吉凶。此杳冥之道所由來也。夫陰陽理氣，本於河洛。何嘗非明著之道？而自古有好為隱怪者，自出己見，以表英識之高深。故其書互異爭奇。後之興學者各宗其說，而吉凶矛盾，禍福無憑。不更杳乎其杳、冥乎其冥乎？」他自述師從沈六圃先生學習堪輿。沈先生告訴他：「陽宅之離連補泄，用目力更精工於陰宅。首觀形勢。次論情

〔註2〕《陽宅正宗》序，九州出版社線裝本，《增補四庫青烏輯要》，第8函，卷首。

理。又次論格式。更參觀乎氣運。而後用河、洛理氣以為消納。其理皆入人情日用之切。其言皆平易中正之宗。」而他自己按照老師的話去「以驗禍福」，發現「頗有可憑。」他批評當時風水界的亂象：「其言陰宅者，不審度於巒頭生氣，而徒務乎六秀之水，三吉之山。其言陽宅者，不細酌乎離連補瀉，而徒求乎消煞之水，生炁之門。無論己之用羅經者不靈，即起楊、曾而用之，不亦有歉於渺渺無憑者乎？」〔註3〕他認為沈氏的教導遵循著《葬經》和《宅經》兩部古代經典的要領。而世俗的過於重視羅盤的三吉六秀等說道只會把本不複雜的問題搞的無比複雜。其根本無法得到實證。

　　魏念廷揭露堪輿界的亂象之原由：「其不學無術者，無理可憑。而各逞其臆見。其為忤逆，不待言矣。即博覽群書，而各家分說，此指為吉，彼指為凶。固已紛紛互異；即同為一家，而起例各殊。如三合之法。正為人日用所常談者。諸書皆謂陽宅只有四大長生，而執四位、黃泉不可開門之說。則又以八長生為是。諸如此類不可勝數。業此道者各專其家而不同途，各持其說而不相下。則亦焉得而不忤逆。雖有正道者出，而邪說又從而淆之。此中真偽，可從而辨。世之驗堪輿者，每以舊宅考其占斷。其靈者則稱為優，其不靈者則斥為劣。自為得計矣。不知人之一身，有祖墓以主之，又有命運以持之。區區一宅，何得盡靈？試觀乎上下左右接連之屋，地脈門水皆同。而人事興衰各異。又有前居破敗，典鬻後人，不用改造而亦興發者。可知吉凶禍福於住居之際，只可占其大概也。」他描寫那些時師的嘴臉，十分生動：

　　　　今之時師往往占斷極靈者。其中有四：其一有異術。放觀悔之法。看其機動。每到一街未經入門而指彼屋為吉，此屋為凶。靈如神聖。其一有入門斷之書。此中有機關氣象。憑此以論吉凶。瞭如指掌。又有生質靈慧，隨時見機入人家。看其碗箸之多寡，並其小鞋小屐男具多者則說以多子，女具多則說以多女。精於以舌食舌人。善為便佞口給，亦足以惑世。更有奸宄之徒，串通土著，通以暗偽，流年人事，指陳不差。〔註4〕

　　鄧穎出很有意思，他揭露同行說的那些話總是讓人難以忘懷。或者說總能入木三分。比如：

〔註3〕（清）鄧穎出撰，鄭同校《陽宅井明》上冊，九州出版社線裝本，《增補四庫青烏輯要》，第9函，p2《例言》。

〔註4〕《析菷清以》，九州出版社線裝本，《增補四庫青烏輯要》，第9函《陽宅井明》前引書卷首轉引。

　　余十八齡即從與師遊，講究地學。其於古書，靡不參稽。而且遍閱山川，頻驗名墓。知行並進，艱苦倍嘗。閱歷二十年，至四十歲始自知其難識。今又歷練二十年，其難識至關，仍然跳躍不過。噫嘻！果余之昏昧已甚乎？抑地之精深莫測乎？然而知之愈真，愈不敢自信。如子臣弟友之常在儔類者，則謂綽綽有餘，而聖人猶謂未之能一。此意唯可與智者道也。昔孔子嘗曰：子知驅而納諸罟獲陷阱之中，而莫知之避。此語唯言地者中之更甚。世之習別業者皆有自謙之明。而業此術者無論識字不識字，皆自詡為神聖。於無可憑證之中，任其雄談妄論。無能曲以為非。彼自居之不疑。所謂畫鳳凰尤易於畫雄難者，以雄難有形可證，鳳凰人未有見者，無可對驗故也。〔註5〕

　　元代大儒吳澄在《地理類要序》中說：「予壯歲遇一贛葬師，而之與論。彼應曰：子，博文之通儒，吾不識字之愚夫。若問吾術，無一字可傳，無一字可說。」搞得吳澄「不能答」，並以對方為風水術中的慧能來自我調侃。〔註6〕

　　之所以會出現風水術士自以為是，狂妄自大。有一個原因，就是因為「地學之道，一陰一陽之理而已。而理寓於氣，氣著於形。氣無影像可執，形有萬變不同。」〔註7〕理氣虛無，不可捉摸；而形勢實在，糊弄不了。這就是許多風水術士自信滿滿，樂談理氣的原因之所在。

　　這位清朝乾隆年間從十八歲起就把畢生精力獻給堪輿事業的東莞鄧穎出，他的風格是比較嚴謹的。但即使他也沒有留下他為別人選擇墓穴或者陽宅的鈐記。在《陰宅井明》尋龍部分最後，他寫道：「此數條皆由親歷考究古蹟體驗得來，一字不敢以臆見附會，同志同道者請細按之。」〔註8〕我們看他總結的尋龍捷徑六條，每條備述尋龍要點後都說明這些見解是自己從某某的祖墳踏勘考驗出來的。而我們看明朝徐氏兄弟所撰寫的《地理人子須知》裏面所搜集的鈐記（案例）也都是世家大族的祖墳和古代著名的墳墓。這兩本書是風水書中罕見的嚴謹負責的著述。其他同類著作的作者，大多承認在他們的風水人生中，得益於對歷代各地名著的實地考察。遺憾的是，像楊筠松、何野雲、

〔註5〕《井廎淺言》，九州出版社線裝本，《增補四庫青烏輯要》，第9函，見《陰宅井明》，卷首，p1～2。

〔註6〕（元）吳澄《地理類要序》，p。

〔註7〕（清）鄧穎出撰《論結作文法》，《陰宅井明》，p3。

〔註8〕九州出版社線裝本，《增補四庫青烏輯要》《陰宅井明》，p10～11。

張九儀這樣重視銘記留待驗證的風水平師太少。賴文俊目講禪師的專門風水鈐記書又失傳了。

（三）臨陣磨槍，亂點吉凶

「今見俗師邪信妄語不辨真假……欲要用事之時，亂視諸卷，狂檢眾集。則凶中有吉，吉內潛凶。又不明較量，又不知輕重。任意胡為，用之多有顛倒而已，將凶作吉，將吉作凶。恍惚不能定也。」〔註9〕有意思的是，這位自己嘲諷所謂俗師的雲石道人，本人也是一個處處宣稱自己擁有秘訣的高人。他的百鎮秘書中開列有各種各樣凶象的禳解辦法。舉個例子，不出舉人的學校，只要按照他的法子；用橋上土七斗，棗子五升，瓷甕盛之。埋在孔廟孔子像前，深三尺，以土蓋之。又用染為五色、各重一百斤的大石五塊依方埋之。其黃色石塊安於梓潼帝君前，上書靈符鎮之。更以五彩信幣祭之，用文曲星日鎮之能應。那個有雷龜等字樣的鬼畫符，需要用朱砂和醋加泥書於石上。他說，這個學校不出二、三年，即出狀元才子也。（同前引書）。我相信，這位道人的胡說八道，即使在古代中國，頭腦正常的州郡長官和一眾考生是不會相信他的。

這也是風水通病之一病，人人都說別人是時師，品位低下，不學無術，胡編亂造。但一旦查到他的頭上，也是一個胡編亂造的貨。幾千年過去了，誠實的負責任不瞎吹的風水師真的很少。這就是此道艱難的原因。

二、風水書之通病

明明是自己寫的書，卻偏偏要署名古人。這一點曾令很多讀者困惑。例如，《入地眼》明明是清代萬樹華所寫，卻要說是宋朝辜托靜道和尚所著。《黑囊經》明明是清代某位風水師所撰寫，但偏偏要署名唐楊筠松。

明孫緒曾經譏諷「堪輿家著《雪心賦》論地理風氣，駕其說於唐卜則巍。然其中卻以蔡牧堂為說。牧堂者，西山先生父也。數百載之前，乃以後人為說。」〔註10〕說明前賢已經發現風水書中這一令人困惑的現象。但很遺憾的是，孫緒並未研究這個問題何以會出現。據筆者比較分析，出版史上這種現象的出現，大致有如下幾種情況：

一是確實和被署名的前輩有師承關係的。儘管已經隔了很多代。但只要師

〔註9〕雲石道人校正，《陰陽正要三元備要百鎮秘書》，卷一。

〔註10〕（明）孫緒撰，《沙溪集》，卷十二。文淵閣四庫全書，臺灣商務印書館景印本，第1264冊，p602。

承關係清楚，他還是會署祖師爺的名字。這種情況可視為尊師表現，並不完全是拉大旗作虎皮，包裝自己，嚇唬別人。

二是這種署名習慣可能還和文化禁錮有關。因為楊筠松乘黃巢之亂的機會，帶著朝廷秘籍走向民間。亂平之後朝廷是會追查的。這件事情直到宋朝開國後才慢慢消弭。這是楊門弟子中多人記載的事實。唐朝末年楊筠松死後，徒弟們把自己的心得也寫在楊筠松名下，是可能為了避禍。橫豎楊筠松已經死了。你追究也追究不出個什麼名堂。

三是所謂風水著作者的文化程度不夠，對學術傳承根本不明白的風水術士，他們只知道利用古代有名望的著名風水大家來提高自己的聲望。可以為自己招攬生意帶來方便。

這裡試以相傳為楊筠松撰著的《黃囊經》和《黑囊經》為例做些說明。從《黃囊經》書中的主要內容和基本思想判斷，《黃囊經》應該是楊筠松的觀點，或者說是其口述被記載下來的文獻。觀《黃囊經》全書，無序無跋，也沒有諸如「生氣說」、「五音說」等理論探討內容。全書純粹是堪輿經驗的整理。首言看龍，次言看穴，次言杖法、葬法。顯然是傳授徒弟的課本。雖然沒有學術專著的嚴謹，但大體說來書的內容在邏輯上仍十分清楚。試以《黑囊經》、《仙婆集》、《入地眼》等明清時期的風水著作較之，則《黃囊經》當屬早期風水著作。很可能是楊筠松或他的徒弟們整理成的堪輿經驗談和實操指南。不寫序跋，可能和避禍有關。因為楊筠松到江西傳播風水，徒弟所用的課本畢竟是屬國家機密。唐玄宗等皇帝都曾明確宣布這些關於龍脈等等學問的專著只能供皇家使用。你盜走了朝廷機密，朝廷焉有不追究之理。寫序做跋，自述原委。姑且不計較好說不好說，關鍵是無異於不打自招，徒增風險。因為其時楊筠松應該已經故去。不然的話，他們連楊筠松三個字都不敢用的。

《黑囊經》和《黃囊經》不同。《黑囊經》雖然署名唐楊筠松，但作者實際上是清朝人。為什麼這樣說？因為有幾個鐵證：

第一個證據：該書分上下兩卷。上卷包括楊筠松的徒弟廖金精的《星辰三體歌》，《撥砂歌》、《四凶歌》，和楊筠松沒有師承關係的蔡牧堂的《穴情賦》，這些人有的是南宋時期的人，如蔡牧堂，是朱熹的朋友。

第二個證據：《黑囊經》下卷專取清朝乾隆朝編訂的《協紀辨方》（見《四庫全書》）中為堪輿家必用的篇章。唐代的楊筠松如何會抄錄到清朝欽定的《協紀辨方》？

　　第三個證據：書中不提楊筠松的代表性著作《撼龍經》、《疑龍經》《葬法十二杖》等。本身就是不打自招。另外，楊筠松著作大多以歌訣形式出現。很少見到類似後世理論著作那樣邏輯嚴謹的作品。

　　綜合這三點理由，可以推定本書作者不是楊筠松。而很可能是一位出版商。為了射利，找到風水界的術士幫忙。整合當時所能看到的風水著作而成。我們只要比較一下唐代和清代的風水著作的風格差異就會明白。明清以來，風水書開始有了著作的規範。分析總結的敘述方式比較明顯。而唐代的風水書很難看到清代這種風格的文本。

　　清代東莞風水師鄧穎出別開生面的將高明的地師尋龍比作閱讀文章。他在《論結作文法》以閱讀文章的分段為喻，在一篇「天地文章」裏指出，山龍必然有大大小小的段落停頓，「凡此大小諸結，皆於氣住處求穴。而有時龍勢雖行，而於貼脊之中，有為正氣所寄注者，亦可截氣而穴。」「是故龍之行也，必求其所聚。正身而外，又有枝腳分凝。有舒翼結者，有盤倒結者，有帳角起稍結者，有栩結者，有折睜結者，有關陝結者，有劈脈結者，有卷尾結者，有餘氣結者。名目不一。而究而言之，於其氣有所停頓、意有所歸縮，真機即於聚焉。知此道也，舉山川動靜之機，聚散之勢，千形萬狀，不可勝窮。貫而通之，分而析之，莫不頭頭是道。古所云；日裏尋龍夜眠定穴者，以其執結作之法以為把柄也。」他說，真正認真負責的地師，總是「務必身臨湊合」，不免「精力俱疲」，「而有日不足之患。」這是大而言之。微觀一點的尋龍方法還有很多。試舉數例；「尋龍不能遠涉。每到大帳之下（有在大帳發龍者）祖山之中（有在祖山發龍者）便可起步。即於此看其出脈之處，其起頂正出。而有剛脊者雖似生動踊躍而非大龍正氣。其大龍正脈多出在側旁無頂處。其脊必渾厚不露，似有似無，令人莫測。如人抱經綸學術，必沉潛蘊藉，大智若愚。而表暴馳騁者流必不能成大器。乃俗言每以透頂高出為顯爍，而以渾淪磅礴為頑鈍。此即子貢賢於仲尼之說也。（同前引書 p7）」「尋龍須看丁字人字轉身（是直角作帳則成丁字，在斜幅作翼則成人字）。若一直跟去必步錯於帳角、翼角直盡之處。蓋龍行必無直走，定作丁字人字轉身。其角其翼皆為正脈泄煞。正脈必在中偷閉。夫龍脈之度，不閃不陽。不陽不脫煞。不脫煞不結穴。此尋龍尋閃脈第一著工夫。俗眼則以閃落為無意。」尋龍不僅僅是看地，還需要結合星辰的定位：

　　尋龍於高大星辰須認做什麼格，其婆娑闊大分支分派，枝腳層

出，是作祖山格。其大而高聳少少支脈從兩邊閃開，是作主星格。其兩肩展翼如個字飛蛾飛鳳之形，是作蓋星格。其孤峰卓立，無手無翼。乃是龍身作開星之峰，若端端正正一個星辰，或立或坐或眠。其開口開手者便是穴星。大抵祖山愈主星多不是正星。唯看正定是金是火之類。若蓋星穴星，則有正星之形，認得此格而穴便可於此討消息矣。

尋龍須辨此龍是貼緊祖身的，是在祖山發出的，抑或在龍身發出的。其貼緊祖身能起峰頓跌卸落，無脈亦結，亦發貴。他舉例說比如李同芳進士家的祖地。貼緊蓮花山祖山是也。若無脈而又無峰，則是山指紋而已，不能結穴。其龍自祖山發出，不用開帳，不起祖，不起主。一路平衍委曲而來。到頭一束脈高起星峰，即結穴。亦發貴。如馬鞍山陳翰林父子進士地是也。其龍在幹龍身上發出，或在高峰處出脈，抑或幹身兩頭斷開成帳然後出脈，亦不用起祖起主，但能自開枝腳來送者亦大結。如陳侍御橫崗祖地即是例證。若在龍身無高峰處出脈，幹身又不成帳，則必要再起主星，自開枝葉方能大結。若徒孤峰條條，則束脈開口亦小康而已。

尋龍於幹身分受之龍，須看起得幹身之秀氣，抑得幹身之旺氣。若從幹身蔥蔚峰巒高卓火水者分來是得秀氣；若從幹身綿亙橫闊豐厚金土者分來，是得旺氣。得秀氣者發顯貴，得旺氣者盛人丁。

尋龍不必定要正龍搜求正穴。即旁輔之龍，無不可於此討真意。不可以輔人為嫌。該天下唯天子一人而已。餘皆是輔。天下唯中龍一幹而已，餘皆是輔。且為大龍所緊用之龍方有力量權勢。如人為國家不可少之人方有經綸學術，故或祖山，或帳下，在幹旁發出，而為幹貼身隨者。或在帳角起梢而為幹保障者，或為大龍轉身舒翼者，或為大龍轉身後撐者，或於大龍渡峽前後做關者，或分作迎送而收束龍身者。或為正穴主星後之漏氣者，或為正穴之下手者或為正穴作羅城水口者。其為人種種不一。果能實力為人，則自己便有才幹可以振作，特是我輔人。亦有人轉而輔我。於本衙門中書吏供役，各各聽用，便成事業。概而言之，除了為大龍出煞，剛愎之砂不可覓穴。為大龍放曜，飛揚之山，不能成穴。其餘但有結脈束氣，起星凱翼，專星成穴。砂環水靜，便是美地。向如此覓，省了多少腳力！

尋龍覓地，尚關會龍的勝過尚盤腳龍的（附近祖山大帳大峽叢山中皆是盤腳，離祖山之遠而結構本龍之局者是謂之關合。）何則？盤腳龍局面狹隘，

陰氣不淨。恐神煞太雜，多凶少吉。故尋山谷之龍者，要龍脊寬平豁達，四山光淨。無陰窈以射之。陰氣皆淨，乃能結穴。故結作甚少。若闕會龍，乃山水會合之所，龍身脫殺已盡。脫煞則氣和，得水則氣旺。才一擺動，便能融結。於此裁剪，亦極易得。

尋龍定穴之遠近，質之，由嫩而變老者，去尚遠；由老而變嫩者，則近矣。體之綿亙陰覆者，去尚遠；而散落陽鋪者則近矣。脈之平板闊大而長者，去尚遠；而短小陽和者則近矣。護之迎送多層者，去尚遠；而迎送短少者則近矣。〔註11〕

這位鄧穎出是少見的比較具有現代著作規範意識的清代風水師。他引用前人的文獻，均注明出處，絕不掠美他人。屬他自己觀察考驗得來的結論，他也當仁不讓的特別說明。比如說，他在尋龍這一部分後面專門加了一條按語，說明這幾條尋龍的心得都是他親歷考研古蹟體驗得來，一字不敢以臆見附會。還希望同志同道者請細按之。但後面談穴談砂談水的篇章，則只見《論穴》上結束時，他夫子自道的告訴讀者這些穴位知識也是他實踐得來，皆非臆見之談也。

總之，明代的徐氏兄弟，清代的這位鄧穎出，所著著作已經相當科學了。因為這兩本書從概念的釐定，篇章結構的安排，到每一個問題的鋪開和闡釋，甚至實事求是的科學態度，都十分接近當代學者的學術專著作了。

三、風水迷之通病

所謂風水迷，就是風水消費者，即請人看風水的用戶。此種人往往私欲膨脹，夢想遠大。自己本是一個土財主。手裏有幾石田，就夢想找到好風水，能讓子孫將來大富大貴。正是這些消費者和潛在的消費者刺激了風水行業的發展。還有做了大官，希望子孫萬代永遠做官。就像秦始皇的萬世夢一樣。當他們發現人家有吉壤。即使已經名花有主，早已葬埋有人。但當官的依仗權勢和手中的錢財，非奪到手不可。這樣的例子古代中國很是常見。各姓氏的族譜中一般都有祖墓被人侵佔而訴諸法律的記載。

我們知道，富貴臨門轉，紗帽滿天飛。是客觀規律。世界上沒有持久不變的富貴榮華。最真實的寫照還是紅樓夢作者所描述的。

〔註11〕　（清）鄧穎出《陰宅井明》，卷上，九州出版社線裝本，《增補四庫青烏輯要》，第 9 函卷上，p3～10。

　　清代廣東東莞風水師，《陰宅井明》一書的作者鄧穎出在書末勸告那些風水用戶：「古者卜其宅兆，原欲以安先人之靈，因此子孫藉以受蔭耳。若存心欲以父母之骸骨而換功名富貴，即此一念，便不可入堯舜之道。且亦何必務大？積小自可以成大。但使每穴能發三石民米，三口人丁。傳至十代，不勝其盛。庶而且富，教在其中。故人子擇地，綏言富貴，先講根基。一生務大之念，便有妄想，受人欺騙。並其小者，亦不得矣。」〔註12〕這位罕見的為人厚道的風水名師在著作的最後還叮囑風水迷們，如果請風水師來家裏為先輩覓穴，一定要注意學會識別真風水師和假風水師。

　　真風水師的特徵：「學問宏深，存心謙謹。」

　　假風水師的特徵：「學問浮淺，存心薄險。」

　　真風水師文理兼通，亦通地理。

　　假風水師：文理不通，即使文理通，但不通地理。（古代有不少窮秀才也業風水）

　　真風水師：「學問既深，意氣自平。見解愈真，則心情益下。」「下」，是自謙的意思。

　　假風水師往往：「自詡神聖，大言不慚。自謂有秘訣，不肯指授。門口不說巒頭，只談理氣。登山不遜結構，即摸羅盤。此皆無學問之派頭也。至於裝名公腔，作驕傲態。惡狀罵人，責備供給。」〔註13〕更是騙子常態。

　　　　　　2021 年 12 月 31 日初稿於東南大學旅遊規劃研究所

〔註12〕（清）鄧穎出《陰宅井明》，九州出版社線裝本，《增補四庫青烏輯要》第 9 函卷下，p17。

〔註13〕（清）鄧穎出《陰宅井明》，九州出版社，增補四庫青烏輯要本，第 9 函，卷下，p18。

參考文獻

1. 《黃帝宅經》，文淵閣四庫全書，臺灣商務印書館景印本。

2. 《荀子》，（戰國）荀況撰，嶽麓書社標點橫排本。

3. 《史記》，（漢）司馬遷撰，中華書局，1959 年標點本。

4. 《漢書》，（漢）班固撰，（唐）顏師古注，中華書局 1962 年標點本。

5. 《說文解字》，（漢）許慎撰，中華書局本，1963 年版。

6. 《春秋繁露》，（漢）董仲舒著，文淵閣四庫全書，臺灣商務印書館景印本。

7. 《白虎通義》，（漢）班固撰，文淵閣四庫全書，臺灣商務印書館景印本。

8. 《春秋公羊傳注疏》，（漢）公羊壽撰、何休解詁、唐徐彥疏，文淵閣四庫全書，臺灣商務印書館景印本。

9. 《東觀漢記》，（東漢）劉珍撰；吳樹平校注，中華書局，2008 年版。

10. 《陽宅十書》，重慶出版社，堪輿集成本。

11. 《三國志》，（晉）陳壽撰，（南朝宋）裴松之注，中華書局，1959 年標點本。

12. 《後漢書》，（南朝宋）范曄撰，中華書局，1965 年標點本。

13. 《周易注疏》，（魏）王弼著，（晉）韓康伯注，（唐）陸德明音義，孔穎達疏，文淵閣四庫全書，臺灣商務印書館景印本。

14. 《葬書》，（晉）郭璞撰，文淵閣四庫全書，臺灣商務印書館景印本。

15. 《葬書》，（晉）郭璞撰，九州出版社線裝版，《增補四庫青烏輯要》（影印）本。

16. 《古本葬經》，（晉）郭璞撰，重慶出版社，《堪輿集成》本。

17. 《錦囊記》，（晉）郭璞撰，（唐）張說等注，鄭同校，見九州出版社線裝版，

《增補四庫青烏輯要》本。

18.《十六國春秋》,（魏）崔鴻撰,文淵閣四庫全書,臺灣商務印書館景印本。

19.《靈臺秘苑》,（北周）庾季才原撰,（宋）王安禮等重修,文淵閣四庫全書,臺灣商務印書館景印本。

20.《五行大義》,（隋）蕭吉撰,中州古籍出版社,1994 年版。

21.《春秋《編珠》》,（隋）杜公瞻撰,（清）高士奇輯本,文淵閣四庫全書,臺灣商務印書館景印本。

22.《宋書》,（梁）沈約撰,中華書局,1974 年版標點本。

23.《魏書》,（北齊）魏收奉敕撰,中華書局,1974 年標點本。

24.《北齊書》,（唐）李百藥奉敕撰,中華書局,1972 年標點本。

25.《晉書》,（唐）房玄齡等奉敕撰,中華書局,1974 年標點本。

26.《南齊書》,（梁）蕭子顯撰,中華書局,1972 年標點本。

27.《左傳注疏》,（晉）杜預注,（唐）孔穎達疏,文淵閣四庫全書,臺灣商務印書館景印本《莊子注》,（晉）郭象撰,文淵閣四庫全書,臺灣商務印書館景印本。

28.《世說新語》,南朝（宋）劉義慶撰,（南朝梁）劉孝標注,文淵閣四庫全書,臺灣商務印書館景印本。

29.《幽明錄》,（南朝宋）劉義慶撰,南朝梁劉孝標小字注,文淵閣四庫全書,臺灣商務印書館景印本。

30.《陳書》,（唐）姚思廉奉敕撰,中華書局,1972 年標點本。

31.《南史》,（唐）李延壽撰,中華書局,1975 年標點本。

32.《北史》,（唐）李延壽撰,中華書局,1974 年標點本。

33.《隋書》,（唐）魏徵等奉敕撰,中華書局,1973 年標點本。

34.《舊唐書》,（後晉）劉昫等奉敕撰,中華書局,1975 年標點本。

35.《劉賓客文集》（唐）劉禹錫撰,文淵閣四庫全書,臺灣商務印書館景印本。

36.《建康實錄》,（唐）許嵩撰,文淵閣四庫全書,臺灣商務印書館景印本。

37.《九家集注杜詩》,（唐）杜甫撰,（宋）郭知達集注,文淵閣四庫全書,臺灣商務印書館景印本。

38.《藝文類聚》,（唐）歐陽詢等奉敕編,文淵閣四庫全書,臺灣商務印書館景印本。

39.《元和郡縣志》,(唐)李吉甫撰,文淵閣四庫全書,臺灣商務印書館景印本。

40.《宣室志》,(唐)張讀撰,文淵閣四庫全書,臺灣商務印書館景印本。

41.《地理雪心賦注解》,(唐)卜則巍撰,九州出版社線裝版《增補四庫青烏輯要》本。

42.《尋龍記》,(唐)曾文辿撰,鄭同校,九州出版社線裝版,《增補四庫青烏輯要》本。

43.《黑囊經》,(唐)楊筠松撰,鄭同校,九州出版社線裝版,《增補四庫青烏輯要》本。

44.《撼龍經‧葬法倒杖,葬法倒杖》,(唐)楊筠松撰,鄭同校,九州出版社線裝版,《增補四庫青烏輯要》本。

45.《疑龍經》,(唐)楊筠松撰,鄭同校,九州出版社線裝本,《增補四庫青烏輯要》本。

46.《天玉經》,(唐)楊筠松撰,文淵閣四庫全書,臺灣商務印書館景印本。

47.《地理天機會元》(唐)顧陵岡彙集,(明)徐試可重編,李祥點校本,中國廣播電視出版社,2015 年版。

48.《占驗錄》,(唐)黃子發撰,明周履靖輯,《術數全書》本,中州古籍出版社,1994 年版。

49.《吳越備史》,(五代)錢儼撰,文淵閣四庫全書,臺灣商務印書館影印本。

50.《新唐書》,(宋)歐陽修、宋祁撰,中華書局,1975 年標點本。

51.《冊府元龜》,(宋)王欽若、楊億等奉敕撰,文淵閣四庫全書,臺灣商務印書館影印本。

52.《淳熙三山志》,(宋)梁克家,文淵閣四庫全書,臺灣商務印書館影印本。

53.《景定建康志》,(宋)周應合撰,文淵閣四庫全書,臺灣商務印書館景印本。

54.《入蜀記》,(宋)陸游撰,卷一,文淵閣四庫全書,臺灣商務印書館影印本。

55.《東堂集》,(宋)毛滂撰,文淵閣四庫全書,臺灣商務印書館影印本。

56.《發微論》,(宋)蔡元定撰,文淵閣四庫全書,臺灣商務印書館景印本。

57.《夷堅志》,(宋)洪邁撰,中華書局 1981 年版。

58.《虎鈐經》,(宋)許洞撰,文淵閣四庫全書,臺灣商務印書館景印本。

59.《唐會要》,（宋）王溥撰,文淵閣四庫全書,臺灣商務印書館景印本。

60.《傳家集》,（宋）柳開撰,卷六十五,文淵閣四庫全書,臺灣商務印書館景印本。

61.《雲笈七籤》,（宋）張君房撰。文淵閣四庫全書,臺灣商務印書館景印本。

62.《文獻通考》,（宋）馬端臨撰,文淵閣四庫全書,臺灣商務印書館景印本。

63.《密齋筆記》,（宋）謝采伯撰,文淵閣四庫全書,臺灣商務印書館景印本。

64.《春秋左傳事類始末》,（宋）章沖撰,文淵閣四庫全書,臺灣商務印書館景印本。

65.《新五代史》,（宋）歐陽修撰,徐無黨注,中華書局,1974 年版。

66.《揮塵錄》,（宋）王明清撰,文淵閣四庫全書,臺灣商務印書館景印本。

67.《通鑒總類》,（宋）沈樞撰,文淵閣四庫全書,臺灣商務印書館景印本。

68.《會稽志·會稽續志》,（宋）施宿撰,文淵閣四庫全書,臺灣商務印書館景印本。

69.《項氏家說》,（宋）項安世撰,文淵閣四庫全書,臺灣商務印書館景印本。

70.《東萊集》,（宋）呂祖謙撰,文淵閣四庫全書,臺灣商務印書館景印本。

71.《二程文集》,（宋）程顥、程頤撰,文淵閣四庫全書,臺灣商務印書館景印本。

72.《傳家集》,（宋）司馬光撰,文淵閣四庫全書,臺灣商務印書館景印本。

73.《家範》,（宋）司馬光撰,文淵閣四庫全書,臺灣商務印書館景印本。

74.《晦庵集》,（宋）宋熹撰,文淵閣四庫全書,臺灣商務印書館景印本。

75.《誠齋集》,（宋）楊萬里撰,文淵閣四庫全書,臺灣商務印書館景印本。

76.《吳郡志》,（宋）范成大撰,文淵閣四庫全書,臺灣商務印書館景印本。

77.《律呂新書》,（宋）蔡季通撰,文淵閣四庫全書,臺灣商務印書館景印本。

78.《張子全書》,（宋）張載撰,文淵閣四庫全書,臺灣商務印書館景印本。

79.《太平御覽》,（宋）李昉等編,文淵閣四庫全書,臺灣商務印書館景印本。

80.《太平廣記》,（宋）李昉等奉敕編,文淵閣四庫全書,臺灣商務印書館景印本。

81.《容齋隨筆》,（宋）洪邁撰,文淵閣四庫全書,臺灣商務印書館景印本。

82.《群書考索》,（宋）章如愚編,文淵閣四庫全書,臺灣商務印書館景印本。

83.《太平寰宇記》,（宋）樂史纂,文淵閣四庫全書,臺灣商務印書館景印本。

84.《古今事文類聚》,（宋）祝穆撰,文淵閣四庫全書,臺灣商務印書館景印本。

85.《通志》,（宋）鄭樵撰,文淵閣四庫全書,臺灣商務印書館景印本。

86.《水東日記》（宋）葉適撰,文淵閣四庫全書,臺灣商務印書館景印本。

87.《癸辛雜識》,（宋）周密撰,文淵閣四庫全書,臺灣商務印書館景印本。

88.《後村集》,（宋）劉克莊撰,文淵閣四庫全書,臺灣商務印書館影印本。

89.《能改齋漫錄》,（宋）吳曾撰,文淵閣四庫全書,臺灣商務印書館影印本。

90.《欽定重訂大金國志》,（宋）葉隆禮撰,文淵閣四庫全書,臺灣商務印書館景印本。

91.《直齋書錄解題》,（宋）陳振孫撰,文淵閣四庫全書,臺灣商務印書館景印本。

92.《地理泄天機》,（宋）廖瑀撰,中州古籍出版社,1992 年橫排本。

93.《春渚紀聞》,（宋）何薳撰,文淵閣四庫全書,臺灣商務印書館景印本。

94.《宋史》,（元）脫脫等撰。中華書局,1985 年標點本。

95.《吳文正集》,（元）吳澄撰,文淵閣四庫全書,臺灣商務印書館景印本。

96.《周易啟蒙翼傳》,（元）胡一桂撰,文淵閣四庫全書,臺灣商務印書館景印本。

97.《說郛》,（元）陶宗儀編,文淵閣四庫全書,臺灣商務印書館景印本。

98.《青山集》,（元）趙文撰,文淵閣四庫全書,臺灣商務印書館景印本。

99.《龜巢稿》,（元）謝應芳撰,文淵閣四庫全書,臺灣商務印書館景印本。

100.《郝氏續後漢書》,（元）郝經撰,文淵閣四庫全書,臺灣商務印書館景印本。

101.《辨惑編》,（元）謝應芳撰,文淵閣四庫全書,臺灣商務印書館景印本。

102.《續後漢書》,（元）郝經撰,黎傳紀、易平點校,齊魯書社《二十五別史》本。

103.《延佑四明志》,（元）袁桷撰,文淵閣四庫全書,臺灣商務印書館影印本。

104.《平江記事》,（元）高德基撰。文淵閣四庫全書,臺灣商務印書館景印本。

105.《雲陽集》,（元）李祁撰,文淵閣四庫全書,臺灣商務印書館影印本。

106.《無錫縣志》,不著撰人,文淵閣四庫全書,臺灣商務印書館影印本。

107.《宋濂全集》,（明）宋濂撰,羅月霞主編本,浙江古籍出版社 1999 年版。

108.《文憲集》,（明）宋濂撰,文淵閣四庫全書,臺灣商務印書館影印本。

109.《王忠文集》,（明）王禕撰,文淵閣四庫全書,臺灣商務印書館景印本。

110.《草閣詩集》,（明）李昱撰,文淵閣四庫全書,臺灣商務印書館景印本。

111.《武功集》,(明)徐有貞撰,文淵閣四庫全書,臺灣商務印書館景印本。

112.《明一統志》,(明)李賢等奉敕撰,文淵閣四庫全書,臺灣商務印書館影印本。

113.《榮陽外史集》,(明)鄭真撰,文淵閣四庫全書,臺灣商務印書館景印本。

114.《人譜·人譜類記》,(明)劉宗周撰,文淵閣四庫全書,臺灣商務印書館景印本。

115.《遵生八箋》,(明)高濂撰,文淵閣四庫全書,臺灣商務印書館景印本。

116.《西村集》,(明)史鑒撰,文淵閣四庫全書,臺灣商務印書館景印本。

117.《大學衍義補》,(明)丘濬撰,文淵閣四庫全書,臺灣商務印書館景印本。

118.《曹月川集》,(明)曹端文淵閣四庫全書,臺灣商務印書館景印本。

119.《石倉歷代詩選》,(明)曹學佺撰,文淵閣四庫全書,臺灣商務印書館影印本。

120.《易經來注圖解》,(明)來知德撰,巴蜀書社,1989年版。

121.《青谿漫稿》,(明)倪岳撰,文淵閣四庫全書,臺灣商務印書館景印本。

122.《圖書編》,(明)章潢撰,文淵閣四庫全書,臺灣商務印書館景印本。

123.《弇州續稿》,(明)王士禎撰,文淵閣四庫全書,臺灣商務印書館景印本。

124.《潘司空奏疏》(明)潘季馴,文淵閣四庫全書,臺灣商務印書館景印本。

125.《稗編》(明)唐順之纂。文淵閣四庫全書,臺灣商務印書館景印本。

126.《周禮注疏刪翼》,(明)王志長撰,文淵閣四庫全書,臺灣商務印書館景印本。

127.《歷代名臣奏議》,(明)楊士奇、黃淮等奉敕編卷,文淵閣四庫全書,臺灣商務印書館景印本。

128.《明會典》,(明)徐溥等奉敕撰,李東陽等人重修,文淵閣四庫全書,臺灣商務印書館景印本。

129.《汴京遺跡志》,(明)李濂撰,文淵閣四庫全書,臺灣商務印書館景印本。

130.《崇禎義烏縣志》,(明)熊人霖撰,義烏市地方志辦公室影印本。

131.《古微書》,(明)孫瑴編,文淵閣四庫全書,臺灣商務印書館景印本。

132.《西湖遊覽志》,(明)田汝成撰,文淵閣四庫全書,臺灣商務印書館景印本。

133.《曹端集》,(明)曹端撰,王秉倫點校,中華書局理學叢刊,2003年版。

134.《覆瓿集》,（明）朱同撰,文淵閣四庫全書,臺灣商務印書館景印本。

135.《新安文獻志》,（明）程敏政編,文淵閣四庫全書,臺灣商務印書館景印本。

136.《篁墩文集》,（明）程敏政撰,文淵閣四庫全書,臺灣商務印書館景印本。

137.《椒邱文集》,（明）何喬新撰,文淵閣四庫全書,臺灣商務印書館景印本。

138.《果堂集》,（清）沈彤撰,文淵閣四庫全書,臺灣商務印書館景印本。

139.《呻吟語摘》,（明）呂坤撰,文淵閣四庫全書,臺灣商務印書館景印本。

140.《人子須知》,（明）徐善繼、徐善述撰,鄭同點校本,華齡出版社 2012 年版。

141.《明文海》（明）黃宗羲選編,文淵閣四庫全書,臺灣商務印書館景印本。

142.《沙溪集》,（明）孫緒撰,文淵閣四庫全書,臺灣商務印書館景印本。

143.《儼山外集》,（明）陸深撰,文淵閣四庫全書,臺灣商務印書館景印本。

144.《客座贅語》（明）顧起元撰,《金陵全書》影印本,南京出版社,2017 年。

145.《劉蕺山集》,（明）劉宗周撰,文淵閣四庫全書,臺灣商務印書館景印本。

146.《吳興備志》,（明）董斯張撰,文淵閣四庫全書,臺灣商務印書館景印本。

147.《山堂肆考》,（明）彭大翼撰,張幼學增訂,文淵閣四庫全書,臺灣商務印書館景印本。

148.《海桑集》,（明）陳謨撰,文淵閣四庫全書,臺灣商務印書館景印本。

149.《萬曆野獲編》,（明）沈德符撰,中華書局,1997 年本。

150.《西河集》,（清）毛奇齡撰,文淵閣四庫全書,臺灣商務印書館景印本。

151.《湖廣通志》,（清）邁柱等監修,夏力恕等編纂,文淵閣四庫全書,臺灣商務印書館影印本。

152.《蘇平仲文集》,（明）蘇伯衡撰。文淵閣四庫全書,臺灣商務印書館景印本。

153.《新刊版工師雕斲正式魯班經匠家鏡》,（明）午榮編撰,海南出版社,2003 年版。

154.《陽宅必用》,（明）袁滄孺先生手授,原平心燈大師校訂,鄭同校,九州出版社線裝版,《增補四庫青烏輯要》本。

155.《堪輿經》,（明）地仙蕭克智深甫著,會稽鍾之模式林氏訂,明萬曆三十九年墨潤堂版。

156.《明史》,（清）張廷玉等撰,中華書局,1974 年標點本。

157.《清史稿》,(清末民初)趙爾巽等撰,中華書局 1977 年標點本。

158.《千頃堂書目》(清)黃虞稷撰,文淵閣四庫全書,臺灣商務印書館景印本。

159.《棗林雜俎》,(清)談遷撰,中華書局,1988 年版。

160.《御製文集》,(清)乾隆皇帝撰,文淵閣四庫全書,臺灣商務印書館景印本。

161.《元朝典故編年考》,(清)孫承澤撰,文淵閣四庫全書,臺灣商務印書館景印本。

162.《池北偶談》(清)王士禎,文淵閣四庫全書,臺灣商務印書館景印本。

163.《陽宅撮要》,(清)吳鼐撰,鄭同校,九州出版社線裝版,《增補四庫青烏輯要》本。

164.《陽宅指掌》,(清)黃海山人撰,九州出版社線裝版,《增補四庫青烏輯要》本。

165.《宅譜要典》,(清)銑溪山人撰,九州出版社線裝版,《增補四庫青烏輯要》本。

166.《江南通志》(清)趙弘恩等監修;董之雋等編纂,文淵閣四庫全書,臺灣商務印書館景印本。

167.《揮塵新談》(清)王兆雲撰,四庫全書存目叢書本。

168.《湛園箚記》,(清)姜宸英撰,文淵閣四庫全書,臺灣商務印書館景印本。

169.《御定淵鑒類函》,(清)張英、王士禎奉敕編,文淵閣四庫全書,臺灣商務印書館景印本。

170.《河南通志》,(清)田文鏡、王士俊等監修;孫灝、顧棟高等編纂,文淵閣四庫全書,臺灣商務印書館景印本。

171.《浙江通志》,(清)嵇曾筠等監修,沈翼機等編纂,文淵閣四庫全書,臺灣商務印書館景印本。

172.《福建通志》,(清)郝玉麟等監修;謝道承等編纂,文淵閣四庫全書,臺灣商務印書館影印本。

173.《江西通志》,(清)謝旻等監修,陶成等纂修,文淵閣四庫全書,臺灣商務印書館影印本。

174.《山西通志》,(清)覺羅石麟等監修,儲大文等編纂,文淵閣四庫全書,

臺灣商務印書館影印本。

175. 《清實錄》，中華書局景印本，1986 年版。

176. 《大清一統志》，（清）和珅等奉敕撰，文淵閣四庫全書，臺灣商務印書館影印本。

177. 《明史紀事本末》，（清）谷應泰撰，文淵閣四庫全書，臺灣商務印書館景印本。

178. 《粵閩巡視紀略》，（清）杜臻撰，文淵閣四庫全書，臺灣商務印書館景印本。

179. 《滇考》，（清）馮甦撰，文淵閣四庫全書，臺灣商務印書館景印本。

180. 《五代詩話》，（清）鄭方坤撰，文淵閣四庫全書，臺灣商務印書館景印本。

181. 《欽天監地理醒世切要辯論》（清）高大賓、齊克昌等著，乾隆五年刻本。

182. 《欽定協紀辨方書》，（清）梅毅成，何國宗等奉敕編，文淵閣四庫全書，臺灣商務印書館景印本。

183. 《曝書亭集》（清）朱彝尊撰，文淵閣四庫全書，臺灣商務印書館景印本。

184. 《廣東新語》，（清）屈大均撰，中華書局，《清代史料筆記叢刊》本。

185. 《御批歷代通鑒輯覽》，（清）傅恒等奉敕編撰，文淵閣四庫全書，臺灣商務印書館景印本。

186. 《續文獻通考》，（明）王圻撰，文淵閣四庫全書，臺灣商務印書館景印本。

187. 《萬姓統譜》，（明）凌迪知撰，文淵閣四庫全書，臺灣商務印書館景印本。

189. 《讀禮通考》，（清）徐乾學，文淵閣四庫全書，臺灣商務印書館景印本。

190. 《欽定續通典》，清乾隆三十二年奉勅撰，文淵閣四庫全書，臺灣商務印書館景印本。

191. 《宋稗類鈔》，（清）潘永因編，文淵閣四庫全書，臺灣商務印書館影印本。

192. 《欽定歷代職官表》，（清）永瑢、紀昀等奉敕編，文淵閣四庫全書，臺灣商務印書館景印本。

193. 《御定月令輯要》，（清）李光地等奉敕編，文淵閣四庫全書，臺灣商務印書館景印本。

194. 《禹貢錐指》，（清）胡渭撰，文淵閣四庫全書，臺灣商務印書館景印本。

195. 《易圖明辨》，（清）胡渭撰，譚德貴等點校，九州出版社，2008 年版。

196. 《陽宅正宗》，（清）姚承興撰，九州出版社線裝版，《增補四庫青烏輯要》本。

197.《元明事類鈔》,(清)姚之駰撰,文淵閣四庫全書,臺灣商務印書館景印本。

198.《風水袪惑》,(清)丁芮樸撰,月河精舍叢鈔本。

199.《入地眼全書》,(宋)辜托著,(清)萬樹華編,李詳白話釋義,中醫古籍出版社版,1993 年版。

200.《墨子閒詁》,(清)孫詒讓撰,嶽麓書社,諸子集成標點橫排本。

201.《欽定四庫全書總目》(清)永瑢、紀昀等撰,宣統庚戌年存古堂重印本。

202.《羅經秘傳》,(清)傅禹撰,鄭同校,九州出版社線裝版,《增補四庫青烏輯要》本。

203.《陰宅井明》,(清)鄧穎出撰,九州出版社線裝版,《增補四庫青烏輯要》本。

204.《巢林筆談》,(清)龔煒撰,中華書局,1981 年版。

205.《秘傳水龍經》,(清)蔣大鴻撰,中州古籍出版社,1994 年版。

206.《水龍經》,(清)蔣平階編撰,李峰點校,海南出版社,2003 年版。

207.《地理泄天機》,廖氏撰,中州古籍出版社橫排本。

208.《三元水法秘訣》,清抄秘本,鄭同校,九州出版社,《增補四庫青烏輯要》本。

209.《天機貫旨紅囊經》,(清)李三素撰,鄭同點校,增補四庫青烏輯要,九州出版社線裝本。

210.《地理三字經》,(清)程思樂撰,鄭同校,九州出版社線裝版,《增補四庫青烏輯要》本。

211.《穿山透地真傳》,(清)張九儀撰,鄭同校九州出版社線裝版,《增補四庫青烏輯要》本。

212.《七緯》,(清)趙在翰輯錄,鍾肇鵬、蕭文郁點校,中華書局,2012 年版。

213.《讀書紀數略》(清)宮夢仁編,文淵閣四庫全書,臺灣商務印書館景印本。

214.《諧鐸》,(清)沈起鳳著,劉慧穎注,陝西人民出版社,1998 年版。

215.《風水與環境》,漢寶德著,吳曉敏配圖,天津古籍出版社,2003 年版。

216.《朱熹年譜長編》。束景南撰,華東師範大學出版社,2001 年版。

217.《朱子語類》,(宋)黎靖德編、楊繩其、周嫻君校點嶽麓書社,1996 年版。

218.《郭弘農集校注》,聶恩彥整理,山西人民出版社,1991 年版。

219.《十三經今注今譯》，嶽麓書社，1992 年版。

220.《中國方術正考》李零撰，中華書局，2007 年版。

221.《原道》，陳明、朱漢民主編，第 33 輯，湖南大學出版社，2017。

222.《古代天文曆法研究》，鄭慧生撰，河南大學出版社，1995 年版。

223.《緯書集成》，（日）安居香山、中村璋八輯，河北人民出版社，1994 年版。

224.《五行大義研究》，劉國忠撰，遼寧教育出版社，1999 年版。

225.《青囊經》，鄭同校，古今圖書集成術數叢刊本，華齡出版社 2008 年版。

226.《枝巢四述舊京瑣記》，夏仁虎撰，遼寧教育出版社，1998 年版。

　　本參考文獻一律以書作者、編纂者的時代順序排列，少數一書多作者，如注，疏，音義等，按時代最早者排前的原則；個別沒有作者署名的古籍，以整理校點者的時代為序。

附錄一：二十五史陽宅陰宅著述考

《漢書》陰陽二宅著述目錄

《宮宅地形書》二十卷。〔註1〕

《三國志》陰陽二宅著述目錄

管輅（210～256），字公明，平原郡平原縣（今山東省平原縣）人。三國時期曹魏最著名術士，古代卜卦看相行業祖師。據管輅弟弟管辰稱，管輅並無專著傳世，管輅去世後，辦公場所的常讀書被那些「好奇不哀喪者」偷走了。還來的只有「《易林》《風角》及《鳥鳴書》」並未說明是管輅所著。〔註2〕後世傳有管輅撰《地理指蒙》（或寫作《管氏地理指蒙》）一書，因長篇大論，從著作體例等方面分析，不類三國時期著作。疑即宋人王伋所撰《指蒙書》，待考。清初陳夢雷等奉敕纂修之大型叢書《古今圖書集成》收有該書。

《晉書》陰陽二宅著述目錄

郭璞（276～324），字景純。河東郡聞喜縣（今山西聞喜）人。兩晉時期著名文學家、訓詁學家、風水學者，建平太守郭瑗之子。被風水界尊為祖師。

璞撰前後筮驗六十餘事名為《洞林》，又抄《京費諸家要最》。更撰《新林》十篇，《卜韻》一篇，注釋《爾雅》別為音義圖譜，又注《三倉方言》，《穆天

〔註1〕（漢）班固撰，（唐）顏師古注《漢書》卷三十，藝文志第十。中華書局，1962年版，第6冊，p1774。
〔註2〕（晉）陳壽撰，（南朝宋）裴松之注《三國志》卷二十九，方技傳第二十九，《魏志・管輅傳》引《管輅別傳》，中華書局，1959年版，第3冊，p827。

子傳》《山海經》及《楚辭》《子虛》《上林賦》數十萬言，皆傳於世。所作詩賦誄頌亦數萬言。〔註3〕

清陳夢雷等奉敕纂修之《古今圖書集成》收有郭璞《古本葬書》，清紀曉嵐等奉敕編纂之《四庫全書》術數類部分收有郭璞《葬書》。

郭璞遺著，明代張溥有輯佚著作《郭弘農集》問世，有漢魏六朝百三名家集叢書本。今人聶恩彥撰有《郭弘農集校注》，山西人民出版社 1991 年版。《山海經圖贊》，見明張溥《郭弘農集》卷二以及《補遺》。《玄中記》，郭璞撰。專記四方神異之事。論據見袁珂《中國神話史》。

《隋書》陰陽二宅著述目錄

蕭吉（約 525～約 614）所撰：

《帝王養生要方》6 卷。

《相經要錄》，今已佚。

《金海》三十卷。

《相經要錄》一卷。

《宅經》八卷。

《葬經》六卷。

《樂譜》十二卷。

《帝王養生方》二卷。

《相手版要決》一卷。

《太一立成》一卷。〔註4〕

諸書多已亡佚。或傳承不明。所撰《五行大義》五卷，從元代開始就失傳。清朝日本德川幕府將此書送給中國。今有日本學者中村璋八《五行大義校注》傳世。

庾季才撰：

《靈臺秘苑》一百二十卷。

《垂象志》一百四十二卷。

〔註3〕（唐）房玄齡等撰《晉書》卷七十二，列傳第四十二。《郭璞傳》，中華書局，1974 年版，第 6 冊，p1910。

〔註4〕（唐）魏徵等奉敕撰《隋書》，卷七十八，列傳第四十三。（唐）魏徵等撰，中華書局，1973 年版，第 6 冊，p1777。

《地形志》八十七卷，並行於世。」〔註5〕

其中，《垂象志》是隋文帝專門指定庾季才和他的兒子庾直父子兩人寫成。

盧太翼、耿詢和庾氏父子一樣，均屬當時有重大影響的術數人才。

耿詢撰：

《鳥情占》一卷。〔註6〕

來和撰：

《相經》四十卷，〔註7〕

臨孝恭所撰：

《欹器圖》三卷。

《地動銅儀經》一卷。

《九宮五墓》一卷。

《遁甲月令》十卷。

《元辰經》十卷。

《元辰厄》一百九卷。

《百怪書》十八卷。

《祿命書》二十卷。

《九宮龜經》一百一十卷。

《太一式經》三十卷。

《孔子馬頭易卜書》一卷，並行於世。〔註8〕

《天元房錄葬法》，該書是武則天時期國家級術數之士嚴善思給朝廷上奏摺反對將武則天和唐高宗合葬乾陵時所引用的葬書依據。可見該書當屬隋唐之交的著作，在當時應該是權威的經典。但係何人著作，無考。

《舊唐書》陰陽二宅著述目錄

《靈臺秘苑》一百二十卷，庾季才撰。

〔註5〕（唐）魏徵等奉敕撰《隋書》，卷七十八，列傳第四十三。中華書局，1973 年版，第 6 冊，p1767。

〔註6〕（唐）魏徵等奉敕撰《隋書》，卷七十八，列傳第四十三。中華書局，1973 年版，第 6 冊，p1770。

〔註7〕（唐）魏徵等奉敕撰《隋書》，卷七十八，列傳第四十三。中華書局，1973 年版，第 6 冊，p1774。

〔註8〕（唐）魏徵等奉敕撰《隋書》，卷七十八，列傳第四十三。中華書局，1973 年版，第 6 冊，p1778～1779。

《堪輿曆注》二卷，張衡撰。

《黃帝四序堪輿》二卷，殷紹撰。

《五行記》五卷，蕭吉撰。

《五姓宅經》二卷。

《陰陽書》五十卷，呂才撰。

《青烏子》三卷；《葬經》八卷；又十卷；又二卷，蕭吉撰。《地脈經》一卷。

《墓書五陰》一卷。

《雜墓圖》一卷。

《墓圖立成》一卷。

《六甲冢名雜忌要訣》二卷。

《五姓墓圖要訣》五卷，孫氏撰。

《壇中伏屍》一卷。

《玄女彈五音法相葬經》一卷，胡君撰。

《新撰陰陽書》三十卷，王璨撰。

《龜經》三卷，柳彥詢撰。

又一卷，劉寶真撰。

又一卷，王弘禮撰。

又一卷，莊道名撰。

又一卷，孫思邈撰。

《百怪書》一卷。

《祠灶經》一卷。

《舊唐書》，卷四十七。〔註9〕

在《舊唐書》裏，陰陽二宅著述在五行圖書系統中，總計 16 部，132 卷。著作者有半數署名。半數無撰著人姓名。

釋一行撰：

《大衍論》三卷。

《攝調伏藏》十卷。

〔註9〕（後晉）劉煦等撰《舊唐書》，卷四十七，志第二十七，經籍下。中華書局，1975 年版，第 6 冊，p2037，2043，2044。

《天一太一經》

《太一局遁甲經》

《釋氏系錄》各一卷。

《開元大衍曆經》。〔註10〕

李淳風：

曾奉敕修纂晉書中的天文、律曆、五行三志，被後人譽為「最可觀採。」
〔註11〕

又有《乙巳占》。其書講古代分野至為明白。

邱延翰所撰：

《天機書》（係邱延翰師傅之著作）

《理氣心印》三卷，邱延翰自著。（四庫全書總目，卷一百十一《天機素書》提要）

新唐書陰陽二宅著述目錄

《黃帝式經》三十六用一卷。

《玄女式經要訣》一卷。

《董氏大龍首式經》一卷。

《桓公式經》一卷。

《宋琨式經》一卷。

《六壬式經雜占》九卷。

《雷公式經》一卷。

《太一式經》一卷。

《太一式經雜占》十卷。

《黃帝式用常陽經》一卷。

《黃帝龍首經》二卷。

《由吾公裕葬經》三卷。

《孫季邕葬範》三卷。

《太一九宮雜占》十卷。

〔註10〕（後晉）劉昫等撰《舊唐書》，卷一百九十一，列傳第一百四十一，方技。中
　　　　華書局，1975年版，第16冊，p5112。

〔註11〕（唐）房玄齡等撰《晉書》，文淵閣四庫全書，臺灣商務印書館景印本，第255
　　　　冊，《晉書提要》。

《九宮經》三卷。

《堪輿曆注》二卷。

《殷紹黃帝四序堪輿》一卷。

《地節堪輿》二卷。

《蕭吉五行記》五卷。

又《五姓宅經》二十卷。

《葬經》二卷。

《王璨新撰陰陽書》三十卷。

《青烏子》三卷。

《葬經》八卷，又十卷。

《葬書地脈經》一卷。

《墓書五陰》一卷。

《雜墓圖》一卷。

《墓圖立成》一卷。

《六甲冢名雜忌要訣》二卷。

《郭氏五姓墓圖要訣》五卷。

《壇中伏屍》一卷。

《胡君玄女彈五音法相冢經》一卷。

《竇維鋈廣古今五行記》三十卷。

《濮陽夏樵子五行志》五卷。

《大唐地理經》十卷，貞觀中上。

《太一金鏡式經》十卷，開元中詔撰。

《五音地理經》十五卷。

《六壬明鏡連珠歌》一卷。

《六壬髓經》三卷。

《馬先天寶太一靈應式記》五卷。

《李鼎祚連珠明鏡式經》十卷，（開耀中上之）。

《王叔政推太歲行年吉凶厄》一卷。〔註12〕

〔註12〕（宋）歐陽修，宋祁撰《新唐書》，卷五十九，藝文三。中華書局，1975 年版，
第 5 冊，p1555～1558。

《宋史》陰陽二宅著述目錄

《郭璞三命通照神白經》三卷。

《陶弘景五行運氣》一卷。

《李淳風五行元統》一卷。

《王希明太一金鏡式經》十卷。

《僧一行遁甲通明無惑十八鈐局》一卷。

《地理觀風水歌》一卷。

《陰陽相山要略》二卷。

《郭璞周易玄義經》一卷。

《管公明隔山照》一卷

《帝王氣象占》一卷：

《氣象占》一卷。

《三元經》一卷。

《二宅賦》一卷。

《行年起造九星圖》。

《相宅經》一卷。

《宅體經》一卷；一作《宅髓經》

《宅心鑒式》一卷。

《九星修造吉凶歌》一卷。

《九天秘訣》一卷，一作秘籍。

《陰陽二宅歌》一卷。

《二宅相占》一卷。

《太白會運纖記》一卷。

《史蘇五兆龜經》一卷。

又《龜眼玉鈐論》三卷。

《五兆金車口訣》一卷。

《五兆秘訣》三卷。

《五行日見五兆法》三卷

《五兆穴門術》三卷

《李靖候氣秘法》三卷。

又《六十甲子占風雨》一卷。

《凝神子八殺經》一卷。

《三元飛化九宮法》一卷。

《行年五鬼運轉九宮法》一卷。

《山岡機要賦》一卷。

《山岡氣象雜占賦》一卷。

《五音地理詩》三卷。

《五音地理經訣》十卷。

《陰陽葬經》三卷：

《掘機口訣》一卷。

《掘鑒經》五卷，一作《握鑒經》。

《天一遁甲鈐歷》一卷。

《天一遁甲陰局鈐圖》一卷。

《遁甲搜元經》一卷。

《遁甲陽局鈐》一卷。

《遁甲陰局鈐》一卷

《太一陽局鈐》一卷

《太一陰局鈐》一卷。

《九宮太一》一卷

《王處訥太乙青龍甲乙經》一卷。

《黃帝龍首經》三卷

《蕭吉五行大義》五卷

《九宮經》三卷。

《郗良玉三元九宮經》一卷。

《楊龍光九宮要訣》一卷。

《九宮詩》一卷。

《九宮推事式經》一卷。

《五音百忌歷》一卷。

《葬疏》三卷。

《李淳風十二宮入式歌》一卷。

《堪輿經》一卷。

《太史堪輿》一卷。

《商紹太史堪輿》一卷。

《黃帝四序堪輿》一卷。

《五音三元宅經》三卷。

又《二宅歌》一卷。

《陰陽二宅圖經》一卷。

《黃帝八宅經》一卷。

《孫季邕葬苑》五卷。

《地理六壬六甲八山經》八卷。

《地理三寶經》九卷。

《五音山崗訣》一卷。

《地論經》五卷。

《地理正經》十卷。

《呂才廣濟百忌歷》二卷。

《李淳風乾坤秘奧》一卷。

《六壬精髓經》一卷。

《式法》一卷（起甲子，終癸亥，皆六壬推驗之法）。

《楊惟德六壬神定經》十卷。

《郭璞葬書》一卷。

《郭璞山海經》十卷。

《僧一行地理經》十五卷。

《呼龍經》一卷。

《王澄陰陽二宅集要》二卷。

《李淳風、一行禪師葬律秘密經》十卷。

《呂才楊鳥子改墳枯骨經》一卷。

《曾楊一青囊經歌》二卷。

《楊救貧正龍子經》一卷。

《曾文展八分歌》一卷。

《王希逸地理秘妙歌訣》一卷。

《地理名山異形歌》一卷。

《孫臏葬白骨歷》

《司空班、范越鳳尋龍入式歌》一卷。

《王洙地理新書》三十卷。

《蘇粹明地理指南》三卷。

《劉次莊青囊本旨論》二十八篇。

《胡翊地理脈要》二卷。

《魏文卿撥砂經》一卷。

《玄女墓龍冢山年月》一卷。

《白鶴望山經》一卷。

《八仙二十四龍經》一卷。

《黃泉敗水吉凶法》三卷。

《踏地賦》一卷。

《分龍真殺五音吉凶進退法》一卷。

《八山穿珠歌》一卷。

《山頭步水經》一卷。

《地理澄心秘訣》一卷。

《山頭放水經》一卷。

《地理搜破穴訣》一卷。

《臨山寶鏡斷風訣》一卷。

《知吉凶星位法》一卷。

《周易山水論地理八龍》一卷。

《五姓合諸家風水地理》一卷。

《唐刪定陰陽葬經》二卷。

《唐書地理經》十卷。

《鬼靈經並枯骨經》一卷

《錦囊經》一卷。

《玉囊經》一卷。

《黃囊大卦訣》一卷。

《地理秘要》一卷。

《青烏子歌訣》二卷。

《呂才陰陽書》一卷。

《五姓鳳髓寶鑒論》一卷。

《五音二十八將圖》一卷。

《陰陽雜要》一卷。

《禳厭秘術詩》三卷

《黃帝四序經》一卷。〔註13〕

鄭樵《通志》所載陰陽二宅著述目錄

一、陽宅部分

《宅吉凶論》三卷。

《相宅圖》八卷。

《保生二宅經》一卷。

《陰陽二神歌》一卷；王澄撰。

《寶鑒決》一卷。

《修造法》一卷。

《宣聖宮道書》一卷。

《囊金二宅》一卷，張籲撰。

《諸家要術宅經》一卷，一行撰。

《金秘書》三卷，王澄撰。

《三元九宮修造法》一卷。

《二宅黃黑道秘訣》一卷，一行撰。

《李淳風應上象修造妙訣》一卷。

《魁綱庫樓修造法》一卷，一行撰。

《呂才陰陽遷造賓遑經》一卷。

《王澄二宅髓脈經》一卷。

《王澄陰陽二宅集要》一卷。

《北斗行年修造》一卷。

《龍子經》一卷。

《天遷圖》一卷。

《九星行年修造法》一卷。

《活曜修造定吉凶法》一卷。

《黃道修造法》一卷。

〔註13〕 （元）脫脫等撰，《宋史》，卷一百五十九，藝文五。中華書局，1985年版，第 15 冊，p5255～5264。

《聽龍經》一卷。

《天星歌》一卷。

《相宅訣》一卷。

《陰陽二宅圖經》一卷。

《上象陰陽星圖》一卷。

《天上九星修造吉凶歌》一卷。

《陰陽二宅心鑒》一卷。

《陰陽二宅相占》一卷。

《陰陽二宅歌》一卷。

《淮南王見機八宅經》一卷。

《五姓宅經》一卷，蕭吉撰。

《牛欄經》一卷。

《灶經》十四卷，梁簡文帝撰。

《祠灶經》一卷。

二、陰宅部分

《地形志》八十七卷，庾季才撰。

《大唐地理經》十卷，呂才撰。

《五音地理經》十五卷，一行撰。

《地理三寶經》九卷。

《地理新書》三十卷。

《地理指南》三卷。

《地理斗中記》一卷。

《地理八山神將圖》一卷。

《地理六壬六甲八山經》八卷。

《五姓合諸家風水地理》一卷。

《冢書》四卷。

《黃帝葬山圖》四卷。

《五音相墓書》五卷。

《五音圖墓書》九十一卷。

《五姓圖山龍》一卷。

《青烏子》三卷。

《葬經》八卷。

又十卷。

《葬書地脈經》一卷。

《墓書五陰》一卷。

《雜墓圖》一卷。

《墓圖立成》一卷。

《六甲冢名雜忌要訣》二卷。

《郭氏五姓墓圖要訣》五卷。

《壇中伏屍》一卷。

《胡君元女彈指五音法相冢經》一卷。

《由吾公裕葬經》三卷。

《葬範》三卷，孫季邕撰。

《歷代山形圖》一卷。

《山形總載圖》一卷。

《寶星圖》一卷。

《撥沙碎山形》一卷。

《五音山崗決》一卷。

《昭幽記》一卷。

《周易枯骨經》一卷。

《周易括地林》一卷，郭璞撰。

《葬書》一卷，郭璞撰。

《玉函經》一卷，邱延翰撰。

《曜氣細斷》一卷，邱延翰撰。

《銅函記》一卷，邱延翰撰。

《騰靈正決》一卷邱延翰撰。

《撥沙經論詩》一卷，邱延翰撰。

《撥沙成明經》一卷，郭璞撰。

《撥沙經》六卷，呂才撰。

《一行相山取地決》一卷。

《一行古墓圖》一卷。

《靈山秀水經》一卷，呂才撰。

《秦皇青囊經解》三卷。

《曾氏青囊子歌》一卷。

《青囊經》二卷，郭璞撰。

《青囊經》一卷，曾楊二仙撰。

《地理要決》八卷。

《元堂內範》二卷。

《地理脈要》三卷，胡文翊撰。

《八山圖局》一卷。

《地理通元秘決》一卷。

《地理解經秘訣》一卷。

《天地鑒八山》一卷。

《寶鑒經》一卷。

《錦囊經》一卷，郭璞撰。

《連山鬼運正經》一卷。

《搜元歌》一卷。

《山卦放水決》一卷。

《雪心正經》一卷。

《曾山人識山經》一卷。

《李望嶺識山經》一卷。

《翎毛經》一卷。

《騰雲八曜歌圖》一卷。

《天卦放水訣》一卷。

《紫囊經》一卷。

《黃囊氣曜》一卷。

《黃囊大卦訣》一卷，邱延翰撰。

《真微正決經》一卷。

《鼓角沙經》一卷，楊筠松撰。

《饗福集》三卷。

《五龍秘法真決》一卷，毛漸撰。

《真機寶鑒治曜經》一卷。

《枯骨枕中見經》一卷。

《天華六龍經》一卷。

《元堂品決》三卷，郭璞撰。

《亡魂八冢經頌》一卷，曾楊二仙撰。

《地理燈心秘決》一卷。

《地理撥沙搜空論》一卷。

《臨山寶鑒斷風決》一卷。

《八分歌》一卷。

《透天神殺百二十局》一卷。

《寶曜騰雲決》一卷。

《地理秘要九星決》一卷。

《交星上山法》一卷。

《天定六秀經》二十卷。

《黃禪師星水正經》一卷。

《五虎圖》一卷。

《玉囊經》一卷。

《叢金決》一卷。

《羲皇論》一卷。

《黃泉敗水吉凶》一卷。

《撥沙正龍大形》十三卷。

《八山微妙法》一卷。

《斷墓法》一卷。

《赤松子明鑒碎金》六卷。

《地龍發水經》一卷。

《金河流水決》一卷。

《司馬頭陀名壁記》一卷。

《山頭步水經》一卷。

《撥沙山經》一卷。

《九仙經》二卷。

《駐馬經》二卷。

《碎寶經》一卷。

《天輪十二帝經》一卷。

《天竹桃花正經》一卷。

《六壬龍首經》一卷。

《龍子觀珠經》三卷。

《九龍經》一卷。

《鑒龍脈決》二卷。

《陰陽金車論》一卷。

《玉鑒論》一卷。

《地理走馬穿山通元論》一卷。

《五家通天局》一卷。

《天曜傳龍換骨經》一卷。

《尋龍入式歌》一卷。

《周易穿地林》一卷，郭璞撰。

《地理碎金式》一卷，郭璞撰。

《八仙山水經》一卷，郭璞等撰。

《諸葛武侯相山決》三卷。

《大堂明鑒》一卷，諸葛武侯撰。

《白鶴子宅骨記》一卷。

《司馬頭陀地理括》一卷。

《司馬頭陀六神回水決》一卷。

《司馬頭陀括地記》一卷。

《青鳥子相地骨》一卷。

《赤松子決》一卷。

《楊烏子星水地理決》一卷。

《李淳風星水地理經》一卷。

《馬上尋山決》一卷，李淳風撰。

《步穴要決》一卷，李淳風撰。

《金華覆墳經》一卷，李筌撰。

《稽古經》一卷。

《地理詩賦論》三卷，朱仙桃撰。

《元女碎山經》一卷。

《塋穴經》一卷。

《金匱正經》，一卷。

《地理手鑒》一卷。

《骨髓經》一卷，鄭弘農撰。

《踏地賦》一卷；《地骨經》一卷。

《塋穴神驗經》一卷。

《元胎葬經》一卷。

《青囊元女指決》一卷。

《枯骨林秘決》一卷。〔註14〕

　　《通志》是個人學術著作，不屬二十五史範疇，但考慮到《通志》藝文志和《宋史》藝文志多有重迭，故作為附錄，抄寫在這裡，方便讀者比較。

《明史》陰陽二宅著述目錄

徐渤《堪輿辨惑》一卷。

李國本《理氣秘旨》七卷。

《地理形勢真訣》三十卷。

周繼《陽宅真訣》二卷。

王君榮《陽宅十書》四卷。

陳蒙和《陽宅集成》九卷。

李幫祥《陽宅真傳》二卷。

周經《陽宅新編》二卷。

《陽宅大全》十卷（不知撰人）。

劉基《金彈子》三卷。

《披肝瀝膽》一卷。

《一粒粟》一卷。

《地理漫興》三卷。

趙滂《葬說》一卷。

瞿佑《葬說》一卷。

謝昌《地理四書》四卷。

趙廷桂《堪輿管見》一卷。

〔註14〕（宋）鄭樵撰，《通志》卷六十八，文淵閣四庫全書，臺灣商務印書館景印本，第 374 冊，p427～429。

周孟中《地理真機》十卷。

徐善繼《人子須知》三十五卷。

董章《堪輿秘旨》六卷。

徐國柱《地理正宗》八卷。

趙佑《地理紫囊》八卷。

郭子章《校定天王經七注》七卷。

陳時暘《堪輿真諦》三卷。

王崇德《地理見知》四卷。

李迪《人天眼目》九卷。

徐之謨《羅經簡易圖解》一卷。

《地理琢玉斧》十三卷。

《地理全書》五十一卷。

《地理天機會元》三十五卷。

《風水問答》，朱震亨撰。〔註15〕

《清史稿》陰陽二宅著述目錄

吳元音撰《葬經箋注》一卷。

楊錫勳撰《撼龍經校補》十二卷。

《疑龍經校補》三卷。

李文田撰《撼龍經校注》二卷。

黃越撰《天玉經注》七卷。

《天玉經說》七卷。

章惠言《青囊天玉通義》五卷。

端木國瑚撰《楊氏地理原文注》四卷附《周易葬說》一卷。葉九升撰《地理大成》三十六卷。

葉泰撰《山法全書》十九卷。

《平陽全書》十五卷。

蔣大鴻撰《地理辨直正解》五卷。

《地理存真》一卷。

〔註15〕（清）張廷玉等撰，《明史》卷九十八，藝文三，中華書局，1974年版，第8
冊，p2443～2444。

《地理古鏡歌》一卷。

《歸厚錄》一卷。

《地理末學》六卷。

紀大奎撰《水法要訣》五卷。

胡國楨撰《羅經解定》七卷。

汪沆撰《青囊解惑》四卷。

陳詵撰《地理述》八卷。

程永芳撰《地理旨宗》二卷。

陸德谷撰《地理或問》二卷。

熊起磻撰《堪輿泄秘》六卷。

魏青江撰《陽宅大成》十五卷。

吳鼐撰《陽宅撮要》二卷。

梅漪老人撰《陽宅闢謬》一卷。

丁芮樸撰《風水祛惑》一卷。

甘時望撰《五種秘竅》十七卷。

梅自實撰《定穴立向開門放水墳宅便覽要訣》四卷。

余栥撰《靈城秘旨》一卷。〔註16〕

〔註16〕趙爾巽等撰，《清史稿》卷一百四十七，藝文三，中華書局，1977 年版，第 15
冊，p4348～4349。

附錄二：《四庫全書》術數類圖書目錄提要

子部二十一術數類　存目二

《漢原陵秘葬經》十卷，永樂大典本

不著撰人名氏。前有自序，稱昔因遇樓敬先生，傳陰陽書三本。其用甚驗，直指休咎之理，出生入死遁甲之法，乾兌坎離遷宅之法，辨年月日時加臨運式。余因暇日述斯文五十四篇，分為十卷，備陳奧旨，立冢安墳、擇地斬草、冢穴高深、喪庭門陌、碑碣旒旐，無不備矣云云。蓋術家所依託。所云樓敬先生，豈假名於婁敬而其姓誤加木旁歟？

《葬經》一卷，兩江總督採進本

題云青烏先生葬經，大金丞相兀欽仄注。考青烏子名見《晉書·郭璞傳》。唐志有《青烏子》三卷，已不知為真古書否？此本文義淺近，經與注如出一手，殆又後人所依託矣。郭璞葬書引經曰者若干條，皆見於此本，然字句頗有異同，蓋作偽者獵取璞書以自證，而又稍易其文以泯剽襲之跡耳，未可據為符驗也。

《天機素書》四卷，通行本

舊本題唐邱延翰撰。延翰字翼之，聞喜人。《通志》藝文略載延翰《玉函經》一卷，《黃囊大卦訣》一卷，無此書名。惟《堪輿類纂》載宋吳景鸞進《陰陽天機書》序云：唐開元中河東星氣有異，朝廷患之。遣使斷其山。究其實，則邱延翰所作之山也。捕之，弗得。詔原其罪，乃詣闕進師授《天機書》並自

撰《理氣心印》三卷，玄宗賜之爵，以玉函藏其書，內廷禁勿傳。唐末兵亂，曾求己、楊益於瓊林庫獲玉函，發之，得《天機書》。由是楊、曾之名始著。曾授陳摶，摶授景鸞父克誠，景鸞於慶曆辛巳承詔進《天機》《心印》二書。然則《玉函》《天機》本一書而二名也，然其說頗誕，已不足為據。是書尤詞旨猥鄙，不類唐以前書。二卷以下圖說參半，所謂三仙講五虎講，諸圖冗複牽綴，皆無意義，大抵明代地師因景鸞之說所為，又非宋人相傳之本矣。

《內傳天皇鼇極鎮世神書》三卷，浙江巡撫採進本。舊本題邱延翰正，傳楊筠松補義，吳景鸞解蒙。核檢其文，實出偽託。其大例以天星二十八宿附於二十四山龍之下，以乾坤艮巽為四鼇極，配以炁羅計字四星，以角亢奎婁斗牛井鬼分為四候，不知其何所取義。案《青囊序》有先看金龍一語，後人以亢牛婁鬼四星當之，原屬臆解。是書又云：四金不以方位言，專以在地之形應在天之象。考星野見於《周禮》，其占候略見於《左傳》。唐書載僧一行亦以山河兩戒配列宿。然第就方輿大勢言之，初非沾沾於一邱一壑，指其象某宿某垣也。楊、賴諸家間借天星以代干支，字面如亥曰紫微，兌曰少微之類，特欲變文以示深隱。後人誤會其意，浸以天星立說，於是亥為貴龍，艮為富曜，踵訛襲謬，異說紛綸，遂至離方位而言星象。斷非楊、賴之舊法，無論邱延翰也。

《地理玉函纂要》二卷，浙江巡撫採進本

不著撰人名氏。案玉函之名相傳本於邱延翰，然其書久已不傳。是本託名纂要，設為諸圖，雜以三合長生之說，末附《黑囊經》口訣、捉穴心印、造理賦數條，大抵剽取坊本偽書隨意竄入，不足據為定論。

《天玉經外傳》一卷，四十八局圖一卷，通行本

舊本題宋吳克誠撰。其子景鸞續成之。一名《吳公教子書》。按克誠父子名氏古籍無徵，惟術家相傳謂克誠德興人，嘗從學於陳摶，景鸞承其指授，慶曆中應薦入都，授司天監正，以論牛頭山山陵事下獄，遇赦後佯狂削髮於天門西岸白雲山洞。治平初，遺書與女而終。女即虔倅張道明之妻，以其書授廖瑀者也。今觀是書大半剽襲青囊催官詞句，而陰據《玉尺經》《三合》為本，如以寅午戌為火局，遂為寅龍，左旋屬丙，右旋屬丁，非但以木為火，違其本性；即論三合丁火當生酉旺，巳墓丑正與寅午戌相反。又如因艮近寅，辛近戌，遂並以艮辛為火，坤乙為水。乾丁為木，巽癸為金。屈天干以就地支，泝流忘源，並失三合緣起之意。宋人議論尚無此派，斷為明人贋作無疑。次卷四十八，局

圖即衍前說。李國木序云：傳為嘉、隆間歐陽氏鸞筆所書，附以經驗各圖如朱國祚、黃洪憲祖地之類，皆明萬曆時人，其偽託之跡尤顯然也。

《九星穴法》四卷，通行本

舊本題宋廖瑀撰。地理家以楊、曾、廖、賴並稱，而瑀書獨佚不傳，故諸家著錄皆無其目。是書莫知所自來。蓋依託也。其法專以九星辨穴體。所謂九星者，太陽、太陰、金、水、紫炁、天財、凹腦雙腦平腦三體合天罡、燥火為九，其中又分正體，開口，懸乳，弓腳，雙臂，單股，側腦，沒骨，平面為九等，各繫以圖與說。已不免強無定之形，以就一定之格。至其雙臂、太陰一條云：若兩臂太尖，名夾刃，主殺人至毒。須人力鋤去尖頭，使令圓淨，則變凶為吉。是人不受氣於地，地轉受形於人矣。但擇一吉地之圖，依其高下而培築鑱削之，固不難尺寸悉符、曲折相肖也。然有是理歟？

《玉尺經》四卷，通行本

舊本題元劉秉忠撰。明劉基注。秉忠初名侃，字仲晦。其先瑞州人。曾祖官邢州，因徙家焉。少補邢臺節度府令史，旋棄去，隱武安山中，從浮屠法，更名子聰。世祖在潛邸，僧海雲邀與入見，大悅之，留贊大計。人稱聰書記。及世祖即位，始創議建國號，規模製作，皆所草定。至元元年拜光祿大夫太保，參預中書省事。更賜今名。十一年卒。贈太傅趙國公諡文貞，後改諡文正。追封常山王。事蹟具《元史》。本傳基有清類天文分野之書，已著錄。

秉忠精於陰陽術數。世祖稱其占事知來，若合符契。嘗相地建上都於龍岡，又建大都城。其規制皆秉忠所定。顧史不載其著有是書。《永樂大典》備收元以前地理之書，亦無是編。明嘉隆以前人語地學者，皆未嘗引及。知其晚出，特依託於秉忠基。注中有貴州北界之語。貴州在元季為順元宣慰司。明初改貴州宣慰司。永樂間始置貴州布政司。基當太祖時何由與廣東雲南並稱？是注之偽託亦不問可知。其書言萬山起自崑崙，其入中華分五嶽者為艮、震、巽三條。又云黃河界而西北丑艮行龍；長江限而東南巽辰起祖，不知黃河自西北而東南依形家言當云乾、亥行龍。長江自西南而東北，依形家言當云坤申起祖。蓋承上文而自忘其謬，又以金臨火為自焚，木入金為絕命。離龍見兌坎為自廢，震龍見離兌為傷劫。不知山川蟠鬱，千里百里初無定形。必如所云，自起祖以至落脈，兌不可以入離，離不可以趨兌。將襃斜之穀不可以入終南，九華之峰不可以趨鍾阜，拘而鮮通，莫此為甚。其論向篇謂龍穴之善惡從水而以

生，旺三合為主。是轉以巒體之形類係於水口之吉凶，舍本齊末，益復支離。自此書盛行江南，地學率皆以三合為正宗。趨生趨旺，從向從龍，糾紛不已。蓋三吳澤國，言水口則易於傅會，是以輾轉相承，末流益熾。國朝華亭蔣平階作《地理辨正》始攻之甚力。雖平階欲盡變理氣家言未免過當，然其竊楊、賴兩家龍分順逆砂辨貴賤之緒論，參以臆說，詞雖瀾翻，意實膚淺。平階所糾，要不得謂之吹索也。

《披肝露膽經》一卷，通行本

舊題明劉基撰。《明史・藝文志》亦載有其目。然觀書中所分龍訣穴情兩篇，大半剽剟撼龍葬法諸書。砂訣水訣歌亦皆淺俗，如筆架科名應有分滿床牙笏世為官等句。基必不若是之陋。後附南北平陽論數條，則李國木雜取他家之書附入者，尤為弇鄙。殆嫁名於基者也。

《地理大全》一集，三十卷；二集，二十五卷。通行本

明李國木撰。國木字喬伯，漢陽人。是書一集之一卷二卷為郭璞《葬經》；三卷至六卷為唐邱延翰《天機素書》；七卷至十卷為楊筠松《撼龍經》《疑龍經》《葬法倒杖》。十一卷至十四卷為宋廖瑀《九星穴法》；十五卷為蔡元定《發微論》；十六卷為明劉基《披肝露膽經》；十七至三十卷為《搜元曠覽》，稱遜庵。匯古者，國木自撰也，二集一卷為唐曾文迪青囊序；二卷為楊筠松《青囊奧語》；三卷至六卷為楊筠《松天玉經內傳》。外編七卷至十一卷為元劉秉忠《玉尺經》，附遜庵《原經圖說》。十二卷至十四卷為宋賴文俊《催官篇》，附遜庵《理氣穴法》；十五、十六卷為宋吳克誠《天玉外傳》四十八局圖說；十七卷至二十五卷為《索隱》，元宗亦國木自撰。是書凡例一集專論巒體。二集專論理氣。以多為富。真偽錯糅。又國木自撰附圖附說者居其半。陳因泛衍，絕無取裁。如《玉尺經》向稱劉秉忠著，已屬傅會。是書標題為陳希夷著，劉秉忠集跋云，與師友講論，已成一帙。幸得伯溫先生原本與予注若出一揆。因為補其闕遺，仍附圖說。乃知所謂劉注即國木假為之以欺世也。每卷首率題李某刪定，是即其所集諸家之書亦已多所竄改矣。

《地理總括》三卷，浙江巡撫採進本

明羅玨撰。玨字世美，鄱陽人。是書刻於萬曆二年。前二卷以二十四山分陰陽局，龍穴砂水各為之圖，又及造命分金躔度諸法。玨自序：專為理氣而設。顧楊、曾二氏之論理氣，詞約義豐。隨地通變；賴氏雖分龍穴砂水為四，亦撮

舉一二確鑿可據者為言。珏乃定為格式，某龍某方為吉，某方為凶；二十四山執一不化。不知山川賦形，卦氣消息萬有不齊。用意雖勤可謂不善學古者矣。其第三卷為平原三法，附以諸家雜論。三法者一曰：特生墩阜；二曰眠互形局；三曰竅水裁局；不著其所自來。

按葉泰《平陽全書》後有嘉靖時汪標跋，稱此書出自幕講僧秘傳。今觀其墩阜圖內所載龍虎朝應率皆板法。眠互圖有靈蛇搶蛤、老蚌吐珠等名，亦多臆造。未必出幕講之手。惟雜論內所引楊筠松之遍地鈐，如「水邊花發水中紅，窗外月明窗內白」之句寓言氣感頗具名理。惜又雜以他說，如《海角經》「青龍六合宜高大，白虎螣蛇莫起峯」之類，仍不離乎庸術也。

《羅經頂門針》二卷，內府藏本

明徐之鎮撰。之鎮建陽人。萬曆中諸生，是書專論指南針法。以當時堪輿家羅經之制僅主二十四向，而略先天十二支之位為非。因著論詳辨，復繪之為圖，分三十三層，各有詳說。後附圖解一卷，則其門人朱之相所作也。

《堪輿類纂人天共寶》十二卷，安徽巡撫採進本

明黃慎撰。慎字仲修，海陽人。其書刊於崇禎癸酉。分經、傳、論、狀、書、記、篇、說、詩、賦、歌、訣、問荅、雜錄、辨斷、六法、葬法、序、表二十目，大抵割裂舊書分門編次，舛錯紛淆，漫無持擇，如何溥《靈城精義》一書，因無門可歸，改曰《論氣正訣》，入之訣類。他可知矣。

《羅經消納正宗》二卷，兩淮鹽政採進本

明沈升撰。升始末未詳。是書前分七十二龍，用納音五行以斷，消納得氣及消納失氣為一卷。次分六十龍，參取星度三百六十五及三奇八門官貴祿馬刑傷克殺為一卷。其門人史自成序稱廖瑀得楊筠松、曾文汕、曾求己、吳穎、吳景鸞相傳之術，以授丁應星；應星授譚某；譚授吳舜舉；舜舉授劉師文；師文授余芝、孫芝；孫授黃仲理；仲理授程義剛；義剛授劉時輝；時輝授劉應奇；應奇授顧乃德；乃德授何震儒；震儒授升。升廣演圖局，口授是書。自來論羅經者二家：一主八卦九宮，所謂氣從八方是也；一主十二地支。一支五干重而六十名胎骨六十龍，又名透地六十龍，以之定格來龍入首於兩支接縫間空去癸甲壬乙之界，成七十二名穿山七十二龍，以之立向收水，而皆取納音五行。六十納音起於金，故曰分金。然如以六十為得，則空其十二支，接縫以成七十二者非矣；如以七十二為得，則干支強排以成六十者非矣。況言六十龍又有二：

一則甲子起壬，初從卦，不從支，而為平分六十龍；一則甲子起壬之半，從支不從卦。而為胎骨六十龍說，愈岐而愈謬，徒足滋惑而已。

《寸金穴法》二卷，浙江巡撫採進本

不著撰人名氏，其書以俗本廖瑀九星穴法為宗。謂穴法之外，當有異穴怪穴別為之圖。所見蓋又出於穴法九變之下。內一條云：汀州王氏墓真武大坐形，龜蛇俱足。郭景純為龜眼上下一穴，蛇眼上下一穴，子孫富貴不絕。其荒誕可知矣。

《畫筴圖》一卷《撼龍經》一卷，兩淮鹽政採進本

清朝孫光憲撰。光憲字丹扶，餘姚人。順治辛卯副榜貢生，官檇城縣知縣。其書託之楊筠松以授曾、劉諸人，實約取諸家之論氣脈者而附以己說。起原脈終火耀。為目二十有四，自稱有二十四圖。今惟動氣一條有圖有說，餘皆有說而無圖。蓋已佚缺。前載洪武六年劉基上畫筴圖疏，似依託所為，後附《撼龍經》一卷，題云餘真如解，孫光憲刪補，其說與畫筴圖相表裏。二書皆專論龍脈，非遊談無根者比。然出於掇拾勦襲，不足名一家之言也。

《定穴立向開門放水墳宅便覽要訣》四卷，浙江巡撫採進本

清朝梅自實撰。自實字有源，宣城人。是書專以二十四山嚮用正五行辨每年旺氣節候，又以年遁方支論納音生剋。每山下各附天符經金精鼇極天河轉運等書所定吉凶。曰又附《陽宅開門放水諸訣》於後。但詳宜忌，並不著其所以然。蓋術家鈔輯之本，以備檢閱者也。

《山法全書》十九卷，江蘇周厚堉家藏本

清朝葉泰撰。泰字九升，婺源人。自序謂先輯平陽全書，復輯是編，皆衰集前人堪輿之說而以己意評注之，亦間附以己作。大旨以楊筠松、吳景鸞二家為主。其論巒頭陰陽尤尊楊氏而闢廖金精之說。其龍法論九星不取五星之說。其凡例謂：山法流傳既久，其正形正像俱葬去無遺，故曰有遺穴，無遺龍。若言遺龍惟奇形怪穴人所不能識人所不敢下者耳。於今日而言山穴，舍奇怪無從。斯亦非平易篤實之道矣。（《欽定四庫全書總目》，卷一百十一）

總計 18 部，103 卷。